A CIDADE VISTA

A CIDADE VISTA
Mercadorias e cultura urbana
Beatriz Sarlo

Tradução: Monica Stahel
Revisão técnica: Ana Luiza Nobre
Prefácio à edição brasileira: Adrián Gorelik

Esta obra foi publicada originalmente em espanhol com o título
LA CIUDAD VISTA
Por Siglo XXI Editores Argentinos S.A.
Copyright © Beatriz Sarlo, 2009
Todos os direitos reservados. Este livro não pode ser reproduzido, no todo ou em parte, nem armazenado em sistemas eletrônicos recuperáveis nem transmitido por nenhuma forma ou meio eletrônico, mecânico ou outros, sem a prévia autorizaçã o por escrito do Editor.

Copyright © 2014, Editora WMF Martins Fontes Ltda.,
São Paulo, para a presente edição.

1ª edição 2014
2ª tiragem 2024

Prefácio à edição brasileira
Adrián Gorelik
Tradução
Monica Stahel
Revisão técnica
Ana Luiza Nobre
Acompanhamento editorial
Márcia Leme
Revisões
Ana Paula Luccisano
Marisa Rosa Teixeira
Edição de arte
Katia Harumi Terasaka
Produção gráfica
Geraldo Alves
Paginação
Moacir Katsumi Matsusaki
Capa
Gustavo Piqueira | Casa Rex

Dados Internacionais de Catalogação na Publicação (CIP)
(Câmara Brasileira do Livro, SP, Brasil)

Sarlo, Beatriz
  A cidade vista : mercadorias e cultura urbana / Beatriz Sarlo ; – 1. ed. – São Paulo : Editora WMF Martins Fontes, 2014. – (Coleção cidades)

  Título original: La ciudad vista.
  ISBN 978-85-7827-877-9

  1. Buenos Aires (Argentina) – Vida intelectual 2. Buenos Aires (Argentina) – Vida social e costumes 3. Planejamento urbano 4. Política urbana 5. Reurbanização 6. Sociologia urbana – Argentina – Buenos Aires I. Título.

14-07352   CDD-307.1216

Índices para catálogo sistemático:
1. Planejamento urbano : Sociologia   307.1216

Todos os direitos desta edição reservados à
Editora WMF Martins Fontes Ltda.
Rua Prof. Laerte Ramos de Carvalho, 133 01325-030 São Paulo SP Brasil
Tel. (11) 3293-8150 e-mail: info@wmfmartinsfontes.com.br
http://www.wmfmartinsfontes.com.br

SUMÁRIO

Prefácio à edição brasileira IX
Introdução 1

1. A CIDADE DAS MERCADORIAS 5

I. O *SHOPPING CENTER* 5
Princípio diabólico, 5. Hegemonia, 8. Regularidade, 10.
Exposição, 13. Contra a entropia, 13. A mercadoria como
celebridade, 18. Absorção, 19. Claridade conceitual, 23.
Clientes peritos, 25.

II. AMBULANTES 26
Santiago de Compostela, 26. Números, 27. San Telmo.
Carta de V. L., 28. Liniers. Fotografia, 29. Classificação.
O industrial, 34. Classificação. O artesanal, 39. Autodefesa
do artesão, 44. Livros, 44. Folclore, 45. Argumentos, 47.

2. A CIDADE DOS POBRES 53

I. OCUPANTES 53
Há mais de cem anos, 53. Cidade, definição, 54.

II. CENÁRIOS 63

Os anos oitenta, 63. No ar, 63. Terraços, 66. Janela em San Telmo, 69. Pasolini."Correvo nel crepuscolo fangoso", 70. A partitura, 74. Podridão e sucata, 75. Grades, 78.

III. VIOLÊNCIA URBANA 80
À queima-roupa, 80. Ciber, 82. Fatos sangrentos, 85. Imaginário da violência urbana, 86. Experiências de cidade, 87. Paisagem depois do ajuste, 88. Os intérpretes autorizados, 89.

3. ESTRANHOS NA CIDADE.. 93
Há um século, mais ou menos, 93. Ondas, 96. A questão do nome, 98. Línguas estrangeiras, 100. Tabuleiro de *go*, 103. Cartazes secretos, 108. Cursos em Koreatown, 111. Reuniões em Milão, 113. Filipinas em Hong Kong, 114. Mural em Castañares, 115. Parque Avellaneda e além, 116. Fatos policiais, 118. Manifestação, 119. Bairro Charrúa, 120. Domingo chuvoso, 125. Feira boliviana, 129. Especiarias e feitiços, 130.

4. VERSÕES DA CIDADE 135

I. TEORIAS 135

II. CIDADES ESCRITAS.. 139
Árvore, rua, itinerário, 142. O olhar local. I, 143. O olhar estrangeiro, I, 147. O olhar local. II, 148. O olhar estrangeiro. II, 153. O olhar local. III. Vistas, 155.

III. INTERVENÇÕES E REPRESENTAÇÕES.................... 158
Experimento, 158. Intervenções, 159. Modelos, 164. Rómulo Macció, 164. Pablo Siquier, 165. Gerardo Rueda, 167. Nora Dobarro. Frontalidade I, 168. Facundo de Zuviría. Frontalidade II, 170. Félix Rodríguez. Engenharia, 172.

5. A CIDADE IMAGINADA 177

I. O ESTRANGEIRO 177
Lenda, 177. Guias de Buenos Aires, 177. O que é o estrangeiro?, 180.

II. O FALSO, O AUTÊNTICO E O QUE ESTÁ A MEIO
CAMINHO 183
Design, 183. Autenticidade, 184. Autenticidade e cópia, 185.
Café, 187. Autêntica imitação de qualidades imaginadas,
187. Indiferença e minimalismo, 191.

III. A CIDADE CULTURAL 194
A "era da Cultura", 194. Cultura, religião urbana e cívica,
194. Bairros culturais, 199.

IV. A CIBERCIDADE 203
Academias de ginástica, 203. Dissolução do território?, 204.

Notas 211

PREFÁCIO À EDIÇÃO BRASILEIRA
A cidade decifrada

> "A 'descrição' não é reprodução, mas decifração"
> MICHEL FOUCAULT (sobre Michel Butor), "Le langage de l'espace" (1964)*

Crítica literária e cultural, Beatriz Sarlo é uma das intelectuais de maior impacto e autoridade na cena pública argentina das últimas décadas, com intervenções que surpreendem tanto o mundo acadêmico quanto o político-cultural por sua combinação provocativa de temas, posições e perspectivas teóricas. Em *A cidade vista* ela retoma com novo olhar um dos temas que, desde muito cedo, percorrem produtivamente sua obra: a cidade, ou melhor, Buenos Aires como matriz material das formas culturais. Já em 1988, no primeiro de seus livros que ultrapassou os círculos culturais e acadêmicos, *Una modernidad periférica* – um livro que por outro lado marcou a fogo o modo pelo qual a nova história cultural ingressou na Argentina –, Sarlo tomava a Buenos Aires das décadas de 1920 e 1930 como "ancoragem urbana" não apenas da produção literária e dos debates culturais, como também da própria personalidade que as práticas culturais haviam assumido como resposta à dinâmica que a modernização da cidade nelas provocava duplamente porque as ativava e porque lhes colocava dilemas inteiramente novos. O livro

---

* *Dits et Ecrits*, Paris, Gallimard, 1994, t. I.

começava de um modo que, retrospectivamente, poderíamos ler como um programa de leitura da cidade: a descrição detalhada de uma pintura de Xul Solar servia para introduzir o "quebra-cabeça de Buenos Aires" como traço de uma identidade cultural – "o que Xul mescla em seus quadros também se mescla na cultura dos intelectuais: modernidade europeia e diferença rio-pratense, aceleração e angústia, tradicionalismo e espírito renovador, *criollismo* e vanguarda. Buenos Aires: o grande cenário latino-americano de uma cultura de mescla"*. Retrospectivamente: porque, se esse materialismo analítico aparecia então apenas como esboço introdutório, vinte anos depois parece ter tomado forma numa confiança no potencial da descrição para inquirir a cultura urbana contemporânea, a ponto de fundamentar o próprio pressuposto subjacente à obra *A cidade vista*: o de que Buenos Aires transformou-se num ente radicalmente estranho que deve ser novamente reconhecido e revelado.

Esse pressuposto implica uma ruptura importante com a tradição ensaística sobre Buenos Aires, que se produzia basicamente como um exercício introspectivo. O livro de Sarlo já não pode ser lido como uma interpretação diferente de uma cidade cujo conhecimento no entanto é patrimônio comum, mas como o livro de bordo de uma viagem perturbadora pela Buenos Aires que se foi construindo surdamente nas últimas décadas; uma Buenos Aires desconhecida não só para o turismo, mas também para uma parte importante da população local que parece empenhada em reduzir seus mapas mentais da cidade àquelas paisagens que lhe devolvam sua representação mais autocomplacente, o norte próspero, os ambientes do agito cultural, os restos dispersos de um espaço público que soube abarcar a quase totalidade da cidade.

O itinerário proposto por *A cidade vista* para desmontar essas representações se abre e se fecha com as práticas mais novas de fruição do urbano: o *shopping center* (que se introduziu tardiamente em Buenos Aires, no final da década de 1980) e a *cibercidade*, e entre os dois extremos vai levantando as cartografias das

---

* *Una modernidad periférica*: Buenos Aires 1920 y 1930, Buenos Aires, Nueva Visión, 1988.

novas formas de pobreza, alteridade ou estrangeirice, revelando seus novos territórios. Assim, através do mecanismo do estranhamento, o livro põe em cena com argúcia o que talvez seja a principal mudança de Buenos Aires, sua transformação num arquipélago em abismo, em que cada ilhéu se encolheu sobre si mesmo em círculos secretos e circuitos inacessíveis. Sarlo os reconhece, os percorre, os apalpa, apelando para isso a registros etnográficos – que em certos momentos lembram os tempos da primeira Escola de Chicago, quando a sociologia urbana se inventava como uma mescla de pesquisa jornalística e aventura de rua – tanto quanto semiológicos –, no sentido heterodoxo de um Kevin Lynch, com sua sensibilidade para detectar as margens e as fronteiras em que a cidade se esconde e interrogar-se sobre seu funcionamento material e simbólico.

Os diagnósticos que resultam dessa viagem, afiados num pessimismo sem concessões, assumem Buenos Aires como um precipitado das transformações devastadoras que o país veio sofrendo para além dos dados enganosos da macroeconomia ou do olhar triunfalista das políticas sociais: o subúrbio dos pobres não tem possibilidade de reforma; os novos migrantes têm fechadas as portas da mobilidade e da integração social que seus antecessores conheceram um século atrás; não é possível que essas carências estruturais se redimam com "cultura" e "identidade" como querem tanto o ativismo cultural dissidente quanto os governos municipais (em suas versões de direita ou esquerda, que compartilham igualmente a obsessão pelo *branding* do pensamento "estratégico" da cidade contemporânea). Cultura e identidade são, além do mais, os fundamentos ideológicos do grosso da etnografia urbana realmente existente em Buenos Aires, a que, através da lente que Sarlo nos oferece, desnuda sua inclinação populista e sua fragilidade teórica e metodológica; e, se a análise desses dois conceitos é um dos momentos teoricamente mais potentes do livro, o contraponto entre a estrangeirice linguística na Buenos Aires do início do século XX e início do XXI é um de seus momentos interpretativos mais fascinantes.

Mas, para além dos diagnósticos, eu gostaria de insistir no programa de indagação e escrita do livro, um ponto de partida essencial que sustenta que não se pode narrar a cidade sem uma reflexão específica sobre como fazê-lo – algo que a maior parte do que escrevem as ciências sociais do urbano parece desconhecer. Creio que essa é a aposta mais original de Sarlo, que propõe, por essa via, um verdadeiro gênero de indagação urbana: se *A cidade vista* pode ser lida como uma revelação de Buenos Aires, é porque antes de tudo é um ensaio – no sentido de experimento que esse termo contém – sobre os modos pelos quais uma cidade pode ser captada e narrada.

"A cidade real faz pressão sobre a ficção por sua força simbólica e seu potencial de experiência", afirma Sarlo no único capítulo de *A cidade vista* dedicado explicitamente a analisar as Buenos Aires da literatura e da arte. Contudo, na verdade, se entendida nas suas consequências de mão dupla (no que se refere também à "pressão" que a literatura e a arte fazem sobre a cidade), e ainda não apenas a respeito da literatura e da arte, mas de tudo aquilo que, não sendo a cidade real, a pensa e a elabora, essa frase poderia ser tomada como a chave da escrita de todo o livro: Sarlo constrói uma posição de interrogação *no meio*, entre a cidade e suas representações, "pressionando" umas a partir das lógicas – irredutíveis mas, em sua própria irredutibilidade, reveladoras – da outra, e vice-versa. Se a literatura ou a arte ajudam Sarlo a compreender a cidade, é porque nunca são utilizadas instrumentalmente, como ilustração, mas em seu caráter de realidade específica, que através de vários mecanismos ativados pela interpretação permite acessos iluminadores a essa outra realidade, a urbana. Simetricamente, é o conhecimento das lógicas próprias, intransferíveis da cidade que lhe permite identificar – e capitalizar – as "pressões" que esta exerce sobre a literatura e a arte. Colocando uma ao lado da outra, literatura e cidade, arte e cidade, como pequenos blocos de sentido, Sarlo chega a uma composição sincopada, que estilisticamente parece replicar a dureza com que os autores que ela analisa escrevem a cidade. O modo pelo qual dispõe as citações – não apenas literárias –, como fragmentos quase autônomos, *objets trouvés* de uma reflexão aberta, é o melhor exemplo de sua aposta em que o conhecimento do urbano pode surgir através da colisão entre as diversas "cidades escritas", mais do que de uma *articulação* tão tentadora quanto distorcedora. No início de *A cidade vista* encontramos uma devida homenagem a Roland Barthes, mas, se enfocamos o tipo de indagação urbana que constrói, talvez este seja o livro mais benjaminiano de Sarlo. Não só pela confiança na capacidade irradiadora das citações, mas também porque essa confiança está expressando um partido de conhecimento e escrita que tem em seu centro a observação e a descrição do detalhe material, que se sustenta e se fundamenta *no que se vê* – como na sugestão de Benjamin de que é possível apreciar como transcorreu uma noitada animada dando uma olhada na posição final da louça. O próprio título do livro é, certamente, a melhor síntese desse programa: do mesmo modo que na *boutade* de Thorstein Veblen – lembrada por Adorno justamente na hora de explicar o "método" Benjamin –, que sustentava que as línguas estrangeiras se aprendem pelo sistema de contemplar cada palavra até captar seu significado, com a mesma fixação indagativa, Sarlo *vê* cada objeto, cada personagem, cada prática da cidade, e os descreve*. Contempla a cidade em suas formas, sabendo que em sua superfície a realidade comparece, enigmática porém inteira, e assim chega à sua própria versão da *descrição densa*, menos devedora, talvez, da antropologia cultural de Geertz do que da literatura objetivista: com uma insistência que, como no caso de Butor de acordo com Foucault, resvala a descrição para a decifração. Assim, por meio de um sofisticado mecanismo de *tradução* de gêneros e escritas, a *cidade vista* consegue converter-se em *cidade decifrada*.

ADRIÁN GORELIK
Buenos Aires, dezembro de 2013.

---

* Ver Theodor Adorno, "Caracterización de Walter Benjamin", em *Crítica cultural y sociedad*, Barcelona, Ariel, 1969.

INTRODUÇÃO

Desde que comecei a pensar este livro me propus a não renunciar nem à literatura nem ao registro direto, documental, mas a articulá-los como se articularam em minha cabeça durante os últimos anos. O livro parte, então, de itinerários sobre dois espaços diferentes, mas que se entrecruzam: a cidade real e as cidades imaginadas. Minha primeira convicção foi, por assim dizer, de método. A segunda foi uma definição de objeto: a unidade cultural de Buenos Aires. Do ponto de vista econômico, social, de transporte, a cidade não está separada do conurbano. No entanto, em termos culturais e de cultura urbana, ainda se pode falar de Buenos Aires dentro de seus limites históricos.

O plano do livro estava quase definido desde o início e eu o escrevi em ordem para me provar que era possível sustentar seu argumento. O primeiro capítulo se ocupa do *shopping center* e dos ambulantes, uma vez que a circulação das mercadorias define formas de uso da cidade e produz inovações definitivas no espaço público. Quando em 1994 escrevi sobre o *shopping center*, o tema era novidade na Argentina; aquelas poucas páginas de *Escenas de la vida posmoderna* hoje me parecem um esboço distante e aproximativo, embora reconheça nelas a intuição do que já estava acontecendo irreversivelmente. Hoje acho que o *shopping center* impôs sua tipologia a todas as formas de consumo, pelo menos de modo imaginário; no outro extremo, os ambulantes definem um uso da rua que, por sua intensidade, é original desde meados dos anos 1990. No arco entre o *shopping center* e os ambulantes define-se a "cidade das mercadorias".

A cidade do mercado tem seus marginais e seus irregulares: o segundo capítulo se ocupa da "cidade dos pobres". Aqui me parece necessária uma observação. A etnografia urbana sobre Buenos Aires opta, geralmente, por representar os pobres através de seus próprios discursos, acompanhados de descrições débeis para evitar um problema clássico: falar pelo outro. Não compreende, contudo, que essas transcrições são também uma forma de "falar pelo outro", e, além do mais, nem sempre a melhor nem a mais abrangente. Ao "outro pobre" acontece o mesmo que ao etnógrafo: nem sabe tudo o que diz nem diz tudo o que sabe. Nisso, todos os seres são iguais. A etnografia urbana compete com o jornalismo, muitas vezes citado como fonte, que produziu alguns documentos mais detalhados e argutos, mais próximos e perspicazes do que os acadêmicos.

O caminho que segui foi o oposto, e o escolhi conscientemente. Durante quatro anos percorri a cidade tentando ver e ouvir, mas sem apertar as teclas de nenhum gravador. Levava, quando levava alguma coisa, uma caderneta e uma câmera digital, e tirava centenas de fotografias, algumas das quais publicadas aqui sem epígrafe. Meu propósito era um conhecimento visual de algumas manifestações evidentes da nova pobreza, confiando no potencial significativo dos detalhes. Christine Buci-Glucksmann disse que a captação precisa de um "barroquismo de superfície", o qual pode permitir uma espécie de olhar de conjunto e, ao mesmo tempo, chegar a "uma escritura do detalhe, em que o ver e o saber ocorrem ao mesmo tempo"[1].

A partir da mesma perspectiva próxima fui à "cidade dos estrangeiros". No terceiro capítulo sustento o argumento que, antes, me havia empenhado em entender: Buenos Aires foi sempre uma cidade de estrangeiros, de imigrantes chegados de perto ou de longe, hoje os sul-americanos, os argentinos das províncias e os asiáticos; ontem, os europeus. Tentei fazer perguntas que estabelecessem relações entre essas cidades de estrangeiros diferentes. Tentei, sobretudo, não sucumbir à superstição de atribuir todos os seus atos à construção deliberada de uma identidade. Determinados atos, bairros, festividades, feiras são signos flutuantes que coagulam, se consolidam, mas também se dispersam; são formas da vida cotidiana que não estão constantemente repisando a identidade, como se os estrangeiros e os pobres vivessem num processo identitário ininterrupto, como se fossem diferentes de nós, como se neles a identidade não fosse, como a nossa, uma intermitência. Mesmo quando são discriminados, estigmatizados pelo racismo, sua identidade não é algo compacto, mas um meio subjetivo fluido, em que a língua interfere fundamentalmente. A "cidade dos estrangeiros" é na verdade polifônica e poligráfica; tentei me situar nela segundo a perspectiva dos novos migrantes, que não falam o castelhano do rio da Prata, e recuei até a literatura escrita no primeiro terço do século XX para ver como soavam então outras polifonias.

Embora a literatura esteja em todo o livro, o quarto capítulo trabalha especialmente com fragmentos de narrações e poemas; também com pinturas e fotografia. Busquei não apenas representações de Buenos Aires, mas também ideias e modelos de cidade, formas que tornaram a cidade visível na obra de alguns artistas; trabalhei sobre textos que mostram o amor à cidade e outros que a rejeitam ou não a entendem. Também me perguntei que matérias a pintura ou a literatura descobrem na cidade: do que é feita a cidade da arte e quais são os objetos, os edifícios, as mercadorias com que estabelece um contato forte, determinado ponto crucial de uma obra que parece tocar aquilo que está fora dela.

O último capítulo também analisa imagens de cidade e, mais precisamente, da mais atual. As perguntas referem-se aos modelos culturais construídos numa cidade para transmiti-los a seus próprios habitantes e aos visitantes. Não qual é a identidade dessa cidade, o que é desnecessário ou impossível responder, mas qual identidade essa cidade diz que é a sua para convencer os outros e também a si mesma. A "originalidade", a "personalidade", a "peculiaridade" tal como aparecem nos discursos do turismo ou naqueles que os portenhos articulam e consomem sobre *bairros culturais*, como Palermo, ou cibercidades desmaterializadas.

Quando reli os originais, não me surpreendeu que, já no último trecho de uma vida extensa como a minha, fossem tão evidentes as dúvidas contraídas. Não teria escrito o que escrevi se não tivesse lido Roland Barthes, se não o continuasse lendo. Uma parte mínima da felicidade intelectual produzida por Barthes é a que eu desejaria para todos os leitores deste livro.

AGRADECIMENTOS

Ao Departamento de Línguas Românicas da Universidade de Chicago e a Agnes Lugo-Ortiz, que me permitiram passar dois meses numa grande cidade e numa grande biblioteca.

A Jorge Sánchez, que, como diretor de *Viva*, ofereceu-me uma coluna semanal criticada por quase todo o mundo, que me permitiu dar voltas pela cidade com a desculpa de estar fazendo meu trabalho.

A Rafael Filippelli, que mudou minha maneira de ver o cinema e, por conseguinte, meu olhar.

1. A CIDADE DAS MERCADORIAS

I. O *SHOPPING CENTER*

Derrubar um *shopping center* é impossível, pois iria de encontro à época de modo utópico e revolucionário. A cidade não oferece a todos a mesma coisa, mas a todos oferece alguma coisa, mesmo aos marginais que recolhem as sobras produzidas pelos incluídos. Os habitantes da cidade, em sua maioria, encontram no mercado o que acreditam desejar livremente quando uma alternativa não se apresenta diante de seus olhos, ou lhes é desconhecida e provavelmente hostil ao que aprenderam na cultura mais persuasiva das últimas décadas: a dos consumidores.

Princípio diabólico. "Na arte, existe sempre um princípio diabólico que atua contra e tenta demoli-la", escreveu Robert Bresson. Em todo artefato delicado, resistente e complexo, como a cidade, há também um potencial de desordem, empenhado em desmentir o ideal de sistema integrado contraditado pelas intempéries, pelos espaços abertos, pelas ruas, pelas vias de transporte e, sobretudo, pela competição para ocupar materialmente os edifícios e a terra. Só uma tipologia, a do *shopping center*, resiste ao princípio diabólico da desordem, exorcizado pela perfeita adequação entre finalidade e disposição do espaço. A circulação mercantil de objetos encontrou uma estética sem excedentes desviados.

A ordem do mercado é mil vezes mais eficaz do que a ordem pública; daí a dinâmica da mercadoria ser mais forte que o Estado. "Ir às compras tornou-se o ingrediente principal de qualquer substância urbana. A mudança é colossal. A cidade era grátis; agora é preciso pagar por ela."[1]

Em meados do século XIX, em Paris, a grande capital do século, inventou-se o *grand magasin*, onde pela primeira vez a exposição da mercadoria, seu valor para os olhos, era mais importante do que seu valor de uso. A mercadoria entrou em um novo regime óptico; o luxo, que tradicionalmente acompanhava a disposição de mercadorias para a nobreza ou a aristocracia, tornou-se uma qualidade para atrair as novas camadas médias urbanas. Le Bon Marché abriu em 1852 e os *grands magasins* do Louvre em 1855. Zola representou Le Bon Marché em *Le bonheur des dames*, em que as técnicas de exibição mercantil e a velocidade de mudança dos objetos colocados à venda multiplicavam as sensações de mulheres que, literalmente, eram consumidas por seu desejo. A mercadoria, pela primeira vez, torna-se tema urbano pela decoração das vitrines, uma arte menor (define David Harvey) perfeitamente eficaz para a articulação maior dos grandes bulevares parisienses traçados por Haussmann[2]. Três décadas antes, Flaubert fez o destino de Emma Bovary, sua burguesa de província, girar em torno das dívidas que ela contrai por intermédio de um comerciante esperto e inescrupuloso; Emma sucumbe por causa da desilusão do amor romântico que buscou em seus amantes e também por causa do amor aos objetos preciosos, aos tecidos com os quais cobre o corpo: de modo quase profético, mercadoria e adultério se unem em *Madame Bovary*.

As grandes lojas de Buenos Aires foram, desde 1914, a Gath y Chaves, localizada na esquina das *calles* Florida e Cangallo (entre suas atrações, quatro magníficas escadas e uma escada rolante), e a Harrods, a poucas quadras, entre as *calles* Córdoba e Paraguay. Traçavam o caminho das mercadorias que, até meados do século passado, teve sua via principal na *calle* Florida.

A poucos metros da Gath y Chaves, a fabulosa passagem Güemes, sobre a qual Roberto Arlt escreveu, em 1928:

> Com o terror de luz elétrica que desde a manhã até a noite inunda para *in eternum* suas criptas, caixas-fortes e quiosques de vidro. Com o zumbido de seus elevadores, subindo, ou melhor, deslizando perpendicularmente. E com aquele turbilhão de gente bem-vestida e misteriosa que da manhã à noite passeia por ali, e que não se sabe se são gentis larápios, investigadores de polícia, empresários de teatro ou sei lá o quê.
> Respira-se lá uma atmosfera nova-iorquina; é a Babel da Ianquelândia transplantada para a terra *criolla** e impondo o prestígio de seus bares automáticos, de seus sapatos amarelos, das vitrolas ortofônicas, dos letreiros de sete cores e das "girls" dirigindo-se aos teatros com espetáculos de variedades que ocupam os porões e os altos...
> Roupas regulamentares, cabelos de corte regulamentar, saltos de altura regulamentar. Feias e lindas. Todas carinhas pálidas. Amabilidade de "o que se vai fazer". Compartilham quase todas o quiosque com um balconista. Perfumes, flores, bombons, vendem de tudo.[3]

Arlt observava os cenários que Walter Benjamin encontrou, na mesma época, em sua pesquisa sobre Paris do século XIX; e também olhava as moças modernas que Krakauer descobria em Berlim. Era Buenos Aires e vivia-se a primeira grande transformação mercantil do século passado. Mudança das formas de intermediação, distribuição e apresentação de mercadorias: vendedoras jovens e tediosas, objetos desejáveis por sua disposição, seu preço, seu efeito estilístico, seu estar na moda, sua abundância simbólica, suas insinuações: perfumes, flores, bombons, presentes para a mulher mundana ou para a amante, oferecidos aos homens por jovenzinhas pálidas que sonham não com vender esses objetos mas com recebê-los. O olhar descobre luxos desconhecidos, tanto nas matérias como na novidade de sua encenação e, sobretudo, nas fantasias que desencadeiam. É como o cinema, Arlt imagina, que vê o futuro nos detalhes aparente-

---

* Neste livro, o termo *criollo* será empregado no sentido de autóctone, próprio ou distintivo do país hispano-americano a que se refere. (N. da T.)

mente menores do presente. Arlt é um escritor futurista e, por isso, pode ser crítico sem nunca se tornar nostálgico. Seus modos de ver (exclusão da melancolia, azedume da crítica, precisão) são um método.

Hegemonia. As grandes lojas, as passagens e as galerias, de todo modo, faziam parte da cidade, entreteciam-se com ela; das janelas da Harrods viam-se os passeantes da *calle* Florida. As velhas galerias Pacífico conectavam as ruas que limitavam um quarteirão da cidade através de largos corredores laterais cobertos, decorados pelas mercadorias expostas em lojas que não invadiam visualmente, de cujos extremos era possível ver perfeitamente os afrescos de Berni ou Spilimbergo, hoje quase ocultos pelos sinais indicativos do comércio que dita a lei visual na nova galeria Pacífico. Em compensação, poucos usam um *shopping* como passagem entre ruas; esse trajeto, embora possível, não está previsto no programa, que pretende tornar-se independente da cidade e reinar sobre ela a partir de uma diferença irredutível. Alguns arquitetos tornaram-se famosos só porque construíram *shopping malls* e parques temáticos (pertencentes, em sentido amplo, ao mesmo gênero que outros arquitetos consideram não arquitetura). Rem Koolhaas reconhece, entre o cinismo e a crítica, o que Jon Jerde, com clareza inigualável, declarou ao *New York Times*: "A compulsão ao consumo é o que reunirá as pessoas." Como alguns analistas culturais, Jerde descobre que o *shopping mall* produz comunidade exatamente onde parecia ter-se perdido para sempre[4]. Nas origens dessa convicção há um episódio autobiográfico, transformado em ficção programática: depois de uma visita à Itália, Jerde acha possível aplicar a configuração de uma aldeia da Toscana, com sua praça, suas igrejas, seus campanários, onde acreditou observar uma comunidade fortemente relacionada, a grandes projetos de *shopping malls* e parques temáticos. Mestre ilusionista, como foi chamado, em seu City-walk do Hollywood Boulevard em Los Angeles, Jerde incorporou alguns detalhes mínimos que evocassem a velha rua comercial norte-americana, como o de simular papéis de bala incrustados na cerâmica dos pisos resplandecentes, para que seus visitantes não se vissem obrigados a ser os simulacros humanos de uma paisagem "comunitária" recém-inaugurada: como toda comunidade supõe uma história, isto é, um tempo passado, esses papéis de bala proporcionam os emblemas de uma infância que também poderia ter transcorrido ali. A limpeza do vazio, que é regra do *shopping mall* ou do parque temático, necessita de pequenos sinais de vida estéticos, justamente porque é preciso controlar qualquer desordem, em primeiro lugar a da cidade e também a que possa causar a imprevisível natureza.

O *shopping* transformou-se na praça pública que corresponde à época, e em quase todos os lugares inclui cinema, restaurantes e lojas, parques de diversão cobertos, galerias de exposição, salas de conferências. Ao contrário, um complexo de cinemas precisa ter, hoje, como exigência de uma imitação generalizadora, seu aspecto *shopping*: uma dezena de butiques e quiosques, no caso mais sumário. Isso foi descoberto por Walt Disney, em cujos parques a diversão é paga com a entrada e os consumos adjacentes são inseparáveis. Os parques Disney foram as primeiras grandes catedrais para a comunidade de consumidores do capitalismo tardio: utopias degeneradas, como as chamou Louis Marin, numa época em que os acadêmicos ainda usavam palavras fortes[5].

Os *shoppings* tendem a se parecer (o que sustenta a ilusão de que é um artefato que iguala seus usuários), embora as grandes marcas da alta-costura não se rebaixem a estabelecer-se onde o que domina é o nível médio. Quando um *shopping* não oferece todas as marcas, de algum modo rompe seu contrato de universalidade, porque priva de alguns objetos seus visitantes, que considera indignos por falta de dinheiro; deixa assim à mostra que ninguém é igual no mercado. No entanto, a igualdade não se apoia num punhado de marcas elitistas, mas numa estratégia para dispor as mercadorias da maioria. A estética do *shopping* iguala não do ponto de vista dos preços, mas do ponto de vista estético de sua disposição cenográfica. É um paraíso do contato direto com a mercadoria. Por isso, o *shopping* é imaginariamente inclusivo, embora os diversos níveis de consumo sejam excludentes. Pelo ângulo da inclusão imaginária, o *shopping* cria o espaço da comunidade de consumidores cujos recursos são desiguais, mas que podem ter acesso visual às mercadorias em exposição de um modo que as velhas ruas comerciais socialmente estratificadas não permitem. As mercadorias do *shopping* fingem não estar estratificadas, embora seja óbvio que se agrupam segundo variações de situação social.

O *shopping* não é tudo na cidade, mas é a forma que representa o ponto culminante do lazer mercantil. É evidente que as lojas persistem nas ruas, a céu aberto, mas, mesmo nos bairros a que o *shopping* ainda não chegou, sabe-se que é a forma mais desejada de lazer. Quando bem-sucedido, ele reestrutura as relações entre os edifícios e os serviços anteriores: o pequeno supermercado de bairro imita, acanhadamente, o grande supermercado, pois esse é seu modelo, embora espacial e economicamente inatingível. A novidade define o tom, o estilo e os hábitos mesmo naqueles espaços que não podem imitá-la realmente. Isso se chama "hegemonia cultural" e se apoia na acumulação material e também na educação do gosto dos usuários. Funciona perfeitamente de acordo com seus fins. Provavelmente por isso já não se critica o *shopping*: é eficiente demais e domina o circuito das mercadorias de uma maneira que só mudará com uma transformação tão radical das formas de consumo quanto a que ele mesmo acarretou.

Regularidade. O *shopping center* assegura alguns dos requisitos exigidos de uma cidade: ordem, claridade, limpeza, segurança, que não são garantidas nas cidades dos países pobres ou só são obtidas parcialmente fora dos enclaves do capitalismo globalizado[6]. O *shopping* dá a ilusão de ser independente da cidade e do clima: a luz é inalterável e os cheiros são sempre os mesmos (chuviscos de matéria plástica, vaporizadores). Diante do relativo acaso do que poderia acontecer na rua, o *shopping* repete seus ritmos atrás de suas superfícies lustrosas. Os que defendem essa forma com que o mercado influiu sobre a urbanística de muitas cidades apoiam-se justamente em razões de uso regulado e normalizado: no *shopping* os velhos e os adolescentes podem passear seguros, há serviços ao alcance de todo o mundo, é muito difícil roubar ou ser roubado, e o que é mostrado é o que todos querem ver.

Apesar das variações de estilo, todos os *shoppings* são idênticos, embora na América do Norte a imaginação populista dos arquitetos (uma segunda geração posterior a *Learning from Las Vegas* [*Aprendendo com Las Vegas*], o manifesto de Robert Venturi e Denise Scott Brown) e a concentração de recursos visem a imitações multimilionárias de aldeias ao ar livre, construções urbanas completas, extensões territoriais quase inimagináveis no meio de desertos contíguos a cidades prósperas, acessados por autoestradas de doze pistas.

O *shopping* não é simplesmente uma parte da cidade, mas sua substituição por um sistema novo, em que se atenua ou desaparece o que, no passado, caracterizou o urbano. Por isso, embora possa localizar-se numa cidade, esta lhe é indiferente, e ele pode ficar ao lado de uma autopista, num baldio ermo, sem necessitar de nada do que o cerca numa cidade. Isso não acontecia com as passagens e galerias, que ofereciam à cidade espaços cobertos cujo projeto não respondia a uma lógica oposta ao que acontecia nas ruas, mas, ao contrário, precisava delas e as pressupunha como espaços contíguos. A passagem imitava a rua, aperfeiçoando-a em vez de repudiá-la; até o que acontecia na rua se amplificava na passagem, tornava-se mais perceptível e mais atraente ou tenebroso. Os acabamentos das lojas imitavam as fachadas ao ar livre, como miniaturas interiorizadas, e lá viviam prostitutas e outros irregulares da cidade do século XX.

O *shopping* afugenta esses irregulares porque instala normas de vigilância que possibilitam tanto a segurança quanto a repetição. O *shopping* é das famílias, dos pobres decentes, das camadas médias quando podem comprar e também quando não podem. Diferentemente da rua e dos assim chamados centros comerciais ao ar livre, sobre os quais não há controle da apresentação nem do projeto, no *shopping* nada é casual. Os visitantes se movem numa atmosfera artificial como os peixes domésticos em seus recipientes oxigenados, decorados com plantas marinhas.

O sentido de comunidade ao qual se refere o celebratório Jon Jerde apoia-se nessa unanimidade de classes e perfis culturais que confluem no *shopping*. Em sociedades como as da América do Norte, essa disposição da cenografia capitalista responde a uma história de consumo em massa que, conforme assombrou a Sarmento e provou, mais tarde, a imensa fortuna da Macy's, começa com a venda por catálogo e a impecável distribuição das mercadorias por correio. A partir de então, particularmente os Estados Unidos ajustaram cada uma das máquinas e das tecnologias de consumo. Em tensão com as clivagens sociais e as impossibilidades econômicas, nos países periféricos o *shopping* revela uma desigualdade maior entre os que o usam como passeio e os que, além disso, compram significativamente. No entanto, o êxito para uns e outros está nas possibilidades de sonho oferecidas: sempre é melhor desejar do que não desejar.

Walter Benjamin, que apontou a pregnância das mercadorias sobre a imaginação nas sociedades modernas, escreveu:

> Pobreza da experiência: não se deve entendê-la como se os homens almejassem uma experiência nova. Não; eles almejam liberar-se das experiências, almejam um mundo em que possam fazer com que sua pobreza, a externa e enfim também a interna, adquira vigência tão clara, tão limpidamente que dela brote algo decoroso. Nem sempre são ignorantes ou inexperientes. Com frequência é possível dizer exatamente o contrário: "devoraram" tudo, a "cultura" e "o homem", e estão supersaturados e cansados... O cansaço é seguido pelo sono, e não é raro, portanto, que o sonho ressarça da tristeza e do cansaço do dia e mostre realizada a existência inteiramente simples, mas inteiramente grandiosa, para a qual faltam forças na vigília. A existência do camundongo Mickey é esse sonho dos homens atuais. É uma existência cheia de prodígios que não apenas superam os prodígios técnicos, mas também se riem deles. Pois o mais notável neles é que provêm, todos sem maquinaria, improvisados, do corpo do camundongo Mickey, do corpo de seus companheiros e de seus perseguidores, ou dos móveis mais cotidianos, como se saíssem de uma árvore, das nuvens ou do oceano. Natureza e técnica, primitivismo e conforto, aqui andam juntos, e diante dos olhos das pessoas fatigadas pelas complicações sem fim de cada dia e cuja meta vital emerge apenas como ponto de fuga muito longínquo numa perspectiva infinita de

meios... Em suas edificações, em suas imagens e em suas histórias a humanidade se prepara para sobreviver, se preciso, à cultura.[7]

Exposição. O *shopping* exibe as peças de uma atualidade volátil: como numa galeria de arte, o que se vê nem sempre poderá ser adquirido, mas a visão educou o olhar. Embora se espere que os visitantes comprem, num *shopping* é possível entregar-se apenas ao prazer óptico. Muitas de suas mercadorias são inacessíveis para a maioria de seus visitantes, mas podem ser observadas como se folheia uma revista de ricos e famosos para ver como é a piscina ou a academia particular de uma celebridade. A exposição de objetos inatingíveis alimenta a relação amorosa entre o *shopping* e seus visitantes, que muitas vezes saem de lá transportando uma sacola minúscula que contém uma vela ou um frasco de essências perfumadas, um pente de madeira ou uma fivela de cabelo, essas coisinhas pequenas que os quiosques dos *shoppings* oferecem dispondo-as, como se fossem tesouros de joalheria, aos mais pobres. Essa disseminação da oferta entre o inacessível e o quase carente de valor fortalece a fidelidade que os pequeninos e os velhos sentem com relação ao *shopping*, como se a existência de mercadorias menores fosse uma prótese compensatória do ressentimento de quem só pode adquirir o mais barato. Quase todos podem sair do *shopping* com uma sacolinha pendurada.

Contra a entropia. O projeto e o funcionamento do *shopping* opõem-se ao caráter aleatório e, por conseguinte, indeterminado da cidade. A cidade é um território aberto à exploração por deslocamento dinâmico, visual, de ruídos e cheiros: é um espaço de experiências corporais e intelectuais; é medianamente regulado, mas também vive das transgressões menores às regras (cada cidade tem suas transgressões, seus imprevistos, como lhes chama Paolo Cottino). Em oposição a esse funcionamento "sujo", não completamente controlável da cidade, o *shopping* garante a repetição do idêntico em todo o planeta. No *shopping* se produz o que uma teoria celebratória chama de "atração adjacente": tudo o que entra em sua combinação torna-se significativo e potencializa o significado do que o precede ou lhe sucede, como uma cadeia metonímica da felicidade. O *shopping* é um espaço de conexões, cujos elementos "gramaticais" devem manter uma relação ordenada para ser compreensíveis e são compreensíveis porque a mantêm. "No *mall* típico, o êxito econômico depende da restrição da variedade espacial: o infinito comercial requer o confinamento do sujeito dentro de uma interminável igualdade do espaço."[8]

Nunca o conceito abstrato de mercado teve uma tradução espacial tão precisa. As ruas comerciais, entregues à concorrência, tendem à desordem, mesmo quando se regula o tamanho dos cartazes, dos anúncios e dos toldos. As vitrines correspondem ao capricho ou ao bom projeto dos donos dos estabelecimentos. Os mercados ao ar livre tendem a suportar uma força entrópica, mesmo quando as mercadorias atingem seu ordenamento mais rigoroso: as frutas não estão exatamente da mesma cor do dia anterior, as folhas das verduras são irregulares, os queijos vão envelhecendo à medida que são vendidos, os cortes das carnes se impõem como cartografias diferentes apesar da inclinação classificatória de quem as vende. Um balcão começa o dia ordenado, quando tudo está sob controle, e à noite termina com vazios e ângulos não calculados entre suas mercadorias. Nos mercados de ambulantes o irregular é inevitável, ainda que tudo o que é oferecido se repita.

Contra essa variedade perversa, porque transgride espacialmente o ideal subjacente à lei geral do mercado, o *shopping* realiza perfeitamente o que manda a mercadoria: exibe a regularidade de seu valor medido em dinheiro, de maneira abstrata e com uma tendência irrefreável a se apresentar como universal. Por isso os *shoppings* podem ser percorridos sem que os conheçamos; não precisam ser familiares porque não oferecem nada diferente do que já se sabe por experiências anteriores. Não se pode descobrir um *shopping*. Sua qualidade é precisamente a oposta: negar-se a qualquer descoberta porque essa atividade significaria perda de tempo e falha de funcionamento. O *shopping* deve ser tão perfeitamente sinalizado quanto uma autopista de alta velocidade.

Última invenção urbana do mercado, o *shopping* chegou no momento em que se acreditou que a cidade se tornava insegura, ou melhor, em que a insegurança, que sempre foi um tema urbano (as "classes perigosas" do século XIX, os delinquentes à espreita, as prostitutas e seus cafetões, os batedores de carteira e os vigaristas, os perversos, os operários, os desocupados, os mendigos, os enfermos ambulantes), tornou-se uma preocupação central: o medo da cidade e o medo na cidade, o êxodo para bairros fechados, para enclaves que simulam aldeias, para subúrbios sob controle, o abandono dos espaços abertos por causa de suas emboscadas. A essa maneira de enfrentar um conjunto de mudanças, que ocorreram em todas as cidades do mundo, o mercado ofereceu sua criação: o *shopping*, um espaço público de gestão privada.

As qualidades do *shopping* são as de que necessita quem vive temeroso na cidade. Como se ajustado a um projeto divino (a mão invisível do mercado desenha com um onisciente buril de ferro), a regularidade, a ordem, a limpeza e a repetição, que impedem o salto ao imprevisto, garantem que o *shopping* funcione sem nenhum dos inconvenientes do urbano. Em um momento em que a cidade é vista como fonte de males e em que se pede uma cidade disciplinada que responda a esse imaginário do medo e a condições reais de incerteza, o *shopping* oferece o que se busca e, além do mais, de graça.

A partir dessa perspectiva, comprar e consumir seriam as atividades fundamentais realizadas no *shopping*, mas não as razões de seu êxito, que são outras: a serenidade do controlado de modo invisível (novamente, a mão invisível, divina, que primeiro projeta e depois, como a Providência, dirige o controle que os usuários buscam). O modo *shopping* de circulação das mercadorias conhece todos os meandros das fantasias persecutórias de seu público, e a elas responde com uma afirmação de identidade: não sou a cidade, sou melhor que ela e, além disso, posso estar em qualquer lugar, ao lado de uma autopista, a 1 quilômetro de uma *villa miseria**; nada pode acontecer comigo, sou

---

* Também chamadas *villas de emergencia*, são comunidades formadas por habitações precariamente construídas. (N. do E.)

inexpugnável, as forças que giram soltas pela cidade não entram aqui.

Portanto, do *shopping* está ausente o princípio de desorganização que marca o urbano como adversário do princípio de organização que também o define: "A economia visual do capitalismo moderno levantou novas barreiras diante da experiência complexa nas ruas da cidade."[9] Diante da desagregação perigosa de forças na cidade, o *shopping* faz acreditar que não tem nada a ver com ela, que tudo o que parece hostil e indesejável se torna amistoso e atraente, como se os defeitos e falhas da cidade (os que lhe são atribuídos, os que existem realmente, os que se imaginam, os que rondam o discurso da mídia até se transformarem em senso comum, os que fazem vítimas) se invertessem no *shopping*, cuja disciplina não está desgastada pela deriva imprecisa e cheia de surpresas das redes abertas da cidade, mas resulta da orientação tutelar do mercado. O *shopping* é uma organização férrea que parece livre e acolchoada. A cidade é uma organização mais solta, que parece funcionar hoje como se só machucasse com suas arestas e durezas. Nesse intercâmbio de qualidades reside o êxito do *shopping*.

O espaço é organizado racionalmente, sem que se admitam elementos nem intervenções que afetem essa racionalidade. Isso é possível porque o espaço é, como se diz, de uso público, mas de gestão e propriedade privadas; portanto, um vendedor informal não pode estabelecer-se, como na rua, ao lado da vitrine interior de um estabelecimento de *shopping*. A racionalidade mercantil se apoia na propriedade privada dos espaços de circulação, cuja ordem é garantida como necessidade dessa *ratio*. O *shopping* é ordenado porque expulsa a própria ideia de desordem e, assim, opõe-se à cidade, cujo espaço público, mesmo em seus momentos e lugares de maior ordenamento, não pode condenar instantaneamente o uso não previsto. Em oposição à casualidade que rege o urbano, mesmo o urbano mais planificado, o *shopping* expulsa a casualidade e junto com ela qualquer intervenção fora de programa. É esse ordenamento que o diferencia, para seus usuários de maneira positiva, da possível irrupção dos avatares ineliminateis do urbano. Modelo de um mercado ordenado, o *shopping* oferece um padrão de sociabilidade ordenada entre "iguais": sem interferência de acontecimentos não programados, sem possibilidade de deslocamentos que se distanciem das rotas traçadas, sem usos perversos da cenografia (não são admitidos grafites nem adesivos ou estênceis, nada que seja alheio à estética e à gráfica do shopping). Numa cidade em que prevalecem as sensações de incerteza, os percursos previstos pelo shopping liquidam essa impressão sem afetar a ilusão de independência e liberdade (que, claro, é falsa: no shopping não se pode nem tomar uma cerveja num lugar que não tenha sido previsto para isso por seu projeto).

Diante da desordem visual da cidade, a ordem do shopping oferece um espaço completamente sob controle a quem padece a entropia urbana porque sua experiência, seus preconceitos ou seus gostos indicam que é perigosa, desestabilizadora e feia. No registro visual, o shopping transmite o que garante no registro prático: aqui não pode acontecer nada que não tenha sido previsto, não há acaso, também não há novidade, exceto a da rotação das mercadorias.

Se a cidade é experimentada como perigosa, o shopping produz serenidade porque é muito fácil de conhecer e suas mudanças também são fáceis de decifrar (como a experiência televisiva, a do shopping é quase instantânea e sem instruções). A cidade apresenta uma proliferação de signos de naturezas opostas que se associam, competem, se anulam ou entram em conflito. Por definição, o shopping tem de expulsar as tramas espessas de signos, não pode ser coberto por camadas e mais camadas de configurações significativas; seu ideal é apresentar uma superfície sem profundidade oculta. Nesse aspecto, é um clássico artefato pós-moderno que se oferece completamente em suas superfícies: pura decoração, cenografia que representa a si mesma.

Por todas essas razões o shopping é extremamente eficaz em termos de tempo. Mas também é plástico. Pode-se usá-lo a toda velocidade ou muito lentamente. É compacto, econômico, semiologicamente amigável, reduz o acaso ao mínimo, não oferece alternativas sobre as quais seja preciso empregar outros conhecimentos que não os adquiridos no uso programado.

Tem uma perfeição desconhecida em outros espaços do mercado (as ruas comerciais ou os agrupamentos a céu aberto) porque nenhuma situação é incontrolável, e foi projetado tendo como fim a expulsão do incontrolável. Nenhum espaço público pode oferecer esse funcionamento sem obstáculos porque o surgimento do obstáculo, do imprevisto, do que não foi normatizado é inevitável onde o mercado não governa completamente. Esse funcionamento sem resíduos produz bem-estar. Assim que se atravessa o umbral do *shopping*, abandona-se um espaço urbano que não se controla totalmente para entrar em outro em que toda indeterminação foi expulsa pelo programa. Cansadas da indeterminação típica do urbano, as pessoas encontram no *shopping* um espaço extraurbano dentro da cidade ou a seu lado. É preciso pensar o que a cidade nega a seus habitantes para descobrir o que o *shopping* lhes oferece em troca. Ultimamente, até, o *hall* de alguns *shoppings* pode transformar-se em arena de simulacros de combate para grupos de adolescentes, como as calçadas da discoteca às seis da manhã. Mas o controle do *shopping* é infinitamente mais eficaz do que o da rua, do que o dos violentos responsáveis pela segurança de uma discoteca ou da polícia.

A mercadoria como celebridade. O *shopping* trabalha no mesmo sentido que os meios de comunicação audiovisuais. Vai-se ao *shopping* para ver e não se experimenta necessariamente a frustração de não poder adquirir o que se vê. Como se se tratasse da beleza de uma celebridade ou de um programa de receitas de culinária, o que o *shopping* oferece não obriga à compra em todas as ocasiões, embora ela seja o objetivo comum do *shopping* e de seu visitante. Existe uma espécie de zona em que a frustração pode ser neutralizada. O espetáculo da abundância de mercadorias, em muitos casos inacessíveis, cria o atrativo provavelmente menor das mercadorias compradas de fato e as enobrece. Tal como a tela de televisão, a vitrine do *shopping* chama ao sonho e à imaginação tanto quanto à fruição material. Acumula o que é desejável, não o que é acessível a todos. Essa acumulação de desejabilidade é menos frustrante do que o fato de nem todos os objetos poderem ser efetivamente apropriados.

A imaginação é o que importa, como no caso da beleza e sensualidade das celebridades. Tudo o que aparece na vitrine do *shopping* é desejável, sem que esse desejo deva culminar sempre com a posse. Fomenta-se a atividade do desejo dirigido, não a realização invariável do desejo. Os negócios funcionam desse modo porque uma parte residual do desejo se cumpre (as vendas se realizam) e se volta para mais provocações ao desejo.

A organização do *shopping* é uma organização racional e regulada dos desejos. Deve conseguir que alguns se cumpram para garantir o lucro, mas depende de que outros permaneçam irrealizados para garantir o regresso. Funciona como os meios audiovisuais: mostram o desejável sem prometer nada a não ser sua repetição incessante. O *shopping* e também esses meios, embora aparentemente movidos pela mudança, são cíclicos: despertam e não satisfazem totalmente, despertam e não satisfazem totalmente, e assim sucessivamente, num *loop* do qual dependem o êxito mercantil e a satisfação de quem o torna possível.

O êxito do *shopping*, como o da televisão, é movido pela extrema familiaridade que seus usuários têm com a máquina na qual se incluem e cujas normas eles seguem. Tal como a televisão, o *shopping* permite o *zapping* dentro de um mapa ferreamente construído. São dispositivos que estimulam a sensação da liberdade de deslocamento pela simples razão de que devem manter todo o mundo dentro deles. Mas, tal como a televisão, o *shopping* não produz incerteza material nem simbólica, porque sua função é justamente proporcionar programas livres de incerteza, ou seja, de manejo simples e com regras claras.

Absorção. O *shopping* assimila, como uma gigantesca medusa, tudo o que se encontra dentro de seus limites ou, mesmo, perto deles. Por isso é tão difícil ver os murais que um *shopping* salvou da destruição, ou a velha arquitetura que outro *shopping* ocupa, depois de a ter esvaziado. A força das insígnias do mercado é infinitamente superior à da arte, que se miniaturiza até desaparecer quando o *shopping* a inclui como seu pretexto cultural. Velhos armazéns portuários, velhos mercados de abastecimento, velhas estações de trem, até cadeias (como a montevideana de Punta Carretas) ou escolas (como em Córdoba), velhas galerias de inspiração do século XIX: todas essas arquiteturas cheias de qualidades ou de história se aplanam como se só tivessem existido para proporcionar uma decoração exótica ao *shopping* que iria ocupá-las.

Por outro lado, poucos vão ao *shopping* para ver arquitetura ou murais. Só alguns turistas e as crianças das escolas obrigadas por seus professores seguem o itinerário desse pseudoprograma que o *shopping* apresentou como justificativa de sua existência, para conseguir isenções do código de edificações ou descatalogação de edifícios históricos. Um exemplo deste último caso é a grosseira agressão perpetrada pelo assim chamado "Museo de los Niños" [Museu das crianças] e pelo parque de diversões adjacente no velho Mercado de Abasto [Mercado de abastecimento] de Buenos Aires, cujas abóbadas, que na época ofereceram um argumento para conservar o edifício, foram condenadas à destruição visual. É preciso ser um verdadeiro caçador de perspectivas para observar do interior do *shopping* algumas dezenas de metros de abóbadas que não estejam interrompidas pelos acréscimos mais disparatados. O horror que é esse setor, verdadeiro despojo de guerra transformado em pátio de jogos e de alimentação, deveria ser lembrado sempre que se diz salvar um edifício valioso instalando nele um centro comercial.

A capacidade de absorção do *shopping* é comparável à dos meios audiovisuais que apresentam tudo, mesmo o que está mais distante de sua estética ou de sua lógica, impondo a esses fragmentos estrangeiros uma pátina que os torna midiáticos, qualidade que não tinham antes de aparecer numa tela, em que tudo o que não seja televisão se transmuta, como se o mundo "exterior" tivesse em sua origem o destino de ser matéria-prima de uma cenografia ou de um relato. O que vem do passado se transforma em alimento da atualidade imediata, e sua individualidade de obra ou sua qualidade de coisa construída desaparecem para tornar-se suporte neutralizado da mensagem midiática ou da articulação *shopping*. As insígnias do mercado são poderosas porque indicam o presente de um modo que as obras de arte ou os edifícios memoráveis, por seu projeto ou sua técnica, não podem fazer. O que subsiste do passado no *shopping* é obliterado pela renovação de cada instante. Nem Berni nem Spilimbergo têm a repercussão atual das marcas do mercado; só se apoiam em sua obra, que no âmbito do *shopping* é um peso morto, uma soma de desconhecimentos e mal-entendidos. Atrás de uma bandeirola com o logo de uma marca, o mural é um *memento mori* que diz a quem não o ouve: "Estou aqui, mas sei que não posso ser visto; estou aqui para não ser visto." Tal como os meios audiovisuais, o *shopping* governa todos os elementos estranhos (artísticos, por exemplo) que ele incorpora ou tolera porque não há outro remédio ou porque podem ser agitados como argumentos de prestígio. Não tem sentido lamentar-se pelo uso que ele faz do que foi construído previamente no prédio que ocupa; também não se conseguirá muito denunciando que, para conservar um mural, ele é tornado invisível ou, de modo mais irreverente, com um gosto completamente *pop*, é combinado com as insígnias do mercado. O programa do *shopping* é hegemônico por razões anteriores e mais importantes do que as que os conservacionistas podem dar a quem recicla velhas instalações ou conserva obras antigas em uma moldura nova. É difícil contradizer esse programa e ao mesmo tempo aceitar o *shopping* porque ele *é o programa*. A conservação das obras de arte num *shopping* pode servir apenas para fins de arquivo. Elas estão lá para quem vá não simplesmente olhá-las ou descobri-las, mas consultá-las.

Não se trata simplesmente de mostrar os limites desse conservacionismo hipócrita, mas de ressaltar a potência das forças mercantis que assumem argumentos conservacionistas no momento anterior ao início da obra e os transgridem até torná-los uma racionalização inútil quando a obra avança para seu pleno funcionamento. O *shopping* não precisa dessas racionalizações para se construir *ex novo* ou utilizando um edifício histórico cuja estrutura é considerada valiosa pelos especialistas ou pela opinião pública. Não rejeita "decorações" preexistentes, mas as regula de acordo com suas implacáveis normas visuais porque, se não o fizesse, poria em perigo não só sua própria coerência estética como também a função do espaço que essa estética recobre.

O *shopping* sempre supera os restos artísticos ou arquitetônicos colonizados, tanto quando os desloca como quando os torna invisíveis, uma vez que sua finalidade não é conservar um fragmento valioso do passado, mas incorporá-lo a seu espaço (se não puder prescindir dele), subjugando-o por meio de uma mudança radical de funções: de escritórios portuários para *mall* e praça de alimentação, de mercado atacadista de alimentos para conjunto de estabelecimentos comerciais e entretenimentos, de porto de pescadores para parque temático etc. A mudança de função é crucial.

Assim como governa a articulação de seus elementos edilícios e visuais, o *shopping* não impede algumas atividades que estavam ausentes de seu programa inicial mas que se realizam nele porque não lhe são contrárias. Como "passeio de compras", o objetivo principal é o segundo termo, mas o primeiro deve definir o ambiente e sua possibilidade de usos secundários. Por isso os grupos adolescentes podem usá-lo como lugar de encontro habitual: meninos de 14 ou 15 anos que se caracterizam por usar calças justas e pelo afã de tirar fotos com seus celulares para enviá-las de uma ponta à outra do *hall* do *shopping* provocaram uma espécie de motim; essa pequena tribo será substituída por outra quando as calças que a distinguem saírem de moda. Pequenas comoções que dão ao *shopping* uma espécie de pálida imitação da vida de rua, sem suas eventuais rebeliões fortes. Um *shopping* que indicasse usos e deslocamentos de modo evidente demais poderia ser desobedecido, ao passo que, guiados pela ficção de liberdade e expressividade, o obrigatório desaparece. Desse modo, o *shopping* assimila o que não está previsto em seus objetivos principais enquanto não forem contrariados (os passeios de adolescentes que se reúnem no *shopping* não necessariamente para comprar, embora também para isso; as pessoas pobres que vão nos fins de semana para olhar mercadorias inacessíveis; os velhos e as crianças), como algumas redes de *fast--food* incorporam combinações não previstas no modelo inicial para localizar a marca numa cultura alimentar determinada. O êxito está na flexibilidade para se render ao secundário enquanto as leis principais não forem contrariadas.

É certo que qualquer inovação não planejada, qualquer prática espontânea, qualquer pessoa ou grupo que se sintam "criativos" podem desorganizar o espaço e seus usos. Como vimos,

O *shopping* é antientrópico; no entanto, para que não se torne um espaço excessivamente regulamentado mesmo para aqueles que docilmente querem fugir da desordem urbana, devem ser autorizados usos secundários. Se fossem perseguidos, o *shopping* mostraria um aspecto demasiado "panóptico", a imagem agressiva de um mercado disciplinador. Para evitar a entropia, o *shopping* deve garantir uma quantidade de qualidades antientrópicas invisíveis, mas onipresentes.

Fundamental é a ordem e disposição dos detritos, que não se faz a intervalos determinados, mas ao longo de um ciclo completo e ininterrupto: limpa-se desde a manhã até a noite, de modo que nunca seja possível tropeçar no vestígio de um uso desagradável do espaço (diferentemente das ruas que, mesmo nas cidades mais ordenadas, são limpas em horários fixos, e seus refugos são retirados uma ou duas vezes por semana ou todas as noites: quanto menor a periodicidade, maior a sujeira). A limpeza inclui o controle dos cheiros reconhecíveis como sendo das ruas. O *shopping* os reprime encobrindo-os com outros cheiros que dão testemunho da limpeza interior. O cheiro do *shopping* é a prova de sua limpeza, não seu resultado. Embora esse tratamento dos cheiros se aperfeiçoe nas horas anteriores à abertura, ele continua durante o dia todo. Entre tudo o que oferece, o *shopping* distribui gratuitamente diafaneidade e transparência entre gente que provavelmente vive em bairros escuros, cujas janelas dão para ruas barulhentas ou poços de aeração e luz em que os sons e os cheiros se misturam. Não é pouco.

Claridade conceitual. Apesar dos imprevistos e das funções novas que o *shopping* digere, as qualidades essenciais devem manter-se intactas durante catorze ou quinze horas, como em uma nave interplanetária em que a vida dos tripulantes depende delas. De fato, a limpeza do *shopping* tem algo de cenário de ficção científica, o que também é evocado por sua claridade, pela nitidez com que as coisas devem ser vistas, pelo ordenamento das matérias e disposição dos diferentes espaços, pelas divisórias, pela planta aberta, mas ao mesmo tempo dividida em porções que se tornam acessíveis à medida que se avança. A perspectiva é de proximidade e segmentada, só que as divisórias não opõem obstáculos ao trânsito, mas cumprem o papel de estações de transferência (de uma escada para um quiosque, de um corredor para um balcão). Assim se diferencia o *shopping* dos *grands magasins*, onde não há divisórias internas, com exceção das que são elementos da arquitetura do edifício; os *grands magasins* não se parecem uns com os outros (quem conhece as Galleries Lafayette não conhece a Macy's, quem conhece a KaDeWe não conhece a Harrods). O *grand magasin* pertence à era do capitalismo mercantil, localizado. O *shopping*, à era do capitalismo global e em expansão.

O *grand magasin* é vertiginoso, literalmente dá vertigem quando as galerias de todos os andares dão num mesmo *hall* central, como nas Galleries Lafayette de Jean Nouvel em Berlim ou no edifício histórico da Macy's em Chicago, com cúpula de Tiffany. O *shopping* nunca é vertiginoso. Se fosse, atentaria contra seu ordenamento, que deve oferecer-se ao conhecimento imediato de seus usuários. Poder-se-ia pensar que os *shoppings* são o aperfeiçoamento do *grand magasin*, mediante a correção de seus "defeitos" de uso. Mas, antes, parecem disposições espaciais diferentes cuja comparação é inevitavelmente superficial, assim como é superficial a comparação do *shopping* com as galerias do século XIX e da primeira metade do século XX.

Se fosse para comparar sua claridade, sua racionalidade, com alguma coisa, seria com o supermercado. São contemporâneos e têm as mesmas qualidades: eficiência no uso que deixa poucos espaços residuais; abertura para percursos que dão a impressão de livres escolhas mercantis e espaciais; claridade das sinalizações, com signos e indicações bem legíveis de modo que o cliente de um supermercado ou de um *shopping* possa usar um ou outro sem dificuldade, mesmo que se encontre longe, até numa cidade diferente (ou, sobretudo, numa cidade diferente); definição dos perfumes, dos sons e das luzes a fim de evitar a ingerência dos cheiros, sombras, penumbras ou ruídos não contemplados pelo programa. E, sobretudo, a repetição: "A abundância pode ser opressiva ou euforizante, mas a repetição é sempre estética e o efeito que produz é misterioso."[10]

Clientes peritos. A claridade conceitual do *shopping* (assim como a do supermercado) torna todos nós peritos em consumo. A publicidade por si só não teria produzido esse efeito porque se trata de um saber prático que inclui orientações espaciais e um repertório de sensações familiares. O consumo real (não o que se produz pela internet) precisa de espaços, que mudam com a história. A máquina mais perfeita para a consecução de seus fins é a que hoje atingiu a hegemonia e se propõe como modelo mesmo para espaços localizados que nem por suas dimensões nem por suas possibilidades de variação podem ser verdadeiros supermercados ou verdadeiros *shoppings*. O *shopping* treina a maior quantidade possível de pessoas para que possam se mover dentro de seu projeto: uma ampliação dos saberes do consumidor que se atinge por meio de funcionamentos acessíveis, ininterruptamente aperfeiçoados.

As crianças e os adolescentes sabem mover-se velozmente no *shopping* porque não conservam lembranças de outras formas anteriores de consumo nem tiveram outras experiências mais desejáveis ou das quais possam sentir nostalgia. Conhecendo como primeira forma hegemônica de consumo a do *shopping*, não são obrigados a estranhar uma queda em desuso de outros costumes nem a esquecê-los para adquirir outros. O *shopping* é, além disso, uma comunidade jovem porque seus trabalhadores estão preparados para entender o mecanismo da exibição e venda que já praticaram como consumidores reais ou imaginários. Com seus clientes jovens, os vendedores do *shopping* compartilham um mundo: identificam-se diretamente, o que não acontecia nos *grands magasins* (onde as invejas e as diferenças eram conflitantes) nem acontece nas lojas das marcas mais caras, que geralmente não fazem parte do *shopping*.

O *shopping* é um paraíso de camadas médias, onde centenas trabalham e outros consomem, mas todos são unidos por uma ilusão de que poderiam trocar seus lugares a qualquer momento (ilusão disparatada por parte de uma vendedora da Cartier, Kenzo ou Armani). A essas camadas médias dirigem-se as mensagens institucionais. Por exemplo, "220 marcas querem entrar na sua história", é a palavra de ordem publicitária do *shopping*

Abasto, com a qual apoia a ideia da identificação pelo logo (a história de alguém contada por meio de logos, como se se tratasse de um esportista e seus patrocinadores, maravilhosa invenção da imaginação desvirtuadora).

O *shopping* é uma Terra do Nunca de jovens em que circulam pessoas de todas as idades, uma fantasia pueril da abundância que parece ao alcance da mão porque está ao alcance da vista. É uma festa óptica e extensiva à sociedade. Mesmo os velhos, estando maciçamente retirados do consumo a não ser por intermediação dos jovens, associam-se a eles, sobretudo porque o *shopping* não os expõe a uma humilhante retirada com as mãos vazias, já que foram simplesmente olhar. Nesses dois extremos de gerações, uma vez que a disciplina do *shopping* os capta, fica encerrado o resto do mundo.

Só permanecem fora os grupos de elite cultural, econômica, os "inovadores", os "originais", os dedicados às atividades de comunicação, de *design* etc., que adoram a camiseta *vintage* comprada num brechó mas não a comprariam nova num grande estabelecimento de uma cadeia de lojas localizada num *shopping*. Esses grupos são os que passeiam pelas lojas em zonas comerciais a céu aberto que, em algumas cidades, se localizam perto dos restaurantes que compõem praças de alimentação também a céu aberto; exemplo portenho: os diversos Palermos.

E também ficam fora os muito pobres, esse obscuro anel exterior.

II. AMBULANTES

Santiago de Compostela. Às quintas-feiras pela manhã, as mulheres chegam de suas aldeias para vender verduras no mercado de Santiago de Compostela. Todas, ou quase todas, são velhas. Sentam-se em banquinhos minúsculos e falam com suas fregueseguesas, que também são velhas. Nos cestos não há um só tomate que seja igual a outro; todos têm alguma marca, um ponto escuro ou uma pinta mais clara; maços de nabos ainda úmidos e couves pequenas e imperfeitas, como cabeças de criança. Cada uma dessas mulheres tem relação direta com o produto que traz ao mercado; moram perto de Santiago e perto dessas verduras, num espaço que ainda hoje mantém algo de arcaico. Certamente são as últimas que vendem verduras orgânicas sem as decorar com esse adjetivo hiperbólico, meio técnico e meio estético, próprio de um vocabulário sobre *lifestyles*.

Números. Segundo levantamento da Federação de Comércio e Indústria local, em 2007 havia 4.057 bancas de vendedores ambulantes na cidade de Buenos Aires, cerca de 17,4% mais que no ano anterior. No Parque Centenario as bancas seriam 1.200; na Costanera Sur, 412 (a maioria vende comida); no Parque Lezama, 600; no Parque Saavedra, 300; na zona do Once, 177. "Os itens mais comercializados são óculos de sol, CDs de música, filmes em DVD, calculadoras, relógios e pilhas. Veem-se também com muita frequência roupas, *lingerie* e outros itens, como acessórios de telefonia, jogos e produtos voltados para o turismo."[11] A foto que ilustra a nota do jornal que oferece esses dados foi tirada na calçada do Concejo Deliberante: uma banca de roupas e, mais atrás, duas tábuas verticais com colares e anéis. O espaço público como mercado dos informais.

San Telmo. Carta de V. L.

Fui contratada pela Municipalidade, mas não me pagam desde abril. Domingo passado instalei-me na *calle* Defensa, entre as *calles* México e Venezuela, no bairro de San Telmo. Tenho um passado de feirante, mas nunca antes estendi um pano no chão como dessa vez. Tive (tivemos) de ir muito cedo, cheguei às 5h30 porque às 7h já está tudo cheio. Brasileiros magros carregando seus filhos, gente com poucos dentes e cara de fome, gente velha, gente com problemas físicos; tive de fazer um grande esforço para não começar a chorar ali mesmo, junto dos meus companheiros excluídos do sistema. De dia a coisa melhora, ouvem-se os instrumentos de percussão vendidos na outra quadra e eles têm um som realmente bom. A gente consegue o jornal, senta-se num banquinho dobrável e pede um pingado a um senhor que passa com seu carrinho. A vida talvez não seja tão dura, afinal de contas. É só questão de expandir os limites da comodidade, pois, se a gente pode fazer isso, o que não poderá fazer depois. Obrigada, Chopra, Dyer e demais amigos uns dos outros, já que não da gente. Instalamo-nos literalmente na rua, sobre o asfalto. Também só até as 9h se marca território. É por esse motivo que chego tão cedo, porque por volta dessa hora a *calle* Defensa se torna de pedestres. Também alguns camicases se instalam antes, há motoristas de ônibus respeitosos ou pacientes que passam devagar entre as "bancas" e outros mal--humorados cuja linguagem implícita é "Vão se foder em outro lugar, bando de vagabundos", e sem reduzir a velocidade atropelam panos e mercadorias. Só vendo. Fiquei até as 18h para vender 10 pesos, o transporte me saiu por 17, calcule o ganho. Na última hora reparei numa moça jovem, espanhola, que fazia malabarismo com três bolas cor de laranja e também com clavas. Muito graciosa, segurava uma bola na ponta dos dedos e a fazia caminhar pelo braço ou a jogava nas costas e a recuperava de frente, com a outra mão. Calçava chinelos de couro simples e vestia saia vermelha e camiseta regata branca. Estava ensinando a um rapazinho de cabelo comprido e olhos crédulos, não sei se pela promessa de sua futura mestria ou por ela. Perdido por perdido, também me aproximei em busca da magia e fiquei praticando. Quis levar alguma coisa mais do que a frustração de um dia de vendas perdido. Pensei em dizer a María que escolhesse um par de argolas para ela, mas intuí que ela não precisava de nada além de sua graça despojada para se sentir plena.

Quem me escreveu isso foi V. L.[12] Ônibus "atropelando" os tapetinhos com artesanatos, pulseirinhas e anéis, como num estouro: o outro lado da fila interminável de ambulantes nas ruas da cidade, que repetem suas bugigangas, ordenando-as à medida que a passagem do tempo e das pessoas as revira, ou as tira de sua disposição inicial, como se a disciplina do ambulante fosse a de um obcecado pela geometria. A garota que fazia malabarismos parece Nastassja Kinski em *Movimento em falso* de Win Wenders, e lembra, é claro, o famoso bailarino com quem Von Kleist dialoga. O escritor lhe pergunta por que o viu tantas vezes, e tão concentrado, diante do teatro de marionetes. O bailarino explica que "todo movimento tem seu centro de gravidade", do qual uma linha "misteriosa" se projeta na direção da Terra, e esse é o caminho "que segue a alma do bailarino": no caso das marionetes, a mão do mestre que as move é um ponto superior dessa linha com respeito à qual a marionete cai, seguindo seu centro; entregues às forças dessa queda, seus membros se movem inconscientemente e em harmonia. A graça é o efeito negativo desse abandono da marionete à sua inconsciência[13].

As marionetes que o ator interrogado por Von Kleist olhava também foram presenças irregulares, mas habituais, nas ruas. Ambulantes e objetos são inseparáveis da cidade a qual decoram com estilos que não foram decididos por ninguém; intervenções que irritam a ordem da cidade e que continuarão ali por duas razões: há gente na rua e há gente que *só* pode vender na rua.

Liniers. Fotografia. As barracas dos ambulantes estão armadas sobre as tubulações de esgoto das ruas que rodeiam a igreja de San Cayetano. Uma guarda de objetos acompanha os fiéis e, para dizer com uma frase feita, mas verdadeira, ameniza-lhes a espera. Não são uma distração comercial alheia às devoções, mas permitem recordar esse momento durante o resto do ano: a pedra que se traz do caminho percorrido em peregrinação ao lugar sagrado.

Nos balcões dos ambulantes que rodeiam a igreja, a exuberância provém de cada peça e do conjunto intrincado que elas compõem ao se aglomerar. Como aquelas casinhas alpinas de telhas, encerradas numa bola de vidro e sobre as quais cai neve quando agitadas, os suvenires santos são alegres, domésticos, familiares. Enfeites para colocar numa prateleira, uma vez que são retirados da exibição na rua, onde formam um conjunto colorido e um pouco bizarro. Olhos de vidro plástico habitados pelo santo, pela Virgem ou por Jesus Cristo: tudo na rua, até um peso de papéis de São Caetano-com-menino, mostra seu lado cenográfico. A rua é espetáculo mesmo para os objetos mais banais.

Nas esquinas, montes de tachos carcomidos pelo fogo encerram restos do carvão que se acendeu à noite para cortar o frio. Dentro das barracas, pilhas de cobertores, mochilas, abrigos, panos, panelas, vasilhames, garrafas térmicas. É uma peregrinação estática, que não avança junto com os fiéis; desde o início ocupa o mesmo lugar. A fila dupla de fiéis e de bancas parece um longo mural de cortejo religioso que acaba no átrio.

A CIDADE DAS MERCADORIAS **31**

Em agosto, nas festas de São Caetano, os vendedores acampam debaixo dos balcões. Um menino dorme; a combinação de cores de seu refúgio é esplêndida, e a massa de cabelo liso castanho-claro que emerge do cobertor lhe dá uma espécie de estilo publicitário. *Advertising* espontâneo, como se tudo fosse produzido seguindo um estilo, embora seja o olhar que atribui estilo a algo que foi disposto pelo acaso. O cobertor vermelho tem uma textura linear geométrica, que só se percebe de muito perto; o cobertor amarelo é mais esponjoso e macio; o cobertor xadrez, convencional. Na verdade, o vermelho e o amarelo não são cobertores, mas pedaços de tecido, panos de uma cortina, talvez. Presas às traves de ferro da banca, pendendo delas, as duas peças foram colocadas como se se tratasse de um espanholismo. No entanto, é possível que tenha havido essa deliberação prévia. Descobre-se uma intenção decorativa em que só funcionou o acaso: no encontro imprevisto de dois retângulos de tecido sobre os quais, como numa rede paraguaia, um menino dorme na rua, em pleno dia, embaixo da banca em que se vendem bugigangas religiosas, nas redondezas de uma igreja.

O fato de a combinação dos tecidos ser a da bandeira espanhola acrescenta algo: uma espécie de absurda ciganada, embora se saiba que os ciganos não têm essa bandeira; algo do ambulante do toureio e da dança, uma espécie de mito Hollywood ou mito Merimée da Espanha. O certo é que, ao ver o vermelho e o amarelo um ao lado do outro, é difícil deixar de evocar uma bandeira. Prova de que qualquer coisa fica sujeita a um significado usurpador que captura tudo: as cores, as texturas, sua combinação pendente e ao mesmo tempo flutuante no espaço.

A fotografia esconde uma parte de seu argumento, como costuma acontecer. Do menino adormecido vê-se apenas o matagal de cabelo e não se sabe se ele tem 8 ou 12 anos; se trabalhou durante algumas horas na banca ou se simplesmente acompanhou alguém. Talvez esteja tirando uma soneca depois de passar a noite acordado, atento aos clientes que saem da fila formada a quadras da igreja. Está dormindo porque está cansado ou chateado, enredado entre cobertores de xadrez amarelo e vermelho. Se estivesse numa casa, diríamos que tinha brincado com os cobertores, armando uma tenda ou um refúgio de exploradores. Mas ele está na rua.

Qual é a história? E, de qualquer modo, por que interessar-se por essa história se nem sequer é uma história? Não é possível deter o sentido aqui; nos quarteirões e quarteirões de ambulantes, tudo pode parecer indiferenciado ou indiferente. No entanto, alguns recortes, como o desta foto, produzem a intromissão não buscada de um sentido que deveria ser, mas também não é totalmente.

Entre os ambulantes, há uma senhora que costura gorros e uma que lê tarô: sincretismo da festividade católica que se encontra com o *new age* e seus recursos milenares de adivinhação. A religião popular, das ruas, não é dogmática.

Classificação. O industrial. Uma montanha de porcarias circula de mão em mão: falsificações, imitações, bugigangas, partidas roubadas, contrabando. Quem vende e quem compra são pessoas que têm mais ou menos o mesmo nível de consumo, oprimidas por seus limites econômicos. As mercadorias dos ambulantes que ocupam centenas de metros nas *calles* Corrientes, Florida, Rivadavia, em torno das estações de trem, nos entroncamentos de transporte viário e nas calçadas de zonas comerciais de muitos bairros, dividem-se em duas classes.

A primeira (industrial) é vendida através de ambulantes organizados por atacadistas, com bancas atendidas por empregados que frequentemente recebem, ao meio-dia, rações de comida vindas de fora da zona ocupada. Esses são os ambulantes que defendem o "direito de trabalhar" na rua, em condições de debilidade, já que os atacadistas se situam fora das disposições legais do comércio ao ar livre e cometem todas as infrações, começando pelas que recaem sobre a própria rede de seus empregados. A vigilância das bancas é relativamente tecnicizada: por celular e por *walkie-talkie* transmitem avisos quando a polícia se aproxima, periodicamente, para desalojá-los por diversas contravenções, entre elas a falta de habilitação regularizada. A história é bem conhecida e faz parte do capítulo do comércio ilegal que tem seus ápices hiperconcentrados em feiras em ambiente fechado como La Salada, no limite da cidade de Buenos Aires, e as diversas Saladitas.

Vendem roupa e objetos industriais, bugigangas nacionais ou importadas, que, por sua vez, dividem-se em três tipos: os "úteis", mais baratos do que nas lojas (ou é o que supõem os clientes e apregoam os vendedores), como pilhas, lapiseiras, lanternas, chaves de fenda, baterias, óculos, despertadores, isqueiros, capas para telefone, meias, gorros, luvas de tamanho universal, macacões, calças esportivas, roupa íntima, perfumes etc. Os objetos industriais "inúteis", que acrescentam um toque estético à vida de quem os adquire: bibelôs, bichos de pelúcia, quadrinhos. Esses objetos interessam fundamentalmente aos setores de baixa renda e não oferecem nenhuma qualidade de pitoresco social ou urbano. São a poluição do pior vomitado por fábricas que, conforme denúncias constantes, também operam na ilegalidade ou em sua vizinhança. O terceiro tipo de objetos são os de entretenimento: brinquedos a pilha, CDs e DVDs piratas de música, jogos e filmes que interessam a quase todo o mundo, assim como todo o mundo é cliente potencial de boas falsificações de roupa esportiva com logo de marca.

Em *El carrito de Eneas*, com a precisão material que a poesia pode atingir melhor do que os inventários acadêmicos, Daniel Samoilovich descreve a feira de ambulantes estabelecidos na estação Retiro, perto da entrada do Ferrocarril Belgrano e passagem inevitável para chegar ao terminal de ônibus de Buenos Aires. Vulcano, forjador de escudos, elmos e lanças para os heróis da mitologia mediterrânea clássica, forjou para Eneas (filho de Troia na *Ilíada* e catador de papel de Buenos Aires neste poema) um carrinho em que estão representados os objetos que circulam na base de ambulantes estabelecidos na zona inferior do transporte urbano que rodeia as estações ferroviárias. A exaltação do catador de papel Eneas transborda sobre os objetos de seu mundo. Forjado e decorado pelo deus, seu carrinho ostenta nas laterais e nos travessões a multiplicação caótica dos objetos industriais:

> Vulcano ha grabado en el barral izquierdo,
> con gran arte y contento, una legión
> de tenderetes obviamente ilegales
> mas no por ello menos coloridos:
> todo el comercio y la quincallería
> del oriente más lejano y tramposiento, las radios
> que te despiertan en la madrugada
> con noticias falsas y siniestras, las pilas más vencidas,
> las biromes que han de estallar en tus bolsillos
> llenándolos de una brea azul, imborrable como el odio,
> los paraguas que, como memento
> de nuestro único paso por tierra, han de abrirse
> sólo una vez, las medias corredizas
> como nudos de horca, los pañuelos
> que han de rasparte la nariz hasta que luzca roja
> cual faro del infierno, las más impúdicas bombachas,
> las artesanías más cretinas, dos abuelos
> que sonríen dulcemente, cada uno al cabo
> de un cable enrulado de teléfono, ese rompenueces
> con que alguno ha de quabrar el cuello de su novia,
> las tramontinas con dientes especiales
> para matarse en una tarde de domingo,

las calculadoras para contar lo infinito de tus deudas,
las pelotitas que rebotan hasta el cielo azul celeste,
revistas de crucigramas ya resueltos,
remeras distinguidas con el más triste de los cocodrilos,
lupas, a ver si encuentras todavía
el tamaño de tu hombría, adaptadores
de dos patas a tres agujeros, de tres patas a dos agujeros,
de una sola pata
a una población entera de agujeros negros,
camisetas de tu equipo preferido, cualquiera que fuera,
y cualesquiera hubieran sido las alegrías o tristezas
que en otro tiempo te hubiera procurado;
y, más, Marforio, más, pavas, sartenes, chanclos, zapatillas,
y relojes, relojes, relojes
que al unísono marcan las horas que te huyen,
los horas que te quedan: todas, Marforio, hieren,
la postrera mata; aquí está todo lo que esquifes y camellos
trajeron a través de la porosa frontera
o se cayó de los camiones que, bravíos,
surcan las rutas de la patria,
de los autobuses aligerados al pasar por villa 31,
toda la variedad de la humana industria
está aquí desplegada sobre alfombras,
sobre trapos, frazadas, caballetes
cuyas patitas flacas apenas soportan
esta ingente, riquísima carga.[14]*

---

* Tradução livre: Vulcano gravou na lateral esquerda, / com grande arte e satisfação, uma legião / de bugigangas obviamente ilegais / mas nem por isso menos coloridas: / todo o comércio e a quinquilharia / do oriente mais distante e trapacento, os rádios / que te despertam na madrugada / com notícias falsas e sinistras, / as pilhas mais vencidas, / as esferográficas que vão estourar em teus bolsos / enchendo-os de breu azul, indelével como o ódio, / os guarda-chuvas que, como lembrete / de nossa única passagem pela terra, hão de se abrir / uma só vez, as meias corrediças / como nós de forca, os lenços / que hão de te raspar o nariz até que brilhe roxo / como farol do inferno, as mais impudicas cuecas, / os artesanatos mais cretinos, dois avós / que sorriem docemente, cada um ao cabo / de um fio enrolado de telefone, um quebra-nozes / com que alguém há de quebrar o pescoço da namorada, / as tramontinas com dentes especiais / para se matar numa tarde de domingo, / as calculadoras para contar o infinito de tuas dívidas, / as bolinhas que ricocheteiam até o céu azul-celeste, / revistas de palavras cruzadas já resolvidas, / camisetas distintas com o mais triste dos crocodilos, / lupas, para ver se ainda encontras / o tamanho de tua hombridade, / adaptadores de duas hastes e três buracos, de três hastes e dois buracos, / de uma haste só / e uma população inteira de buracos negros, / camisetas do teu time preferido, seja qual for, / e sejam quais forem as alegrias ou tristezas / que em outros tempos te haja proporcionado; / e, mais, Marforio, mais, chaleiras, peneiras, galochas, tênis, / e relógios, relógios, relógios / que em uníssono marcam as horas que te fogem, / as horas que te restam: todas, Marforio, ferem, / a derradeira mata; aqui está

A descrição da obra de Vulcano na lateral do carrinho transforma-se de épica em cômica, como também se transformaram em cômicas as guerras heroicas nas paródias, mas as regras são cumpridas: a cada substantivo sua atribuição adjetiva condensada ou expandida. Samoilovich revela a alma das mercadorias sem alma nem projeto. As atribuições que acompanham os objetos inventariados mostram que eles, anônimos e insatisfatórios, adquirem uma dimensão subjetiva ameaçadora que não chega a ser terrível porque é cômica. Contra a estandardização que transforma esses objetos em membros indistinguíveis de uma série, Samoilovich submete-os a uma espécie de crescimento fantástico.

Passando por cima dessa dimensão subjetiva, poder-se-ia pensar que os objetos são adquiridos só porque sua baixa qualidade e sua presença habitual fora da legalidade do mercado os tornam baratos e os aproximam de seus futuros proprietários. Isso está certo e funciona como razão objetiva principal, já que os ambulantes vendem as mercadorias dos pobres. Mas essa conclusão restrita, e inevitável do ponto de vista econômico, deixa de lado o sentido adicional que esses objetos agregam à necessidade estrita. As atribuições de Samoilovich situam as coisas sob a luz da imaginação. Elas se personalizam tanto quanto se deformam, se quebram e falham. Em todas as mercadorias há um potencial fantasioso, onírico, de uso desviado, de irrupção não desejada na vida, e isso as torna estranhas por um caminho tão avesso quanto sua péssima qualidade material. Fazem parte do mundo que os pobres conhecem: crônica policial, más notícias, aparelhos que funcionam mal, projetos que vão contra o que o objeto oferece, instrumentos perigosos que tendem a se descompor ou a desmontar.

---

tudo o que esquifes e camelos / trouxeram através da fronteira permeável / ou caiu dos caminhões que, bravios, / sulcam as estradas da pátria, / dos ônibus apressados ao passar pela *villa* 31, / toda a variedade da indústria humana / está aqui exibida sobre os tapetes, / sobre panos, cobertas, cavaletes / cujas patinhas magras mal suportam / esta ingente, riquíssima carga. (N. da T.)

A CIDADE DAS MERCADORIAS **39**

Classificação. O artesanal.

A revista *Elle* (verdadeiro tesouro de mitologias) nos oferece quase todas as semanas uma bela fotografia em cores de um prato montado: perdizes douradas com cerejas, *chaud-froid* de frango rosado, timbale de lagosta rodeado de crustáceos vermelhos, *charlotte* cremosa decorada com desenhos de frutas confeitadas, baunilhas multicoloridas etc. Nessa cozinha, a categoria substancial dominante é a cobertura: o engenho se empenha em dar brilho às superfícies, em curvá-las e esconder o que é comestível debaixo do sedimento liso dos molhos, cremes, *fondants* e gelatinas. Isso está relacionado, evidentemente, à própria finalidade da cobertura, que é de ordem visual, e a cozinha da *Elle* é pura cozinha da visão, que é um sentido distinto.[15]

A cozinha descrita por Barthes (pratos de exibição, para serem fotografados) dirige-se a "um público verdadeiramente popular" e é uma "cozinha mágica". Meio século depois, a citação de Barthes volta à memória quando se veem os objetos inúteis dos artesãos e pseudoartesãos de rua. Se os industriais foram a primeira classe analisada, estes pertencem à segunda: objetos feitos à mão ou que o simulam.

Os tapetes são cobertos por uma geometria de "pratos montados" que têm produtores, intermediários e um mercado, fabricação, oferta e demanda. Cuias de chimarrão buriladas ou decoradas a fogo, com incrustações barrocas e bordas de metal batido; fivelas, cinturões, sandálias e carteiras de couro trabalhadas com punção; colarzinhos e pulseirinhas de contas, porta-níqueis bordados, carteirinhas e prendedores; velas e incensos, castiçais, molduras, lâmpadas, caixas e recipientes de todo tipo gravados, pintados, com tampa, sem tampa, com incrustações e apliques, que sempre se enquadram num estilo *retro-hippie-folk*. O carregado, o disforme e o irregular evocam o "feito a mão".

As centenas de metros de tapetes cobertos por esses objetos têm uma aparência pitoresca, e os turistas, assim como muitos habitantes da cidade, se detêm porque descobrem ali a sombra da cor local e de uma autenticidade que se desvaneceu (desvanecida, é claro, também nesses objetos). Muitos vendedores

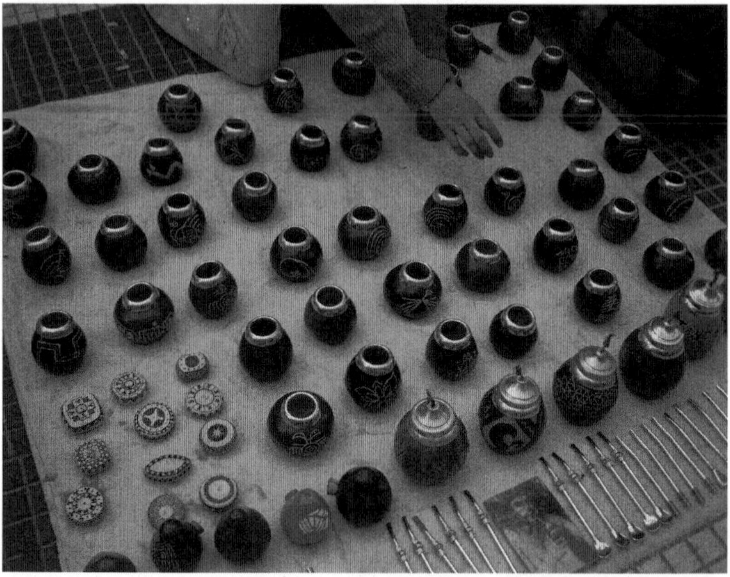

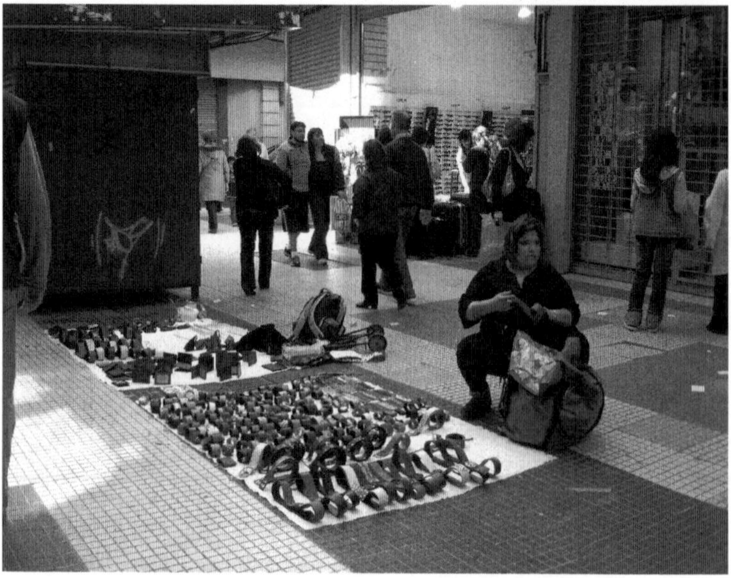

produzem suas mercadorias diante dos que podem ser seus clientes, para aproveitar o tempo, decerto, mas também para dar uma aura de autenticidade ao que vendem. Seja como for, a não ser que se veja que o objeto sai das mãos do artesão, os cruzamentos entre as categorias são habituais: industrial que imita a imperfeição do artesão; ou suporte em série, adquirido nas lojas de "trabalhos manuais", sobre o qual se imprimem características individuais de acabamento.

Recipientes redondos de vidro com imitação de vitral; miniaturas feitas de falsos fragmentos de vidro tingido com falsos rejuntes de um material que lembra o ferro ou o bronze (tudo comprado em lojas de "faça você mesmo", em que há estátuas brancas de gesso para colorir, adesivos e o ateliê inteiro dos programas de televisão que ensinam *bric-à-brac*). Todos remetem a uma técnica do passado aplicada a materiais atuais que permitem evocar longinquamente o efeito sem conhecer de verdade o segredo do ofício. Aquelas esferas de cores coladas ao acaso ou, pior ainda, buscando alguma combinação cromática podem servir para os defumadores ou velas vendidos ao lado, ou para guardar aneizinhos, colarzinhos e moedas para a condução. Ninguém precisa delas e, no entanto, são produzidas e compradas como um agregado estético à função de perfumar um aposento ou ordenar pequenas peças para que não fiquem espalhadas. São a decoração que não é proporcionada por um pratinho branco sobre o qual também se pode apoiar uma vela, ou um pote de aço em que também se podem depositar moedas. Essa poesia acessível e trivial cerca objetos um pouco desnecessários, muitas vezes feios, que cansam depois de um tempo, sempre entre aspas.

Os que compram as pequenas esferas de vitral falso adquirem uma espécie de marca estética para a decoração da vida cotidiana; as coberturas dos objetos de vidro redondos, ou os defumadores com forma de *sampang* ou as tiras de couro sobre as quais está um castiçal ridiculamente pequeno acrescentam uma camada de decoração ao cotidiano. Esse suplemento não mimético nem funcional oferece uma abundância que ultrapassa os limites às vezes muito estreitos de uma fantasia que não pode flutuar mais livremente. Como o desejo, as bolinhas de falso vitral não se adaptam bem a nada; são bárbaras num sentido profundo e verdadeiro, ilegais segundo as normas do gosto.

Invocando Bataille, são *potlatch*, puro gasto desproporsitado se medido com relação aos fins alcançados ou à utilidade que oferece em termos materiais. O *potlatch* é esbanjamento e obriga ao esbanjamento, pois não se pode responder ao *potlatch* comedidamente, mas superando a aposta: gasto / mais gasto / mais gasto, até a ruína. O *potlatch* tem muito de incendiário. A aventura de um uso sem cálculo dos recursos: superadornado, supercoberto, vidrado, colorido. Uso infantil, erótico, perverso.

As esferas de vidro são mercadorias que burlam a razão instrumental, escapam a qualquer ordem estética (nem culta, nem popular, nem artesanal verdadeira, nem *folk*, nem *pop*). São pura atividade de artesãos que não sabem fazer outra coisa para compradores que não podem comprar outra coisa. Mas esse não poder não é simplesmente uma lacuna, carência ou uma privação pura e simples. Quando vendedores e compradores conversam, é evidente que se oferecem um momento de entendimento verdadeiro: uns mostram os objetos como se fossem peças únicas, marcadas por certa individualidade, os outros os examinam. Trata-se de uma ilusão indispensável que une vendedores e compradores em uma autenticidade fugaz, em que aquele que ocupa o lugar do artesão permite que suas mercadorias sejam examinadas pelo futuro cliente com olhar crítico e curiosidade. Às vezes, pergunta-se ao artesão se ele não pode reproduzir exatamente a forma daquele objeto, mas utilizando outras cores; pede-se a ele um objeto na medida do desejo de seu potencial comprador, sugerem-se mudanças. O artesão responde apontando detalhes especiais do objeto que está oferecendo, calibrando o tempo que chegou a investir na sua produção, introduzindo brevemente o cliente às dificuldades encontradas.

No mundo de objetos idênticos fabricados por máquinas, as pequenas esferas de vidro (que são todas iguais aos olhos de quem não se interessa por elas) têm irregularidades que provam sua singularidade para quem vai comprá-las como "artesanato", ou seja, como objeto que leva a marca de uma mão.

As esferas de vidro têm um lado "lindo", mas também um lado "monstruoso". A abundância decorativa indispensável para que sejam o que são se adere formando uma camada (a "cobertura" da cozinha da *Elle*) que, como um ácido (ou seja, o contrário de um creme ou glacê), dissolveu o que estava embaixo: não há nada, são objetos-cobertura, cobertura sem conteúdo, decoração absoluta que, como um *fondant* gelatinoso de filme de ficção científica classe B, corrói tudo o que toca até fazê-lo desaparecer. A decoração é lava sobre esses objetos e eles são flores de lava excessivas.

Há também os artesanatos "mistos", ou seja, os que têm um suporte industrial sobre o qual foi aplicada uma dose mínima de trabalho manual. Por exemplo, garrafas de cerveja cortadas pela metade e transformadas em copos ou vasos. Essas intervenções manuais no mundo dos objetos idênticos provenientes da indústria estabelecem uma tensão entre o suporte material original e a ideia artesanal de trabalhar sobre ele para personalizá-lo.

Transformam-se assim em objetos anfíbios, que provêm de um mundo (a indústria da cerveja) e persistem em outro (o lar, onde, em vez de ir para o lixo, brilham numa prateleira).
Outro grupo de objetos não se define apenas por seu modo de produção. De origem industrial, foram projetados para responder a situações particulares da vida, massivos, porém carregados de subjetividade. São também objetos anfíbios porque vêm da indústria, mas transformam-se em suporte de uma intensa devoção pessoal e, ao mesmo tempo, inevitavelmente coletiva: esportiva, musical, política ou religiosa. São abundantes em torno dos estádios e nos santuários.

Autodefesa do artesão. O governo da cidade, de tempos em tempos, quer tirá-los das ruas. Para defender seu direito a trabalhar nelas, os artesãos ambulantes escreveram cartazes, expostos na Florida em 2008, que, como quase tudo o que se defende hoje, sustentam o argumento cultural e de identidade, com um retorno não muito surpreendente do aurático:

> Artesanato na rua faz parte de uma identidade cultural, veículo de expressão que sai para fora e não se encerra.
>
> Feito com as mãos, o objeto artesanal traz impressas as marcas originais de quem o fez e são um sinal: a cicatriz quase apagada que comemora a fraternidade dos homens.

Livros. Não são característicos do mercado ambulante, mas das clássicas bancas estabelecidas em praças e passeios. No entanto, existem vendedores ambulantes, que atuam nos meios de transporte. Eu mencionaria dois grupos.
Os que vendem a revista *Hecho en Buenos Aires* [Feito em Buenos Aires], que, como em outras cidades, é publicada para ser oferecida, fora dos quiosques, por pessoas de uma categoria especial, desocupadas, sem casa. Vendedores de *Hecho en Buenos Aires* são entrevistados na própria revista, embora essas entrevistas não atinjam os mais marginais: um homem de mais de 70 anos, que ordena exemplares velhos no umbral dos edifícios administrativos que estão fechados à noite, abrindo a possibi-

lidade de completar a coleção para quem tenha perdido ou deixado de lado algum número. Ou os jovens que se movem como cegos nos vagões do metrô e, sem olhar para ninguém, entregam a revista, com um gesto repetido e distante de qualquer esperança, como se as poucas vendas realizadas ali não conseguissem lhes provar que isso é possível.

Outro grupo é o dos vendedores de pequenas antologias de poemas. Trata-se de pessoas muito jovens que dão a impressão de ser impelidas não apenas pela necessidade, mas também por algo que a relaciona pessoalmente com o que estão oferecendo. As antologias mesclam textos românticos, alguns muito conhecidos, com poesia moderna: Rubén Darío, Amado Nervo ou Alfonsina Storni aparecem ao lado de Rimbaud, todos ilustrados por imagens que evocam a estética dos quadrinhos ou as vinhetas de Aubrey Beardsley. Essas antologias são uma síntese das primeiras leituras de um adolescente inquieto que bem pode ser o responsável por montar o produto: diferentes fotocópias combinadas numa página, depois fotocopiadas novamente em folhas de formato carta, que serão dobradas ao meio e encadernadas numa cartolina rústica de cor esmaecida. Encontram seus compradores em meio a pessoas também muito jovens, para quem esse *Combustível mental*, como se intitula uma das antologias, pode ser a passagem artesanal, ambulante e incerta para a literatura.

Folclore

> Uma volta por San Telmo com todos aqueles turistas em busca do tango e de um pouco de sol. A maioria dos espetáculos de rua deixa Celia triste. Em seu favor diga-se que fazia muito calor, ela está suscetível por causa da gravidez e um menino romeno tocando lambada num acordeão sebento pode ser um pouco lastimável. Para completar, está sentado numa cadeira de plástico ao lado de um monte de sacos de lixo. Quando um turista se põe de cócoras e tira uma foto dele com sua câmera digital, é demais. Na Florida veem-se coisas piores. Por exemplo, há um faquir que enfia uma chave de fenda no nariz.[16]

São os "artistas" que oferecem mercadorias simbólicas: na *calle* Florida, na Boca, na Recoleta, em San Telmo, nos bairros turísticos, as estátuas vivas (uma das disciplinas mais antigas), os malabaristas, uma ou outra cantora clássica, bons saxofonistas que seguem partituras de *jazz* moderno, os imitadores, os baladistas, os dançarinos de tango, que à sua hipotética destreza acrescentam às vezes símbolos nacionais, como a camiseta da seleção, os bandoneonistas cegos, os cantores folclóricos, os harpistas, as duplas de velhos desafinados. Essa oferta existe em todas as grandes cidades do mundo, e em algumas delas é bastante sofisticada, produzida *in situ* por estudantes de arte ou músicos profissionais sem trabalho. No início do século XXI, viam-se palhaços nos meios de transporte, e hoje ainda continua percorrendo os trens suburbanos uma ou outra menina cantando uma canção cuja letra quase não se entende, com a voz forçada até o extremo agudo. Eles vão e vêm, duram alguns meses e depois passam a fazer outra coisa.

Alguns, no entanto, persistem. São os que encontraram um estilo, um tipo de canção ou de instrumento que preenche vários requisitos: tem um volume audível na rua, ou no metrô, tem apelo mais ou menos universal, e quem realiza a atividade tem uma espécie de carisma estético, de destreza suplementar evidente ou algum pateticismo interessante.

Também prosperam os que oferecem aos turistas, nas melhores ruas da cidade, uma música folclórica globalizada: "Chiquitita", do grupo ABBA, tocada com sintetizador, *sicu** e *charango*** por músicos de poncho que vendem CDs em que o *pop* internacional se recobre com camadas adocicadas de instrumentos considerados locais, com a base incessante de máquinas de ritmo.

Argumentos. O escândalo produzido pelos ambulantes é duplo. Por um lado, as lojas estabelecidas têm neles uma concorrência que seus donos consideram desleal porque os ambulantes não pagam impostos; em sua maioria não têm licenças, usam autorizações que pertencem a outros; fazem parte de uma cadeia que move milhões em mercadorias de marcas falsificadas, fruto de contrabando ou produto de trabalho escravo; em alguns lugares comportam-se como organizações mafiosas. Não consegui ter acesso a números que indiquem uma estimativa de quanto as lojas estabelecidas perderiam por causa da concorrência dos ambulantes, portanto desconheço a base econômica das razões para que sejam controlados pelos governos urbanos. Dessas razões não levarei em conta a que se refere às organizações que distribuem mercadorias falsificadas ou contrabandeadas nas bancas de ambulantes que empregam como mão de obra clandestina. Esse é um problema legal que, se recebesse uma solução legal, não se transformaria numa questão urbana. Se nas grandes feiras em recinto fechado, semiambulantes ou semimontadas, se em torno de todas as estações ferroviárias e

---

* Instrumento de sopro, de origem peruana, formado por duas fileiras de tubos de caule de bambu. (N. da T.)
** Instrumento de cordas sul-americano, cuja caixa é feita, originalmente, com a carapaça do tatu. (N. da T.)

rodoviárias são vendidas mercadorias ilegais, a questão, mais do que urbana, é penal. O fato de ninguém ter condições de enfrentá-la mostra que o problema está em outro lugar.

A explosão dos ambulantes, como em muitas cidades, acompanhou a queda de emprego e o ingresso de centenas de milhares de indivíduos na faixa da pobreza. Junto com os ambulantes, aumentaram os catadores de papel e os mendigos, os sem-teto e os meninos de rua. As organizações de atacadistas cresceram nessas circunstâncias, empregando irregularmente quem não tinha alternativa. A clientela dos ambulantes aumentou por razões semelhantes: a não ser nos grandes mercados semifechados, como o de La Salada, são os pobres que compram as piores mercadorias, e em geral os que as vendem também são pobres.

A questão urbana, então, só pode ser considerada uma vez que se tenha reconhecido o caráter anterior dessa configuração que é tanto econômica quanto cultural. As cidades ricas não têm ambulantes, a não ser em suas fronteiras marginais, de migrantes, excluídos, ao passo que as cidades pobres os têm por toda parte, também por razões ligadas com a circulação: os ambulantes se acumulam nos núcleos de transporte ferroviário e viário, justamente onde se concentra a chegada dos pobres para trabalhar na cidade, para buscar atendimento em seus hospitais, para enfrentar sua máquina administrativa central. Mas também estão ao longo das ruas mais prósperas, em que circulam diferentes contingentes, entre eles os servidores dos ricos que moram nas proximidades, e os turistas, gente muito predisposta a confundir indigência com cor local.

Não há ambulantes diante das vitrines das lojas Armani, nem Vuitton, por motivos evidentes, já que o uso dessas ruas de elite é patrulhado com o rigor que a grande propriedade impõe. Mas, nos outros lugares, os ambulantes não procuram apenas as zonas em que há mais pobres, mas também outras em que esteja legitimado comprar CDs e DVDs falsificados ou pilhas e baterias de origem incerta. Em países como a Argentina, com altíssimo nível de pirataria no uso de *software*, não é de estranhar que os donos de televisão de plasma comprem filmes muitas vezes mal copiados e mais mal legendados em DVD, cujo equivalente, se fosse um par de tênis, não lhe chegaria à ponta dos pés. Se a pirataria é legítima para a maioria dos usuários, também são legítimas as pessoas que vendem sem ter licença para ocupar as ruas. Não se pode aceitar uma coisa sem validar a outra. Por isso, é duplo e hipócrita o discurso sobre os ambulantes quando enunciado por quem acha que é uma ocupação honesta assistir a DVDs copiados clandestinamente e, até, pode considerá-la uma atividade revolucionária anticapitalista que coloca gratuitamente os bens simbólicos ao alcance de quem tem acesso às cópias sem licença. Todos defendem seu acesso às mercadorias ou seu direito de vendê-las no espaço público.

Os argumentos nos situam bem longe da questão urbana, que só pode ser abordada depois de terem sido considerados. De fato, um quilômetro de ambulantes ocupa, nos melhores dias, quando não há controle policial nem fiscais, a *calle* Florida, ou seja, o calçadão inevitável que margeia a *city* e figura em todos os guias turísticos. Empregados e turistas são os dois grandes públicos da rua que, numa cidade que perdeu seu centro, já não é um passeio das camadas médias como foi durante boa parte do século XX.

Uma nuvem de ambulantes rodeia o Centro Cultural Recoleta, que, abandonado nos fins de semana pelos muito ricos que residem na região, transformou-se em passeio dos que moram em todos os bairros e em capítulo dos guias turísticos. Num domingo às sete da noite, a zona cujo centro são as avenidas Pueyrredón e Del Libertador é tomada por pessoas que não são do bairro e ninguém que passeia por ali mora em La Isla ou na Recoleta. Não se trata apenas de trajes nem da fonética, apesar de que, se fossem observadas as etiquetas dos *jeans* ou das camisetas, haveria uma lista de marcas aos domingos e outra lista diferente às segundas-feiras. A informação mais confiável sobre a origem das pessoas de fora do bairro são as filas dos ônibus: o 92 chega a Flores sul, o 93 passa por Chacarita em sua rota para Boulogne. Dezenas de pessoas esperam para deixar o bairro que, na segunda-feira, recuperará sua ecologia aristocrática.

Aos domingos essa ecologia se altera: chegam os ocupantes temporários e se ausentam os habitantes próprios do lugar, que, fechados em seus apartamentos de Posadas ou Schiaffino, ou visitando os clubes de Don Torcuato ou Pilar, não cruzam com as plumagens de quem chega de Caballito, Balvanera, Floresta ou Villa Luro. Os turistas não fazem parte nem do grupo de visitantes de fim de semana nem do grupo de habitantes dos dias úteis. Eles nadam entre as duas categorias, provavelmente sem perceber totalmente o que acontece na ecologia da região. Nos coletivos recria-se a atmosfera dos bairros de origem, ao passo que, à medida que a noite avança, alguns intrépidos do lugar saem de seus apartamentos e caminham pela avenida Pueyrredón para ir comer em algum lugar.

Durante todo o dia, ambulantes de diversos ramos e vendedores de artesanatos "oficiais" (com licenças das autoridades) ou extraoficiais, que não se diferenciam uns dos outros, ocupam quase toda a superfície dos caminhos que margeiam a praça, suas rampas, o calçadão que leva da arcada do Design* ao centro cultural, e a *calle* Ortiz que margeia o cemitério até Vicente López. Nunca vi um visitante de fim de semana se aborrecer por causa da presença de ambulantes. Todos estão submersos numa atmosfera de feira, para a qual contribuem os leitores de tarô e os adivinhos, os músicos e as estátuas vivas. As feiras são desordenadas, coloridas, sujas, tumultuadas.

Nada permite, como a rua, a multiplicação de elementos. Ela produz, sem deliberação, sem intenção, o efeito barroco. O que carece completamente de qualidades no interior, no espaço privado, em que não pode multiplicar-se sem cair na insensatez, na rua prolifera sem parecer um excesso, mas uma simples necessidade tolerada pela ampla perspectiva de visão. A rua permite um acúmulo que é imediatamente vivido como cenografia.

Sobretudo, os turistas a observam como cenografia pitoresca; os locais oscilam entre a neutralidade e o fastídio, como se a repetição no tempo a despojasse de seu pitoresco visual para torná-la simplesmente incômoda, inútil. Isso acontece com os tapetinhos dos ambulantes tanto quanto com a superposição sonora dos músicos de rua ou a proliferação de estátuas vivas.

* Buenos Aires Design Center. (N. da T.)

O que na *outra* cidade é uma característica, na cidade deles é um excesso que se transforma em defeito. Posições diferentes diante do espaço público: os turistas, sobretudo os europeus, visitavam os piquetes que cortavam ruas ou pontes, como uma atração que dava caráter à cidade. Os turistas buscam caráter. Os locais padecem o caráter da cidade.

2. A CIDADE DOS POBRES

I. OCUPANTES

Há mais de cem anos. Jorge Liernur foi o primeiro a observar uma característica nas velhas imagens que mostram a cidade de Buenos Aires em construção, durante as décadas que vão de 1870 ao Centenário. A todos tinha passado despercebido que no centro, perto da Casa do Governo, na Recoleta e em quase todos os bairros, crescia temporariamente uma "cidade efêmera" de galpões de chapa erguidos de um dia para o outro, muros nos quais se apoiavam refúgios precários, casinhas de madeira armadas sobre o barro, em que dormiam os trabalhadores recém-chegados, os muito pobres, os vagabundos. Buenos Aires avançou sobre esses enclaves instáveis e tornou-se cidade sólida (isso foi o progresso e a modernização). No entanto, a partir de 1930, outros enclaves construídos com materiais efêmeros, mas cuja forma de habitar se prolonga até hoje, transformam o passageiro em permanente: são as *villas miseria* dentro da cidade, em seus limites administrativos, que se expandem à medida que cresce a Grande Buenos Aires.

Hoje, quando entre quinhentas e mil crianças vivem parte do dia ou todo ele nas ruas portenhas, os catadores de papel se instalam ao lado das linhas de trem que transporta seus restos e os sem-teto penduram os pacotes com seus pertences nas árvores das praças ou os acomodam debaixo de pontes e avenidas, outra cidade efêmera se constrói e se destrói quase cotidianamente. Evocando um período do qual mais de um século nos separa, Liernur descreve:

> Como "nômades urbanos", os verdadeiros vagabundos, deveríamos considerar aqueles sem nenhum tipo de residência fixa. Constituíam uma massa de seres ambulantes pela cidade, por suas ruas e lugares públicos. Eram crianças ou velhos, mulheres e homens, sadios e doentes, e se abrigavam nos umbrais das casas, nos terrenos baldios, nos lugares de trânsito. Talvez pudessem ser igualados aos *homeless* ou aos "meninos de rua" de nosso tempo. As ilustrações dos magazines os mostram usando a cidade durante o dia como espaço de trabalho ou de ócio... As noites os obrigam a buscar algum refúgio para descansar e não morrer de frio no inverno.[1]

Cidade, definição. Diz-se do lugar em que os pobres dormem ao relento ou sob coberturas precárias[2].

Todas as noites preparam seu dormitório na esquina de um edifício público, que já não funciona como entrada para parte alguma. É um espaço suficientemente amplo para que duas pessoas possam deitar-se para dormir. A não ser que a chuva venha do sul e seja com vento, a água respinga apenas nos cinquenta centímetros da frente do refúgio. Como a esquina foi uma entrada importante, tem-se acesso a ela por meio de três degraus que contribuem para a sensação de isolamento e permitem traçar uma espécie de umbral imaginário entre os que a ocupam e a rua.

A quadra é singularmente ativa no início da noite; oferece bastante material aos catadores de papel, e as calçadas de dois estacionamentos que fecham no fim da tarde servem como pátios temporários para o lixo que eles classificam. Os da esquina não se misturam à meia dúzia de adultos e crianças catadores de papel que se movem velozes e concentrados, em silêncio. Eles não são trabalhadores da rua, mas ocupantes fixos; durante o dia seus colchões, cobertores e sacos com farrapos permanecem ali enrolados; quando a luz não é mais a sombra acinzentada do entardecer, preparam-se para passar a noite, acordados, mas já deitados, cobertos por camadas de cobertores e plásticos. Geralmente têm algum papelão *tetrapack* e cigarros. Outros vivem, num regime parecido, numa praça próxima, em cujas árvores deixam os colchões embrulhados em plástico enquanto andam pela cidade em busca de oportunidades ou descuidos alheios: esmolas, sobras, comida velha, restos. Esses dormitórios ao relento variam de lugar; quando seus ocupantes são desalojados, percorrem alguns quarteirões, simulam uma retirada, mas voltam a se instalar. São resistentes por necessidade.

Mas nem todos os que coletam sobras dormem ao ar livre. E nem todos os que dormem ao ar livre foram deixados ao relento pelas ondas da crise econômica do início deste século. Na cidade, vidas diferentes se entretecem: os recém-desalojados, que não foram capturados pela rede de nenhum plano social e terminaram debaixo da autopista; os homens que caíram mais do que suas próprias famílias, cujas mulheres conseguiram se salvar e continuar flutuando enquanto eles ficaram como restos de uma ressaca; os loucos que, uma vez que começam a cair, não têm nova oportunidade nem a terão no melhor dos mundos. Durante muitos meses, um homem havia optado por morar numa grande avenida, fazendo dessa opção uma espécie de manifesto. Recostado em seu colchão, enrolado em cobertores, a seu lado colocara um cartaz em que, além de protestar pelos salários dos docentes, declarava-se ex-professor, deixando que os passantes imaginassem as razões do suposto ou real abandono de uma profissão que, se não é lucrativa, pelo menos é vista como respeitável. Ao lado, sobre um caixote, um tabuleiro de xadrez com um jogo começado reforçava a ideia que ele queria transmitir sobre si mesmo. Algumas vezes encontrava com quem jogar, indolentemente, enquanto mantinha uma conversa reiterada em torno de temas circulares. Hoje, em umbrais próximos aos do "ex-professor", um homem escreve o dia todo: de perfil, as costas apoiadas na parede, sem levantar os olhos, sem pedir nada, absorto, ele escreve.

Em todas as cidades do mundo há personagens como o "ex-professor".

Nas cidades em que há pobres em abundância, como Buenos Aires, é difícil classificá-los como singularidades extravagantes e isolá-los da miséria que lançou milhares de pessoas nas ruas nos últimos anos. No indócil inverno berlinense, um par de bebadozinhos mora sobre uma ponte bem em frente ao teatro do Berliner Ensemble, onde Bertolt Brecht trabalhou. Em todas as cidades há homens e mulheres que foram depositados entre os despojos.

No entanto, embora casos assim ocorram em Buenos Aires (em anos de abundância também havia vadios no parque Lezama), é difícil que sejam vistos, hoje, como os berlinenses veem seus bebadozinhos vizinhos do teatro de Brecht. Houve um momento em que essas figuras deixaram de ser marginais extravagantes para misturar-se aos expulsos do mundo do trabalho; meses em que os catadores de papel se transformaram na multidão laboriosa do anoitecer e os meninos de rua deixaram de ser apenas casos de droga, abandono ou extrema rebeldia.

Em algumas cidades, e em Buenos Aires depois dos anos 1990 cada vez mais, todos fazem parte de uma paisagem habitual, esperável, normal. Seria surpreendente não os ver. De manhã, várias crianças dormem nas portas ainda fechadas de um grande banco, a vinte metros de um *multicine* que tem duas grandes vitrines diante das quais estacionam as adolescentes de camada média para deliberar sobre aquisições futuras ou viagens de fim de curso. As crianças se amontoam, as pernas de uma sobre as costas da outra, as cabeças cobertas com suas jaquetas, profundamente alheias ao barulho, ausentes deste mundo que, por outro lado, já as declarou ausentes. Outros, maiores, dormem em colchões, nos saguões de algum lugar desocupado, rodeados de trapos e sacolas. Ficam ali algumas semanas, até que o lugar volte a ser ocupado.

Perto dos que dormem em plena manhã e dos adolescentes que pensam em outro mundo, duas meninas pedem dinheiro aos carros parados no semáforo; elas o fazem sem muita concentração nem convicção. São delgadas e graciosas, vestidas com sobras de roupas que ainda conservam seus babados e pregas. Ficam na esquina do meio-dia às onze da noite. Dentro de três ou quatro anos chegarão à idade da prostituição infantil, um destino suspenso sobre as duas cabeças de cabelos lisos e claros.

Outras crianças desfilam dezesseis horas pelos vagões do metrô, cada uma com seu estilo. A menina, instruída por algum adulto, que tenta apertar a mão de cada passageiro; o doente de Aids que passeia com sua filhinha, como se fosse a prova viva da família que precisa manter, vive debaixo da autopista e, por sua condição, ninguém lhe dá trabalho, mas recebe todos os remédios do hospital público e os transporta numa sacola suja que agita sobre a cabeça com o mesmo gesto mecânico com que arrasta a menina; ou aquele menino magro, alto, de uma elegância desgraciosa, *cool*, bem na moda, vestido de marrom, com calças cheias de manchas e um casaco puído, que tenta conseguir umas moedas mas se coloca a uma espécie de distância indiferente, como se não lhe importasse consegui-las, e por isso seu olhar perdido traça uma diagonal entre as cabeças dos passageiros e o piso do vagão, enquanto ele atravessa o espaço sem tropeçar em ninguém, sem evitar ninguém, como se caminhasse no vazio, só, desatento a tudo o que eventualmente o cerca; ou o outro, com seu maço de figurinhas coloridas, uma quantidade mínima, vinte ou trinta, as bordas arcadas pelo calor da palma da mão que se transmite ao papelão e o umedece, enquanto estende o braço e o coloca à altura das mãos dos passageiros, que não pegam as figurinhas. Esses meninos se movem dando por certo que fracassarão em cada um de seus intentos e que devem passar rapidamente ao próximo, que também será um fracasso. Encapsulados e solitários, avançam pelo vagão cumprindo um percurso em linha reta do qual obterão poucos resultados. Tomam uma distância excessiva com relação tanto aos passageiros quanto à tarefa que realizam sem interesse evidente, como se se tratasse de uma ação encaminhada para nenhum fim, um movimento mecânico sem nenhum objetivo. Não empregam uma tática para convencer os outros de que é preciso dar alguma coisa a cada uma das crianças que andam pelo metrô. Avançam sem calcular, representar ou exagerar, calados. Sua graça inconsciente se origina no fato de já não cuidarem da sua maneira de pedir esmola; em sua condição atual, desapareceu todo cálculo, toda tentativa de persuadir, de emocionar, de dar pena. Movem-se como quem não tem pressa nem finalidade. Valem-se por si mesmos. Têm 12 ou talvez 13 anos; dentro de pouco tempo, já não distribuirão, sem sucesso, figurinhas pelos vagões de um trem. Em pouco tempo, suas vidas darão um salto, como quem passa do primário para o secundário e muda durante o último verão da infância; adolescentes, os meninos das figurinhas ganharão uma agressividade que os tornará mais visíveis. Entrarão no mundo condenado e sórdido dos suspeitos.

Ainda faltam alguns anos para se tornar suspeito o menino ensimesmado em frente ao correio central de Buenos Aires, de olhar absorto voltado na direção de um rio e um Puerto Madero que não se veem dali, assoberbado pelo barulho dos motores e cercado pelo estrondo de dezenas de ônibus. Lá mesmo, perto dos funcionários que saíram para almoçar, uma mulher brinca com a filha que está aprendendo a andar.

A menina descalça, vestida só com uma fralda, dá passinhos inseguros na superfície irregular da calçada. A mulher e a filha riem de cara para o sol e certamente são as únicas ali que não têm horário; a tarde se estende à frente e o lugar ruidoso rodeia a filha e a mãe como se, no círculo que elas descrevem, o barulho da *city* portenha se tivesse amortecido. Nada as apressa. A menina caminha uns metros e volta até onde a mãe a espera, sentada, rindo, com os braços estendidos. Cai, levanta com uma graça torpe e volta a se afastar. A menina está absorvida pelo interesse daquela novidade. Está aprendendo a andar e seu corpo, sua mãe, o espaço do mundo se revezam mostrando-lhe as diferenças de textura, de distância, de luz. A menina experimenta ir um pouco mais longe, ousa alguns passos em outra direção, vira e a mãe a saúda. A menina tenta correr, cai, levanta, engatinha. O mundo, para ela, é governado por uma segurança sólida e doce. A cena seria de um sentimentalismo perfeito, quase emblemático demais, se não fosse a mulher e sua filha estarem no centro de um círculo formado por seus pertences.

Moram na rua. O colchão enrolado está coberto por uma toalha de plástico, ao lado de um caixote de madeira com vasilhas e sacolas. Sobre a grama estão espalhadas algumas roupas da menina, provavelmente secando. A domesticidade da brincadeira entre mãe e filha acontece como se ninguém pudesse vê-la. No entanto, o conflito entre domesticidade e exposição pública faz com que a cena seja difícil de tolerar uma vez percebida a contradição que a dilacera. As protagonistas parecem estar à margem da contradição, como se sua felicidade as protegesse.

Mas logo ou um pouco mais tarde a mãe voltará a perceber que ela e a filha vivem na rua, a cinquenta metros do correio central. Quando, escurecida pelo entardecer, a região se tornar um lugar mais solitário e as filas de peruas que transportam os funcionários da *city* para os *country clubs* tiverem desaparecido, deverá dar de comer à filha. Em quatro anos, se nada mudar, a menina que hoje está aprendendo a andar estará distribuindo figurinhas, adesivos ou fivelinhas; em dez anos, terá sua turminha de meninos de rua, seu grupo de cheiradores de cola e usuários de *crack*; em doze anos, quem sabe, será explorada sexualmente. Quais são suas oportunidades? Hoje ela titubeia com os pés descalços no gramado.

No outro extremo da cidade, três pessoas formam um grupo tradicional, representado pela pintura, pela fotografia e pelos ideais demográficos. Sentado numa cadeira, um pouco afastado do grupo, o jovem pai olha um de seus filhos, que está dormindo num colchão. A jovem mãe, num banquinho mais baixo, faz festa para outro menino que, do seu carrinho, responde mexendo as mãos e rindo. Ela parece feliz, entretida, despreocupada; o pai, pensativo, não participa da brincadeira. O filho maior deve ter uns 3 anos, dois a mais do que o menor. Tudo está em paz e, diríamos, completamente normal. Só que estão morando na rua, a metros da ferrovia mas separados dela por um paredão. Primeiro empilharam colchões e trapos, que ficaram caprichosamente cobertos por papelões e lonas. Mais tarde armaram, apoiadas numa parede lateral, as duas faces de um abrigo, cuja entrada é protegida por uma cortina feita com retalhos de plástico. Há algum tempo moram e trabalham ali. O colchão no qual uma das crianças está dormindo está fora do refúgio de papelões, como se ocupasse o jardinzinho dianteiro de uma casa normal. À sua volta não há desordem, mas seus pertences estão guardados em caixas, num carrinho com rodas, em trouxas e pacotes. Como se fossem turistas acampados, tentam deixar o acampamento o mais bem arrumado possível para que nada se perca, para que nada se suje mais do que o inevitável. Os que passam hesitam entre olhar e não olhar. Se olharem, sentir-se-ão intrusos; se não olharem, temem ser percebidos como pessoas que reprovam sem entender.

Se tirássemos uma foto e os recortássemos, deixando de fora a rua e a ferrovia, acreditaríamos serem uma família de bairro pobre que, por causa do calor, estendeu um colchão do lado de fora; diríamos que o pai chegou do trabalho, que sua imobilidade se deve ao cansaço, e pouco depois entrará em casa para dormir; que a mãe ficou ali com os filhos e que tenta distrair o que não está dormindo para que tudo transcorra na maior paz. Há algumas décadas, essa família estaria morando em uma daquelas *villas miseria* que, comparadas com as que existem hoje, mais pareciam um bairro de trabalhadores pobres em que era possível entrar e sair, sem precauções, de casinhas precárias nas quais, de todo modo, mencionava-se o plano de mudança para um terreno comprado em algum lugar (loteamentos inundáveis e sem serviços, que foram se transformando em bairros). Nas paredes da casinha podia estar pendurada uma fotografia de casamento, a noiva de vestido branco. Ninguém pensava em não mandar os filhos para a escola.

Da foto hipotética que exclui o entorno, diríamos que mostra a imagem tradicional de uma família cuja vida transcorre na pobreza, mas numa pobreza "normal". Trata-se, no entanto, de moradores de rua, que vivem debaixo de papelões, entre montes de lixo, produto de seu trabalho cotidiano. São o imprevisto e o não desejado da cidade, o que se quer apagar, afastar, desalojar, transferir, transportar, tornar invisível.

A mulher que brinca com o filho parece momentaneamente feliz; sorri como se a rua tivesse desaparecido. O homem que olha para ela parece transitoriamente tranquilo e estável, como se sua vida assim o fosse. Nenhum dos dois tem muito mais de 20 anos. Significa que nasceram na segunda metade dos anos 1980, que cresceram durante os anos 1990, que provavelmente começaram a catar papel na mesma época em que milhões de argentinos acreditaram ser possível gastar dólares baratos em Miami sem que isso tivesse consequências sobre a economia da Grande Buenos Aires que transborda sobre a cidade.

Provavelmente nenhum dos dois terminou o ensino fundamental I e nenhum dos dois nunca teve emprego estável, com registro e previdência social. Provavelmente nenhum dos dois sabe como reclamar seus direitos, porque isso depende de um treino: até para exigir o mais rudimentar é preciso saber. Tudo o que podem fazer é resistir a que os tirem dali. Nasceram num país que já os havia tirado da lista.

Vivem em um mundo que só lhes permite tempos curtos: de hoje para amanhã, um instante de sol, esperar que a tempestade não despenque, confiar em que não sejam expulsos de onde apoiaram suas duas paredes de papelão, embora saibam que também vão tirá-los de lá. Mudança para o próximo paredão ferroviário ou, com um pouco de sorte, morada debaixo de uma ponte de ferrovia, ao lado de um parque que forneça os galhos com que o arco da ponte se transforme numa cerca viva que separe o exterior do "puxadinho" onde estão as roupas penduradas, as cadeiras e os baldes para carregar água[3].

Nos tempos curtos não há possibilidade de acumular nada, pois toda previsão precisa de um tempo extenso e de uma aprendizagem que ensine a navegar esse tempo, diferenciando as necessidades, escolhendo a qual se atenderá primeiro. Essas famílias são pura necessidade; não podem optar por isto e esperar para conseguir aquilo ou aquilo outro, como acontece no caso de quem tem um relativo domínio de seu tempo (que significa ter controle sobre a própria vida). Essas famílias não podem prever, nem planejar, nem projetar. Suas vidas se sintetizam num esforço cíclico e repetido de sobrevivência que lhes consome todo o presente e lhes consumirá o futuro.

A mãe brinca com o filho e ri. O menino olha para ela e também ri. Até na humilhação do refugo há uma vitalidade nessa cena arquetípica, como se a ponte, o terrapleno do trem ou os montes de lixo fossem uma paisagem adequada à perturbadora intimidade pública da cena.

Os catadores de papel, enquanto não os expulsam, acampam perto de onde se produz o lixo ou de onde possam coletá-lo. Também frequentam os bairros relativamente prósperos, pois lá se pegam muitas coisas valiosas para revender, já que são bairros não submetidos a uma economia de escassez, mas, ao contrário, ressurgiram à medida que ressurgiu o consumo. É possível encontrar um móvel de cozinha inteiro, as prateleiras de aglomerado de várias estantes, chapas, um agasalho, tênis velhos, varetas de metal: o lixo das camadas médias que vai para os pobres e, num passe de mágica da miséria, deixa de ser lixo. Os objetos descartáveis para uma fração social têm valor para outra, como se no próprio ato de jogá-los fora e depois recolhê-los se pusesse em marcha um processo marginal de geração de valor. A chapa engordurada de uma cozinha, que o ex-proprietário olha com asco e pensa como conseguiu tolerá-la até há pouco em sua casa, transforma-se num peso em metal que tem valor de mercado na revenda de lixo reciclável.

Os pobres são o elo mais fraco do negócio do lixo, isto é, de tudo aquilo que deixou de ter valor para quem não é pobre nem faz parte desse negócio em seus elos intermediários ou finais. O que eu considero lixo é dinheiro para essa criança que está na calçada da minha casa. Nessa diferença no que diz respeito ao valor se apoia a economia da miséria.

II. CENÁRIOS

Os anos oitenta

> Eu morava em San Telmo durante os últimos anos da ditadura e guardei uma lembrança muito intensa das transformações de Cacciatore, dos alargamentos das avenidas e da construção da autopista 25 de Mayo. Inúmeras famílias ficavam morando na rua por causa das demolições. Conforme me explicaram, foram as remoções mais atrozes e compulsivas da cidade e, mais de uma vez, meus pais levaram crianças para dormir em nosso apartamento, com o consentimento dos pais, para que elas não dormissem na entrada do edifício. Um exemplo muito concreto disso é um edifício que fica na *calle* Garay, quase esquina da Santiago del Estero, que, até uns dez anos atrás, via-se com a fachada cortada como se lhe tivessem tirado uma fatia... Conheci o edifício por dentro – lá morava uma colega de classe –, e ele ficou assim cortado porque os moradores, muito pobres, não conseguiram juntar dinheiro para tapar o buraco. Concretamente, se alguém descia do elevador e saía pelo lado errado (o que seriam os apartamentos que antes davam para a rua), saltava no vazio, porque as aberturas não tinham sido tapadas.[4]

No ar. Sergio Chejfec escreveu:

> Foi até o dormitório, onde voltou a folhear os jornais. Recostado, leu uma nota na qual não havia reparado, apesar da extensa leitura matutina. A notícia era ambígua, não porque fosse confusa, mas porque consistia numa notícia pela metade; era um processo, não algo que tivesse acontecido ontem. O título dizia: "Cidades

elevadas e ocultas." A foto consistia em uma tomada feita de um avião, [...] e via-se uma extensão indefinida de quadras, com características mais ou menos semelhantes, em cima de cujas casas e edifícios havia outras casas precárias feitas de tábuas, chapas ou tijolos sem reboco. O subtítulo da nota esclarecia "a casebrização* dos terraços". Mais abaixo, explicava que muitos habitantes, vendo-se obrigados a viver em moradias precárias porque não tinham meios para morar em outras não precárias, preferiam viver em ranchos construídos nos terraços das casas da cidade a construí--los na Periferia – em zonas em que até não seria exagero supor que ao final do decurso de uma vida pudessem acabar sendo os donos de seus terrenos –, uma vez que assim evitavam gastar em transporte o pouco dinheiro que possuíam e perder em viagens o tempo escasso que lhes sobrava. Além disso, havia a questão dos serviços em geral, citava a informação: a luz, a água [...] e o transporte constituíam melhorias incertas na Periferia. Sem contar o problema da segurança, hipoteticamente tanto mais grave quanto mais fora da cidade se morasse. Podia não ser assim, dizia o jornal, mas em todo caso era o que a população supunha.

No entanto, apesar de seu natural desejo de ascensão social, esses inquilinos empobrecidos das alturas importavam para as zonas "Articuladas" certo grau de marginalidade e impunham ao "Entorno urbano" sinais mais ou menos evidentes de deterioração.[5]

Chejfec cruza as imagens num duplo olhar, retrospectivo e prospectivo: sobre a cidade real latino-americana, com a qual Buenos Aires se parece em alguns bairros, e sobre a cidade "teórica" de *Radiografía de la pampa* de Martínez Estrada, que cresceu por agregação caótica. As *villas miseria* elevadas mostram as camadas sobrepostas de diferentes intervenções temporais; os pobres empilham suas moradas onde podem, onde os levam ou onde os jogam. Esses casebres ou cortiços elevados formam um andar duplo da cidade que cresce para cima, como nos *cerros* de Caracas ou nos morros do Rio de Janeiro. Olhar para cima não significa apenas perceber as marcas de um progresso verticalizante, mas a ironia de uma sobreposição de camadas de construções sem qualidade. "Alto" não designa o arranha-céu moderno nem a torre atual, mas a sobreposição de resíduos.

---

* No original, *tugurización*, derivado de *tugurio*, casebre, habitação precária. (N. da T.)

Nos anos 1930, mais precisamente em 1933, Martínez Estrada vituperou o progresso de Buenos Aires, lendo-o como acúmulo de barro pampeiro que, como matéria original, não é simplesmente uma origem, mas um destino. A cidade não cresce para cima num único gesto projetual, mas empilha agregados, que persistem como manifestação de camadas geológicas. O solo (o solar) deixa de ter contato com a terra, e os tetos são o novo solo de cada nova camada sobreposta:

> Sobre as construções de um pavimento, que formaram a cidade anterior, parece ter começado a se edificar outra cidade nos outros pavimentos. Esses pavimentos que sobressaem aqui e ali sobre o nível médio são como as casas térreas que antes se alçavam sobre o nível do terreno, que é a mais velha planta de Buenos Aires. Os terrenos baldios de ontem são as casas de um pavimento agora. No início, construía-se sobre a terra, à esquerda ou à direita, esporadicamente; hoje, utiliza-se o primeiro pavimento como terreno, e as casas de um andar já são os terrenos baldios das casas de dois ou mais pavimentos. Por isso Buenos Aires tem a estrutura do pampa; a planície sobre a qual vai se sobrepondo, como a areia e o *loess*, outra planície; e depois outra.[6]

Chejfec, nos anos 1990, registra (e prevê) esse mesmo acúmulo que agora ninguém mais pode imaginar como progresso, porque é pauperização periférica. Para descrever a cidade de *El aire*, escolhe fragmentos urbanos encontrados em outras cidades do continente (por exemplo, em Caracas, onde Chejfec morava naquele momento):

> [...] agora se distinguia uma organização precária, muitas vezes tremeluzente, por causa do vento, de faróis e lamparinas. Eram os ranchos do terraço, providos de luz por um cabo que subia por fora dos edifícios. Barroso via as mulheres trabalhar, infatigáveis também à noite, limpando o terraço, fazendo comida, atendendo às crianças e de vez em quando falando com o esposo, que geralmente olhava o vazio, com olhos perdidos, em atitude desanimada, fumando, com o braço apoiado no vértice da mesa, também precária, a qual antes de irem dormir todos levantariam pelos lados para levar para dentro de casa.

A *villa miseria*, em vez de ser evitada ou percorrida a pé, é vista do alto, de um telhado a outro; os casebres ficam no coração da cidade, sobre as casas que antes não eram miseráveis mas que hoje fazem parte do centro velho: demolição, ruínas, autoconstrução realizada sem os saberes do pedreiro ou "construção profissional de moradias precárias". Os próprios materiais da cidade mudaram[7]. A cidade *criolla* foi de barro; a cidade moderna foi de tijolo cozido e cimento, a cidade casebrizada é de chapa. Para Martínez Estrada, o barro prevaleceu sempre sobre os materiais modernos; para Chejfec, o barro voltou a ocupar o espaço em que antes se construía com cimento e ferro. E, onde há demolições, o campo retorna:

> Aqueles vazios indefinidos representavam uma intromissão espontânea do campo na cidade, que parecia assim render um doloroso tributo a sua qualidade original. Consistia em uma pura regressão: a cidade se despovoava, deixaria de ser uma cidade, e nada se fazia com os descampados que de um dia para o outro brigadas de escavadeiras devastavam: pampanizavam-se instantaneamente. [...] Literalmente, o campo avançava sobre Buenos Aires. Desse modo, havia lido em algum lugar, com a remissão da cidade, o espaço, que era uma categoria fundamental para a subsistência de uma memória coletiva, estava se desvanecendo no ar. E não apenas porque ao serem demolidas as edificações a natureza retornasse, mas também porque a própria memória individual dos habitantes – fossem ou não povoadores – era incapaz de reconhecer a cidade.

Nessa cidade já são visíveis as transformações que se impuseram durante os anos 1990 e o início deste século. Chejfec as relaciona à tipicidade da pobreza urbana na América Latina, com a qual Buenos Aires antes não tinha relação, porque nem a imaginação nem o senso comum a concebiam como cidade americana, nem sequer quando se descobriam seus aspectos mais miseráveis.

Terraços. Na esquina das avenidas Carabobo e Castañares há uma casa de quatro andares; no início foi apenas uma casa térrea, que depois cresceu para o alto, com camadas de diferentes dimensões horizontais e verticais: a casa se torna mais estreita à medida que sobe, só que não de modo regular, mas torcendo-se, ou melhor, evitando a coincidência aprumada de seus pisos e tetos, e também retrocedendo com relação à linha de edificação do térreo, como se, em meio à desordem de planos, estivesse, a seu modo, ajustando-se a um estatuto municipal cubista.

A casa também não tem afinidade nas esquinas da avenida Eva Perón com Carabobo. Poderia estar na circunferência da Villa de Retiro ou da 1-11-14 (a maior da cidade) ou na melhor zona de um bairro-*villa* consolidado. Os três andares construídos são irregulares, rebocados parcialmente, com janelas sem molduras e terraços sem balaustrada mas com floreiras e roupa estendida, grades de ferro, banquinhos e espreguiçadeiras. Tudo exibe, cruamente, com o ar confiante do natural em expansão, uma espécie de monstruosidade precária destinada a permanecer, já que a construção é de alvenaria e está ali para ficar.

A precariedade é resultado de seu caráter inconcluso, mas não de uma inconclusão que amanhã deixará de sê-lo, mas de uma *inconclusão definitiva*. Dão essa impressão todas as construções precárias, de chapa, madeira, papelão, plástico. Mas, quando o inconcluso é de tijolo, a qualidade do não terminado contradiz as propriedades dos materiais sólidos que entram em sua composição. Lembro uma frase: "as casas dos pobres estão sempre em construção" (palavras de um militante político para explicar sua ausência nas mobilizações). É verdade: não há final de obra, mesmo que depois de colocada a cobertura se faça um churrasco, se finque uma antena ou um pano vermelho de boa sorte na cumeeira do telhado.

A casa de vários pavimentos da avenida Castañares sustenta sua incompletude como característica estrutural. O andar térreo, que é o único terminado, perde toda a presença diante do avanço vertical das construções inconclusas, mas habitadas, como se fosse apenas um embasamento que deve passar despercebido, que não tem prerrogativas para ser ostentado ou turvar a essência da incompletude que se manifesta nos pavimentos superiores. Sobre o último pavimento, no telhado, sacos de cimento anunciam que a casa ainda não parou de crescer.

Outro andar virá, outro telhado-terraço onde será estendida mais roupa lavada (lençóis, lençóis) e se acumularão molduras de portas e janelas, coisas úteis para futuras ampliações, coisas que também indicam que nada pode ser considerado definitivo.

No térreo da casa incompleta há uma loja de tênis e um quiosque em que se vende comida. Esses dois locais não compartilham a qualidade essencial da casa porque estão terminados e funcionando, como se sobre o solo a casa perdesse suas características mais representativas que só existem nos pisos superiores.

O uso de um tempo de construção virtualmente ilimitado articula-se com a ideia de meios sempre insuficientes, quer se trate de meios técnicos, conhecimentos que faltam ou recursos materiais escassos. E também de necessidades sempre em expansão. Nunca dá para nada, por isso a casa deve sempre ser potencialmente ampliada. A falta de recursos não obriga a terminá-la, ela conduz sempre ao estado contraditório e permanente de transição entre um pavimento que não termina e o seguinte que já está começando.

Janela em San Telmo. De uma sacada sobre a *calle* Carlos Calvo perto da esquina da Tacuarí, veem-se a rua e os telhados, objetos em desuso, uma casa ocupada. A paisagem do lixo que se amontoa como numa colagem, disposto a oferecer uma quantidade de *ready-mades* sobre os telhados e, metros mais abaixo, a agitação na calçada da casa ocupada, onde, mais que a visualidade, a música define a paisagem. Ricardo Romero escreve uma "história de pensão" (como as que a literatura argentina dos anos 1930 conheceu, mas esta ocorre no fim de século; portanto, é mais áspera, embora continue sendo um pouco sentimental, e mais violenta, o que é inevitável)[8].

Representação realista? Excepcionalidade de uma casa ocupada, embora as casas ocupadas sejam abundantes em Buenos Aires? Ruptura literária com a representação bem-pensante própria dos cientistas sociais, em que pobres, delinquentes, ocupantes, todos, todos, têm suas razões equivalentes, indistinguíveis, monótonas? A cidade do pequeno delito: aqueles adolescentes saem para roubar, geralmente em outros bairros. A janela da qual os vemos é a de uma pensão cuja descrição poderia ser julgada miserabilista, mas não é. A vitalidade sonora dos adolescentes e a desfaçatez com que é ocupado o espaço da rua têm pouco de olhar populista comiserativo. Na potência do som há um dado que não estava na literatura dos anos 1920 e 1930. O som não pode ser abolido: está mais presente do que qualquer outro dado, é o *real irredutível*, o meio em que se movem os da casa ocupada. Sobre eles, os lixos dos telhados são elementos de uma cenografia só percebida por quem se põe a olhar, o escritor: vê em cima e embaixo, tem uma óptica dupla para esses planos duplos.

Amontoado de coisas e pessoas: nos telhados e nas calçadas, assim como na pensão, as distâncias são mínimas, os personagens se chocam (ou se ignoram, que é a reação defensiva diante do choque sempre iminente) e, inevitavelmente, se ouvem. Impossível deixar de se ouvir no espaço "público" da calçada, onde a música a todo volume reduz as dimensões. Para quem passa por lá, o lugar está tomado por um grupo, território dos "outros" com que é preciso lidar com cuidado. Edward Hall afirmava que a proximidade ou o amontoamento são formas sociais de perceber a relação entre os corpos e o espaço que os separa ou os põe em contato, amigáveis ou hostis. Como o cheiro, a música marca limites, ou seja, transforma o espaço supostamente público em um espaço regulado por um grupo diante de outros indivíduos. O bairro é um conjunto de territórios, com leis de força e simbolismos. Romero escreve:

> Tudo o mais era um horizonte de terraços nos quais se acumulavam todos os tipos de móveis em desuso, caixotes de garrafas, banheiras e antenas velhas de televisão. Essa era minha paisagem.
> [...]
> Além da paisagem de terraços, sobre a rua, podia ver constantemente alguns dos habitantes da casa ocupada mais próxima da pensão, um grupo de adolescentes comandados por um gordo descomunal. Estavam quase o dia todo na rua, ouvindo Los Redondos e *cumbia villera** a todo volume; gritavam, riam, tomavam cerveja e faziam parte do espetáculo de minha compaixão. O que eu chamava de "estado de ânimo topázio": sentia pena de mim, acreditando que a sentia por todos.

Pasolini. *"Correvo nel crepuscolo fangoso".*

> Correvo nel crepuscolo fangoso,
> dietro a scali sconvolti, a mute
> impalcature, tra rioni bagnati
> nell'odore del ferro, degli stracci
> riscaldati, che dentro una crosta
> di polvere, tra casupole di latta
> e scoli, inalzavano pareti
> recenti e ormai scrostate, contro un fondo
> di stinta metropoli.
>
> Sull'asfalto scalzato, tra i peli di un'erba acre
> di escrementi e spianate
> nere di fango – che la pioggia scavava
> in infetti tepori – le dirotte
> file di ciclisti, dei rantolanti

---

* Estilo musical derivado da *cumbia* latino-americana. Difundido especialmente nas *villas miseria*, é em geral considerado fator ligado à criminalidade. (N. da T.)

camion di legname, si sperdevano
di tanto in tanto, in centri di sobborghi
dove già qualche bar aveva cerchi
di bianchi lumi, e sotto la liscia
parete di una chiesa si stendevano,
viziosi, i giovani.

Intorno ai grattacieli
popolari, già vecchi, i marci orti
e le fabbriche irte di gru ferme
stagnavano in un febbrile silenzio;
ma un po' fuori dal centro rischiarato,
al fianco di quel silenzio, una strada
blu d'asfalto pareva tutta immersa
in una vita immemore ed intensa
quanto antica. Benché radi, brillavano
i fanali d'una stridula luce,
e le finestre ancora aperte erano
bianche di panni stesi, palpitanti
di voci interne. Alle soglie sedute
stavano le vecchie donne, e limpidi
nelle tute o nei calzoncini quasi
di festa, scherzavano i ragazzi,
ma abbracciati fra loro, con compagne
di loro più precoci.

Tutto era umano,
in quella strada, e gli uomini vi stavano
aggrappati, dai vani al marciapiede,
coi loro stracci, le loro luci...

Sembrava che fino a dentro l'intima
e miserabile sua abitazione, l'uomo fosse
solo accampato, come un'altra razza,
e attaccato a questo suo rione
dentro il vespro unto e polveroso,
non fosse Stato il suo, ma confusa sosta.

Tuttavia chi passava e guardava
privo dell'innocente necessità,
cercava, estraneo, una comunione,
almeno nella festa del passare e del guardare.

Non c'era intorno che la vita: ma in quel morto
mondo, per lui, c'era come un presagio di Realtà.⁹*

Primeira pessoa, evidente em italiano (*correvo, io correvo*) e não em português (corria). Quem corre na rua vê e escreve. Mover-se num entardecer cujas cores foram dominadas pelo barro, o lamacento do subúrbio. O barro *faz* subúrbio porque os materiais primitivos sempre voltam a surgir: o reprimido da terra penetra e rompe o asfalto, o pó se transforma em cobertura das casas. O subúrbio é o lugar em que o urbano não se estabiliza, o limite interior sempre posto em xeque pelo não urbano, que não é campo, mas cascão, deterioração, aviltamento; no subúrbio os cheiros e os materiais se impregnam e se misturam, os quintais subsistentes fenecem, os edifícios sempre estão prestes a envelhecer prematuramente.

O subúrbio é uma disposição particular dos materiais elementares: água, terra, metais. Todos sofrem processos que os carcomem ou alteram seu estado: a água apodrece e se torna cristal, argila ou gelatina, sopa imunda de bichos emergentes; a terra se mistura com a água para amolecer e se moldar; os metais

---

* Tradução livre, de Carlo Dastoli: "Corria no crepúsculo lamacento / atrás de escalas bagunçadas, de andaimes / mudos, por entre bairros molhados / no cheiro do ferro, dos trapos / aquecidos, que dentro de uma casca /de poeira, entre casinhas de lata / e canais de esgoto, erguiam paredes / recentes e já descascadas, contra um fundo / de metrópole desbotada. // Sobre o asfalto descamado, entre os fios de um mato acre / de excrementos e esplanadas / pretas de lama – que a chuva cavava / em calores infectos – as fileiras / interrompidas de ciclistas, dos caminhões / de madeira ofegantes, perdiam-se / de vez em quando, em centros de subúrbios / onde algum bar já tinha círculos / de luzes brancas, e debaixo da parede / lisa de uma igreja deitavam-se, / viciados, os jovens. // Ao redor dos arranha-céus / populares, já velhos, os quintais podres / e as fábricas cheias de guindastes parados / estagnavam em um silêncio febril; / mas um pouco fora do centro iluminado / ao lado daquele silêncio, uma rua / azul de asfalto parecia totalmente mergulhada / em uma vida imêmore e intensa / quanto antiga. Embora raros, brilhavam / os faróis de uma luz estridente, / e as janelas ainda abertas eram / brancas de roupa estendida, palpitantes / de vozes internas. Nas soleiras estavam sentadas / velhas mulheres, e limpos, / com as roupas esportivas ou os calções curtos quase / de festa, brincavam os garotos, / mas abraçados entre si, com companheiras / mais precoces do que eles. // Tudo era humano, / naquela rua, e os homens estavam lá / pendurados, dos cômodos à calçada, / com seus trapos, suas luzes... // Parecia que até dentro da sua morada / íntima e miserável o homem estivesse / só acampado, como outra raça, / e grudado a esse seu bairro / dentro do anoitecer pegajoso e poeirento, / não fosse seu o Estado, mas parada confusa. // Contudo, quem passava e olhava / privado da necessidade inocente / buscava, alheio, uma comunhão, / pelo menos na festa do passar e do olhar. / Ao redor só havia a vida: mas naquele mundo / morto, para ele, havia como um presságio de Realidade.

são corroídos pelas intempéries e atacados pela umidade e pelos ácidos. No subúrbio os processos naturais se desordenam num meio que não é natureza. Por isso há *"marci orti"* [quintais podres]. Pasolini vê a infecção do subúrbio, tibiezas infectas.

A escuridão do barro e as ruínas de uma paisagem industrial, composta por ferros e tirantes, peças que perderam a retidão que as fazia máquinas quando não exalavam o *"odore del ferro"* [cheiro do ferro] sobre os bairros também metálicos, feitos de lata, recobertos por uma lâmina dura, entre canais em que corre a água servida e onde, no entanto, continuam sendo adossadas paredes que já são velhas quando levantadas contra o fundo da *"stinta metropoli"* [metrópole desbotada]. A ferrugem é o destino do ferro no subúrbio, como se o metal fosse mais fraco porque está ali e perdesse qualidades ou apenas conservasse aquelas que provocam sua deterioração sempre iminente.

Corria (*correvo*), como correm na estrada os ciclistas e os caminhões, sobre o asfalto cheio de falhas, pisando nos excrementos entre os pastos, o barro corrompido e aquecido pela podridão, em meio ao vazio enegrecido como o crepúsculo. Excrementos, dejetos, é o que os corpos soltam nos descampados: cachorros, crianças agachadas no capim, que resseca com a acidez dos líquidos e dos detritos.

Mas, de vez em quando, há bares que projetam luzes redondas sobre a rua e rapazes ociosos, como Ninetto, apoiados contra a parede de uma igreja, mostrando os músculos ao se estirar com sensualidade ou preguiça; vestem calças escuras e camisetas brancas, têm cabelos ondulados e reluzentes, perfis de medalhas antigas. Ainda não parecem ameaçadores, apenas *viziosi*, desocupados, *vitelloni*, personagens do neorrealismo, *ragazzi dei rioni, meridionali*.

Os caminhões passam por subúrbios que, de vez em quando, têm um centro: sua igreja, seus bares, as fábricas detidas pela noite, os grandes edifícios de moradias para pobres, que envelheceram, aonde chegam os imigrantes de *Rocco e seus irmãos*. Depois dos bares, uma rua em sua imanência sem memória parece de povoado, com faróis de luz amarela e janelas com cortinas como velas de barcos, que deixam passar as vozes; uma rua de povoado sobrevive no subúrbio e lá as velhas se enfeitam e os rapazes não estão sozinhos, mas com as moças, e os homens andam em grupo.

No subúrbio, os corpos ficam próximos: as velhas, os rapazes e as moças, os homens; as janelas deixam ouvir as conversas; as cortinas, mais do que isolar, iluminam os interiores, são fulgores brancos na noite barrenta. A distância entre os corpos diminui, assim como os materiais se misturam, danificando-se, manchando-se, provocando metamorfoses destrutivas umas nas outras. O subúrbio passa por cima da intimidade íntima para pôr em cena a intimidade pública. Há uma noção diferente do que pode ser visto, do que é permitido ver. Corpos humanos e matérias da natureza entram numa simbiose peculiar no subúrbio: entre a vitalidade e a deterioração, como se os processos fossem sempre incontroláveis. O subúrbio: uma Realidade que se impõe sobre a construção. Naquele "mundo morto" havia para ele (para o que corria) um "presságio de Realidade"? Sob um vento sideral, que no subúrbio é *"unto e polverento"* [pegajoso e poeirento], o homem acampa.

A partitura. Fabián Casas escreve:

> Puestos con ropas,
> golosinas, cámaras fotográficas,
> zapatos baratos, anteojos de sol etc.
> Y más: personas esperando colectivos
> que parten hacia lugares determinados;
> trenes repletos que fuera de horario
> ya no pueden representar el progreso.
> El cielo, cubierto de humo,
> vale menos que la tierra.
> Es definitivo,
> acá la naturaleza bajó los brazos
> o está firmemente domesticada en los canteros.[10]*

---

* Tradução livre: Ataviados com roupas, / quinquilharias, câmeras fotográficas, / sapatos baratos, óculos de sol etc. / E mais: pessoas esperando coletivos / que partem para lugares determinados; / trens lotados que fora de horário / já não podem representar o progresso. / O céu, coberto de fumaça, / vale menos que a terra. / É definitivo, / aqui a natureza baixou os braços / ou está firmemente domesticada nos canteiros. (N. da T.)

Trens e natureza: já não são o que foram há meio século. A tecnologia do transporte tinha seu monumento nas grandes estações, como Retiro, com suas bases de ferro e suas abóbadas de vidro, ou no majestoso edifício *Beaux Arts* da estação Constitución. Hoje esses templos consagrados a uma nova forma de deslocamento pelo espaço persistem como prova de uma degradação material, estética e técnica. Lugares para pobres, em que se exibem as "quinquilharias" destinadas ao mercado de pobres. A natureza, que um paisagismo urbano moderado pensou que poderia permanecer incorporada como fragmento, como respiradouro e passeio na cidade, a natureza citada nas grandes praças em frente às estações de trem, não foi capaz de resistir sob a fumaça nem foi capaz de prosperar no traçado de jardins destruídos pelo lixo. Do que foi uma ideia de cidade, talvez nunca totalmente possível, resta muito pouco: o transporte dos pobres, que não respeita as regras que certa vez se impuseram; "fora de horário" os trens não são o progresso. Toda decadência é irônica quanto às pretensões, aos desejos, às ambições de quem veio antes.

Podridão e sucata. Entre 1992 e 1995 Daniel García Helder escavou a arqueologia de um percurso que inclui Berisso, Avellaneda, Riachuelo, até chegar à estação do sul da cidade de Buenos Aires, Constitución[11]. Como Pasolini, atenta para os materiais envelhecidos, cheira a deterioração das substâncias. Escreve quando o ferro já se oxidou nas maquinarias abandonadas, na estrutura metálica dos edifícios e das pontes. É uma paisagem depois da indústria, em que no entanto persistem vestígios dos que trabalhavam quando os materiais ainda não tinham iniciado seu processo de desintegração. Hoje a paisagem mostra todos os sinais de uma decrepitude inútil. Abandonada por aquilo que fazia dela uma paisagem industrial viva, conserva apenas a pista territorial da ferrovia. O resto são ruínas de uma zona pouco extensa, mas vibrante; ruínas não invadidas por uma natureza amigável, como as da Itália romana, mas por campos de capim seco, banhados por água putrefata ("rastros de espuma congestionada / em pilares do que fora um cais, engordurados").

A *villa* e as ruínas industriais engolem o mesmo material em estado de transformação em podridão. O interesse pela matéria em decomposição está na outra face da modernidade industrial, a que se volta para o que não se impôs nem triunfou (as aciarias de Pittsburgh, as fábricas e os cais de Manchester, as minas de carvão fechadas). Nos lugares dos quais a indústria se retirou permanecem as ruínas de objetos e edifícios que, diferentemente do mármore das ruínas mediterrâneas clássicas, foram construídos com materiais cuja plenitude reside em seu brilho, em seu encaixe perfeito, na ausência de declínio, na engrenagem cujos parafusos conseguem girar porque não são cobertos por uma pátina perversa que lhes tira a função móvel ou anula a engenharia que soube armá-las a partir de partes separadas, aptas a serem encaixadas e parafusadas. O ferro pode ser elemento de uma paisagem sublime para um olhar estético que construa nas ruínas modernas um mundo paralelo ao das ruínas clássicas ou góticas. Mas as pontes enferrujadas, os galpões vazios, a extensão de despojos industriais são mais melancólicos do que sublimes. Algo se perdeu para sempre: o ferro enferrujado não pode ser restituído ao que foi porque se debilitou, se corrompeu, tornou-se inútil ou perigoso.

O que se vê: chapas galvanizadas, sucata, telas de arame, arame farpado, chapas, tudo tem a marca de uma longínqua produção industrial e de uma decadência presente, por oxidação, colisão, falência. É uma paisagem metalúrgica, artificial, produto do trabalho e do desaparecimento do trabalho. O que não está enferrujado está podre; o que não está podre está quebrado; o que funcionava parou; e a natureza está presa dentro do mesmo ciclo: a "água bofe", "água negra", a "espuma congestionada" do rio Riachuelo, o capim ressecado entre os paralelepípedos, as "sarças trepadeiras de flores que o vento roçava até enfastiar, até matar", a pedra suja pelo *smog*, palmeiras sem penacho, lixões e imundície, "melancolia e detritos".

Em estrofes regulares de cinco versos cujos acentos às vezes marcam o ritmo de um hendecassílabo, García Helder apresenta um contraste deliberado entre as ruínas do território e o ritmo do poeta que o percorre. Outra colisão poética é a que se produz entre a cultura das ruínas industriais (o trabalho, seus instrumentos organizadores, a técnica, os sindicatos) e a literatura que oferece mitos antigos que permitem resgatar essas ruínas de sua imediatez moribunda: por exemplo, a metamorfose de dois velhos cujas cabeças poderiam transformar-se em cariátides, dois velhos que conversam numa esquina de nome revolucionário e artístico: Quinquela e Garibaldi; o barqueiro a quem falta uma perna que atravessa o Riachuelo na altura do galpão da Descours & Cabaud; a ausência de um relógio, os ponteiros travados de outro. Imagens sinistras que carregam o peso da cultura, algo que García Helder preserva porque a paisagem operária decadente é evocada a partir não do populismo, mas de uma materialidade objetiva, que procura captar a dureza mais do que suscitar piedade. É a paisagem da qual a natureza se ausentou e os temas clássicos mostram sua impossibilidade, sobre a qual Helder escreve: "se as águas conservassem suas amenas propriedades". Perderam-nas porque já não há paisagem amena, mas ruína.

> El puente del ferrocarril y, paralelo, el otro puente desde, donde, vi
> el crepúsculo en marzo caer sobre la barranca, sobre la villa,
> caer de lo alto a lo bajo sobre lo negro, sobre ranchos humeantes,
> sobre ramas de cualquier árbol seco, secas, y zarzas trepadoras
> de flores que el viento restregaba hasta aburrir, hasta matar/
>
> y vi, con los ojos pero vi, de espaldas bajo las mismas
> nubes ya avanzadas, la piedra sucia de smog, bajo la T de la cruz,
> los ángeles del campanario de Santa Lucía en número de cuatro
> asomar por encima de un tapial con alambres de púa y un cartel
> de chapa en rojo PELIGRO ELECTRICIDAD sobre blanco/
>
> y una fábrica de galletitas y enfrente, escrito y rayado a la vez
> con birome negra en la puerta de un petit hotel estilo túdor
> MI VIDA SE CAE A PEDAZOS NECESITO ALGO REAL (FB '92)
> y arriba en el friso dos bestias aladas cabeza de león cola de dragón
> sostener con las garras un escudo cuarteado en forma de aspa/
>
> y vi ese otro que dice PELIGRO CABLE 25.000 VOLTIOS
> en el puente del Ferrocarril Roca manufactured by

Francis Norton & Cº Ltd, de Liverpool, consulting engineers Liversey Son & Henderson, de Londres, desde donde vi (leí) NOIƆUTITƧNOƆ sobre el edificio de la estación/[12]*

Grades. Desde Entre Ríos até o Parque Patricios, todos os estabelecimentos da avenida Caseros são gradeados; não há vitrine que não duplique suas molduras originais com um retângulo de ferro atravessado pela quadrícula horizontal e vertical. Não há entrada de nenhuma casa que não tenha sua grade. À noite, essa linha fortificada parece adequar-se aos perigos da região, mas numa tarde luminosa e despreocupada de domingo os barrotes são um anúncio do que poderia acontecer, ou do que os donos dos armazéns, dos supermercadinhos e dos quiosques temem que aconteça se não trabalharem atrás de grades. A rua é a galeria de uma prisão, com pessoas que desconfiam umas das outras, de ambos os lados, e cujos movimentos são limitados pelo fechamento duplo. Cadeados, visores também gradeados, trancas de ferro aqui e ali, um ou outro revólver debaixo do balcão, cujos usos aparecem, depois, no noticiário policial. Esse sistema de grades não tem mais de uma década. Para a história do bairro, é relativamente novo, mas é difícil imaginar que no futuro as grades sejam tiradas e os quiosques voltem a mostrar suas estantes de quinquilharias e suas geladeiras com latas de bebidas sem outra proteção além do pacto tácito (hoje destruído) de confiança entre donos e clientes. As grades conferem a Caseros um clima duro: onde há grades, de certo modo, *o bairro caducou* porque não se colocam grades a não ser para evitar as

---

* Tradução livre: A ponte do trem e, paralela, a outra ponte, de onde vi / o crepúsculo em março cair sobre a ribanceira, sobre a *villa*, / cair de cima até embaixo sobre o negro, sobre as choças fumegantes, / sobre galhos de qualquer árvore seca, secos, e sarças trepadeiras / de flores que o vento roça até enfastiar, até matar // e vi, com os olhos mas vi, de costas sob as mesmas / nuvens já avançadas, a pedra suja de *smog*, sob o T da cruz, / os anjos do campanário de Santa Lucía em número de quatro / assomar por cima de um taipal com arames farpados e uma placa / de chapa em vermelho PERIGO ELETRICIDADE sobre branco // e uma fábrica de bolachas e em frente, escrito e riscado ao mesmo tempo / com esferográfica preta na porta de um hotelzinho estilo *tudor* / MINHA VIDA ESTÁ CAINDO AOS PEDAÇOS PRECISO DE ALGO REAL (FB '92) / e em cima no friso duas feras aladas cabeça de leão rabo de dragão / segurar com as garras um escudo quarteado em forma de aspa // e vi aquele outro que diz PERIGO CABO 25 mil VOLTS / na ponte do Ferrocarril Roca manufactured by / Francis Norton & Cº Ltd, de Liverpool, consulting engineers / Liversey Son & Henderson, de Londres, de onde vi / (li) NOIƆUTITƧNOƆ sobre o edifício da estação. (N. da T.).

pessoas, quer sejam "de lá" ou venham de mais longe ("da *villa*"), que não pertencem à categoria de "morador". Vê-se a mesma coisa no Bajo Flores, perto do estádio de San Lorenzo, e nos quarteirões que rodeiam o bairro Illia: janelas e portas com grades, aberturas mínimas pelas quais se deslizam uma garrafa, um vídeo, um maço de cigarros ou um pacote de lenços de papel, e se recebe uma nota de dinheiro. A cidade do medo.

Há cem anos outro destino havia sido imaginado para o Parque de los Patricios:

> Entre 1907 e 1919, uma quantidade considerável de realizações e projetos de moradia popular vai se concentrar nas imediações do Parque Patricios: além dos conjuntos La Colonia e San Vicente de Paul, a quadra Buteler (1907-1910), o projeto não realizado de bairro municipal concebido por Thays nos terrenos de La Quema (1911), e a primeira Casa coletiva da Comisión Nacional de Casas Baratas em frente ao parque (1919) [...]. Essa concentração de iniciativas – em alguns casos de alta qualidade arquitetônica e urbana, e em todos os casos de notória solidez na diluição agreste do subúrbio – poderia explicar quase por si só a identificação por volta dos anos vinte do Parque Patricios como um "bairro cordial".[13]

III. VIOLÊNCIA URBANA

À queima-roupa. De um relato de Osvaldo Aguirre:

O posto de guarda ficava justo sobre a entrada do pátio do Mercado. Era uma guarita no meio de uma rua de mão dupla por onde entravam e saíam veículos, apenas uma cobertura para se refugiar se chovesse. O vigia estava sentado fora, com uma escopeta entre as pernas. Falava com outro velho, um carregador que usava óculos de fundo de garrafa e que depois não conseguiu descrever nada. Tomavam mate e se coçavam. Era fácil; como haviam planejado, separaram-se antes de chegar.

Enfrentou César, porque o sujeito, um aposentado da Gendarmería, o conhecia, tinha certo contato com sua família. E também porque era mais corpulento que Sebastián e podia impressionar.

– Dê-me isso – disse, e lhe apontou o 32.

O vigia viu que o revólver não tinha balas. Pura sucata. Esticou-se para trás no assento, montou a arma e apontou para ele. Era uma escopeta de culatra cortada, daquelas que são chamadas de *pajeras*, como as que são usadas pela polícia no estádio. Não se deu conta, nem o carregador, mas esse não enxergava um elefante a cinco passos de distância, de que Sebastián vinha pelo lado, no escuro.

Talvez o vigia o quisesse assustar, fazê-lo sair correndo, porque conhecia a família: era o tio de uma namorada que ele tivera, cumprimentavam-se sempre que se cruzavam e morava a menos de duas quadras de sua casa. Se estivesse por ali o sujeito até se punha a falar com a mãe. Mas Sebastián parou tão perto que ele podia tocá-lo com a mão e lhe acertou um tiro na cabeça e outros mais nas costas quando o velho foi de boca para o chão, como se um caminhão invisível o tivesse atropelado.[14]

Como nas notícias policiais, o vigia e seus atacantes se conhecem. Como nas notícias policiais, o vigia não vacila quando acha que com um tiro de escopeta pode fazer seu atacante voar pelos ares. Como nas notícias policiais, vagos parentescos de família extensa (alguém que foi namorada ou namorado de alguém, alguém que conhece alguém etc.); um desses que acerta um tiro na cabeça, de muito perto, e acaba com ele, sem necessidade, uma vez que o homem caiu no chão. Depois de usá-lo nessa morte, o revólver fica "queimado" e Sebastián o vende, por 20 pesos, a um boliviano. As armas circulam, degradando-se à medida que são usadas, porque se carregam com as mortes anteriores e se tornam venenosas para quem as empunha. Mas circulam, porque sempre há alguém que precisa de uma arma por 20 pesos. Dias depois, Sebastián apareceu "com um revólver de brinquedo que atirava balins. Tinham dado para ele na *villa*, como parte do pagamento, com uns pesos, pelo 32 que não tinha balas".

Outra noite precisam de um carro:

> Levavam as armas escondidas, mas o homem que ocupava o Peugeot pareceu perceber suas intenções. Pôs o carro em marcha e testou o acelerador. Então se separaram: César foi enfrentar o motorista, já com a escopeta pronta, e Sebastián, desviando um pouco, aproximou-se pelo lado do acompanhante.
> – Toma a carteira – o sujeito do carro disse para César. – Estou te dando todo o dinheiro.
> Não era um metido, mas um velho de uns 60 anos: um motorista de aluguel. Tinha de esperar uma viagem; tinha de ser rápido.
> – Quero o carro, não a carteira – César disse.
> [...]
> O velho lhe jogou a carteira na cara e subiu a janela. Em seguida, acelerou.
> César atirou sem fazer pontaria. O disparo entrou pelo vidro da porta traseira direita e seguiu uma trajetória oblíqua que terminou na cabeça do motorista.

As armas circularam e foram usadas, com a rudeza seca que deveriam ter as notícias policiais e que só a boa literatura consegue ter. O circuito territorial das armas passa pelas *villas miseria*, pelos fundos das casas precárias, pelos poços em que são jogadas para escondê-las da polícia ou para guardá-las até que sejam novamente necessárias. Essa dança das armas tem o ritmo descontrolado do que se vai tomando: cocaína, rebote da cocaína, comprimidos, que podem ser ou assemelhar-se ao Rohypnol. Uma consciência às vezes mordaz e desperta, outras vezes nebulosa, e as armas ao alcance da mão, defeituosas, mas certeiras. O tiro entra por um lado, se desvia, choca-se contra um crânio.

Ciber. Notícia policial:

> Um menino de 12 anos que tinha sido baleado na nuca por um dos dois delinquentes que assaltaram um cibercafé em que se encontrava faleceu alguns minutos depois do trágico assalto, segundo confirmaram fontes médicas a *La Nacion.com*.
> O chefe do plantão do Hospital Mariano e Luciano de la Vega, do distrito buenairense de Moreno, confirmou que "o menino entrou sem sinais vitais na instituição".
> O episódio ocorreu hoje à tarde, às 15h30, num estabelecimento comercial situado na *calle* Potosí 2600, na localidade de Villa Trujuy, no mencionado distrito do oeste do conurbano, onde a vítima se encontrava junto com outros poucos clientes. Segundo as fontes, os delinquentes armados entraram no cibercafé com o objetivo de roubar e, antes de fugir com dinheiro e telefones celulares, um deles disparou, por causas que estão sendo investigadas, e feriu o menino na nuca. Depois do disparo, os assaltantes escaparam do lugar a bordo de uma motocicleta enquanto o menino foi trasladado com urgência ao hospital local, aonde chegou sem vida, afirmaram os informantes.[15]

A televisão mostra uma paisagem urbana caindo aos pedaços, sem caráter, neutra, em que o cibercafé é o ponto mais alto das atrações ao alcance dos moradores: *videogames* de aventuras no espaço com abundância de precisões, detalhes e qualidades (o oposto do mundo real que parece esboçado, desprovido, sumário). O assassino mora a poucas quadras e muitos dizem conhecê-lo de vista. Outros têm mais condições para discorrer sobre os motivos do acontecido, inscrevê-lo numa série que permita compreender a morte do menino para além da explosão da irracionalidade ou da loucura. As fotos dos jornais e as tomadas da televisão me lembram as palavras de um habitante de um bloco do complexo Quatre Mille, em Courneuve, perto de Paris, onde aconteceram algumas das manifestações mais violentas há dois anos:

Quando você não se sente bem dentro, quando não se sente bem fora, não tem trabalho, não tem nada que seja seu, então você quebra as coisas, é assim. Tudo o que é feito para tentar consertar a lixeira e o *hall* de entrada, a pintura, não adianta nada; vai ser quebrado logo depois. Assim não dá. O problema é tudo. É preciso arrasar tudo.[16]

Em 1996 Françoise Choay escreveu "Patrimoine urbain et cyberespace"[17]. Por uma inesperada ironia, a matéria de Choay conjuga duas noções que também estão juntas no assassínio do menino pobre de Villa Trujuy: patrimônio urbano (ausente, sitiado, precário e fisicamente perigoso) e ciberespaço (num meio hostil, completamente diferente do funcionamento sem fissuras das paisagens simuladas nos *games*, que podem ser desoladas, ameaçadoras, mas sempre são bonitas e recheadas de detalhes). Para Choay, no ciberespaço localizou-se uma mudança social que exige mudanças no espaço real; é o ponto de incidência das técnicas sobre o urbano e sobre as relações que lá se mantinham tradicionalmente. O ciberespaço como "horizonte de toda prospectiva".

Esse horizonte evocado em 1996 já não é uma linha abstrata e sim um espaço virtual que se cruza com o espaço real: não só as camadas médias como também as crianças pobres da Villa Trujuy estão incluídas nele. O menino assassinado comemorava seu aniversário num cibercafé, jogando na rede. Sua diversão transcorria no novo espaço, mas contaminado pelo espaço da rua; o tiro que o matou foi real e despedaçou sua cabeça e o monitor.

A julgar pelas fotos, o espaço real poderia ser o de uma cidade deteriorada de um espaço virtual *mal* projetado: o nada por todo lado, só o cibercafé, a rua, nenhuma indicação de qualidades urbanas. Pobreza, precariedade. Como diria o morador das Quatre Mille: dá vontade de quebrar tudo quando o *videogame* termina. E mais: é surpreendente que ainda não tenham quebrado tudo.

O cibercafé onde aconteceu a morte é só uma porta de vidro e uma entrada sem nenhuma característica, sem o atrativo de uma decoração. Tudo se concentra nas telas: é preciso entrar sem olhar, sair sem olhar, não há nada a ser visto, não há distribuição de sinais nem ordenação do espaço, tudo é reduzido a suas funções básicas, como se fosse um refúgio de sobrevivência para náufragos: "o ciberespaço é emblemático do desinteresse pelos espaços orgânicos", escreve Choay. Não se trata de responsabilidade do ciberespaço, de uma falha atribuível a ele, mas de uma ausência da sociedade que o ciberespaço compensa como pode (mal, quanto mais pobre for o cibernauta).

"Não se pode evitar a pergunta: os velhos modos de organização do espaço local conservarão algum sentido? As práticas de fabricação e de apropriação de um espaço articulado, em escala humana, estão condenadas pela lógica da conectividade em proveito do tornar-se periferia de um território devorado por parasitas?" Não sabemos construir cidade em nível local. A falta de cidade equivale à falta de "um valor antropológico essencial", porque ainda não existe um sucedâneo do espaço real nem sabemos se esse sucedâneo existirá num futuro próximo. O ciberespaço tem muitas potencialidades e cumpriu algumas de suas promessas. Mas ele nunca prometeu, salvo nas distopias da ficção científica, substituir o que acontece ou pode acontecer no espaço real, em que o disparo de uma arma continua mantendo seu poder incontestável.

Na periferia sem qualidades, os delinquentes são conhecidos, tolerados por medo, amparados por laços de amizade ou de família, por aqueles laços da solidariedade primária que subsistem quando outros se dissolvem[18]. Nesse lugar sem atributos o cibercafé é mais horrível do que uma carvoaria dos anos 1920 e, no entanto, promete uma heterotipia imaginária, único lugar em que as ruas realmente existentes são substituídas, durante uma hora, por uma disposição do espaço virtual que é mais atraente (nada pode ser menos atraente do que esse bairro). O crime real explode na margem do espaço virtual, junto com a cabeça do menino estoura a tela de um monitor. A crueldade é evidente, mas também a motivação sustentada na ausência de motivos.

A cidade que pode ser reformada (a cidade sempre foi um objeto arquetípico a partir do qual se pensaram reformas) se foi desses subúrbios ou nunca esteve lá.

Fatos sangrentos. Um menino de 6 anos que brincava no corredor de uma *villa miseria* morreu atingido por um projétil durante um enfrentamento entre bandos do narcotráfico; dois ladrões organizaram um raide pelos bairros de Buenos Aires, fizeram meia dúzia de reféns e a polícia lhes crivou quarenta balaços; um dono de quiosque, um dono de armazém, um farmacêutico, um açougueiro mataram a tiros uns sujeitos ("certamente drogados") que quiseram assaltá-los; vários jovens delinquentes, fora de si, mataram a tiros um dono de quiosque, um dono de armazém, um farmacêutico que eles estavam assaltando.

Todos os dias há roubos, assaltos, acidentes de rua, violência armada nas *villas miseria* e também nos bairros ricos; no centro da cidade, na saída das discotecas, os clientes brigam aos socos quase todas as noites e, de vez em quando, morre alguém (e *não só* um boliviano assassinado por um leão de chácara); nas prisões, quase um terço dos internos tem HIV por causa dos estupros e do consumo de drogas; mais da metade dos que ganham liberdade volta a delinquir nos dois meses seguintes; vendem-se autorizações de saída para delinquentes presos por homicídio; os motins nas prisões são tão habituais quanto as agressões das torcidas violentas durante os jogos de futebol. A lista dos casos de violência urbana é praticamente infinita. O medo organiza a relação com o espaço público, instalado, a partir de dados reais, por uma sinfonia televisiva que não deixa o *fortissimo*, com o efeito amplificador do sensacionalismo.

Mas as cidades não são homogêneas. Há diferenças incalculáveis entre os bairros de Buenos Aires: dizer Villa Soldati, Villa Riachuelo, Pompeya ou Lugano não é o mesmo que dizer Caballito ou Palermo. Um abismo divide a cidade e muitas zonas da Grande Buenos Aires com as quais ela se limita. Isso se chama diferença social.

É verdade que, comparada com seu próprio passado, a cidade não é a mesma. Mas será necessário comparar só com o passado? Quando pensamos em Bruxelas ou Berlim, Buenos Aires ou Córdoba são inseguras. Mas também não se parecem com dezenas de grandes cidades latino-americanas em que é estatisticamente mais perigoso viajar em transporte público ou se divertir nos fins de semana, quando morre uma dezena de pessoas, e nos hotéis os turistas são advertidos a não pensar em sair para fazer *jogging* se têm amor à vida. As pesquisas indicam que setenta por cento dos interrogados afirmam conhecer alguém que foi assaltado no último ano. São feitos reféns, eles são mutilados, mata-se por poucos pesos: o novo estilo da delinquência é brutal. No entanto não só a Argentina, mas o mundo inteiro mudou desde 1960. E, além do mais, os que lembram os anos 1960 são velhos que não fazem trabalho estatístico, mas simplesmente consideram sempre que a juventude foi uma época melhor.

Imaginário da violência urbana. Nas lembranças do passado recente também é possível encontrar um fio que leva aos anos da ditadura, em que se viveu um paradoxo de uma insegurança jurídica máxima junto com uma taxa relativamente baixa de pequenos crimes urbanos. Enquanto a ditadura assassinava às dezenas de milhares, as cidades eram ordenadas pelo Estado autoritário. Para quem não estava no foco de uma repressão que, na maioria dos casos, significava morte ou tortura, Buenos Aires era uma cidade que seus habitantes adultos percebiam como segura. Em compensação, era obscuramente inimiga dos grupos de jovens, hostilizados não pela delinquência nem por suas próprias contendas, mas pela polícia.

Pois bem, a deterioração da segurança urbana se acentuou. Seus efeitos no imaginário não são politicamente controláveis nem podem ser refutados com os números do terrorismo de Estado exercido entre 1975 e 1982. Os efeitos imaginários são isso: uma configuração de sentidos que se tecem com a experiência, mas não só com ela. Por diversas razões, muitas delas inteiramente objetivas, a cidade da transição democrática, a cidade do último quarto de século, é percebida como mais insegura do que a cidade controlada por um Estado terrorista.

Assim, não se trata de demonstrar que o imaginário está equivocado. Dentro das possibilidades do imaginário não está a de se equivocar. Com o imaginário não se discute.

Experiências de cidade[19]. Embora a imprensa dramatize a insegurança em que vivem os moradores das regiões vizinhas, sem dúvida é nos setores mais deteriorados dos bairros do sul e nas *villas* que o problema permeia todos os meandros do cotidiano, uma vez que a droga da mais baixa qualidade circula entre seus jovens e por seu intermédio, e os delinquentes mais agressivos têm a *villa* e os bairros muito populares como suporte. É lá também que se estende o território de uma polícia suspeita de corrupção. Rodeando a cidade, a Grande Buenos Aires oferece um emaranhado patético e grotesco de *villas miseria* e bairros paupérrimos, velhos bairros operários consolidados em que hoje campeiam a desocupação e franjas enormes de novas urbanizações fechadas (os chamados *country clubs* e bairros privados, que são a versão periférica das *gated communities* norte-americanas). No sul da cidade e nas urbanizações da Grande Buenos Aires, a violência é um dado cotidiano inegável.

O Estado não tem condições de garantir a paz entre os membros da sociedade nem de proteger os agredidos, tampouco de evitar que uns e outros se transformem em agressores. A circulação e venda clandestina de armas, a debilidade ou a corrupção das forças policiais, a desordem da repressão quando age quase sempre cometendo excessos são os ventos que levaram ao naufrágio. Não é preciso ser filósofo da política para perceber que o contrato original (que, como toda narração, subsiste como mito) está cindido e que o Estado, apesar dos apelos e intenções de alguns governantes, não consegue fazer aquilo para o que foi instituído.

Mas há outra dimensão dessa crise de segurança: a debilidade do pertencimento a uma sociedade que eclodiu em cenários. Michel Maffesoli apontou o enfraquecimento dos laços que definiram o pertencimento a uma sociedade "moderna" e a emergência de configurações "de proximidade", instáveis, mas intensas, que se alterariam como as figuras de um caleidoscópio, embora seus membros invistam nelas uma alta afetividade. Essas "nebulosas afetivas" podem persistir no tempo (é o caso das esportivas) e provocar identificações mais fortes que as sociais[20]. Néstor García Canclini sublinhou a relevância da figura do consumidor, definido em relação ao mercado e não a outras instituições de cidadania, como articulador de um novo tipo de identidades[21]. Se não se pode consumir e a identidade relevante é a do consumidor, aqueles setores juvenis mais atingidos pela magia da mercadoria, como a que confere identidades e prestígio, "roubam os tênis ou o agasalho de marca" com uma violência que, até há alguns anos, era reservada ao crime passional ou aos grandes enfrentamentos entre delinquentes e polícia. Não há medida capaz de relacionar o que se obtém num roubo e a violência com que é enfrentado.

Paisagem depois do ajuste. As transformações econômicas da década de 1990 na América Latina (o que foi chamado de "ajuste") impeliram numa mesma direção. Para os que fazem parte da massa de desocupados e subocupados, parece fraca e remota a ideia de que a sociedade é um espaço em que homens e mulheres não estão inevitavelmente destinados à frustração e ao fracasso. Sua experiência aponta antes para o contrário: só excepcionalmente é possível evitar o fracasso.

O espaço social dos setores populares se fragmentou, além do mais, por outras razões suplementares. As cidades foram reconfiguradas, divididas por barreiras culturais intimidantes e pelas diferenças dos consumos materiais. A crise de segurança afeta e imobiliza aqueles que moram em bairros populares, obrigados a garantir o tempo todo uma presença em suas casas para evitar depredações e roubos, condenados ao isolamento em moradias em que o equipamento cultural é mínimo. A mobilidade no tempo de ócio se reduz e, consequentemente, também diminuem as possibilidades de contato com outros níveis e consumos sociais. Mas as causas dessa fragmentação seriam de todo modo transitórias se não fossem potencializadas por outras disposições de caráter mais estável. Ou se elas mesmas não gerassem disposições estáveis.

Nessa paisagem explosiva, a violência urbana não é surpreendente, e sim previsível. Suas razões não são consequência simplesmente das transformações econômicas, mas também da dispersão simbólica que se produz em um meio em que o horizonte de expectativas é precário. Os pobres não saem delinquindo. Os que saem delinquindo são os que vivem numa cultura desestabilizada, entre outros fatores, pelo desemprego e pela pobreza. A violência, é claro, não está ligada apenas ao delito. Há violência no futebol, nas diversões de fim de semana, dentro das famílias, contra as mulheres e as crianças, no trato diário na rua e entre bandos de adolescentes ou de jovens. Num clima de hostilidade generalizou-se a violência armada onde, há poucos anos, só era excepcional.

Deve-se acrescentar a droga como dado novo, qualitativamente diferente de seus usos e sua cultura no passado (a droga atual não é a droga *hippie*, nem a dos noctívagos, nem a droga daqueles que, de Michaux a Huxley, buscavam fazer experiências com a subjetividade e as percepções). Tradicionalmente, não foi um tema dos progressistas: desde os anos 1960, a questão da droga fora encarada como uma reivindicação libertária especialmente nas camadas médias modernizadas. Até há pouco tempo a Argentina não era lugar de destino, nem um mercado importante, nem um porto de passagem decisivo para as redes internacionais. Hoje começou a ser as três coisas ao mesmo tempo[22].

A relação da droga com algumas das manifestações da violência urbana opera em dois níveis. Por um lado, há os fatos que, direta ou indiretamente, têm a ver com as consequências do consumo ou do tráfico. Mas, por outro, de modo muito patente, a sociedade parece ter despertado de um sonho agradável em cujo transcurso a Argentina estava relativamente limpa. Hoje ninguém acredita nisso. Pelo contrário, a ideia de que a droga é uma causa da violência é um dado do senso comum que quase não é preciso provar: na descrição da violência, suas testemunhas ou suas vítimas quase sempre acreditam identificar agressores jovens e drogados.

Os intérpretes autorizados. Lila Caimari escreve:

> O medo do crime não é novo, mas tende a *ser pensado* como novo. As coleções de jornais das hemerotecas de Buenos Aires nos

dizem que o delito do presente – seja o do século XIX, do século XX ou do XXI – sempre se recortou em oposição a um passado imaginário em que esse temor era insignificante. Hoje há mais crimes do que ontem, por isso ontem vivíamos melhor? Sintoma de mal-estar diante da mudança, o crime é um tema do arquivo crítico da modernidade urbana – a de Buenos Aires e a de tantas cidades. Essa nostalgia não opõe simplesmente a *quantidade* de crimes de ontem à de hoje. Cada época constata também uma deterioração *qualitativa*: além de menos frequente, o crime de antes era melhor – menos daninho, mais previsível, moralmente mais inteligente.[23]

Isso é o que o arquivo permite aos historiadores dizer. O arquivo é válido. No entanto, não vivemos no arquivo, mas, como também observa Caimari, em sociedades midiatizadas em que os meios de comunicação processam os dados da experiência, os reforçam ou solapam, embora não possam contradizê-los abertamente a não ser na ficção e, mesmo nesse caso, apenas conforme certas regras. Os meios de comunicação informam sobre o que acontece além dos limites da experiência vivida. No caso da violência urbana, também abrem uma esfera judicial fictícia, uma espécie de atuação teatral que, às vezes, tem consequências repudiáveis sobre a justiça dos juízes e as leis que os legisladores introduzem ou modificam sob a pressão de uma opinião pública agitada não por dirigentes, mas por vítimas.

Por um lado, os meios de comunicação apresentam um registro "documental" da violência. A palavra "documental" é a mais adequada para designar o estilo dos programas populares. Trata-se, é claro, do "documentário" como gênero televisivo. A informação recorre à tomada direta dos acontecimentos no próprio momento em que estão ocorrendo: um assalto com reféns tem transmissão direta; alguns programas acompanham as brigadas policiais porque recebem avisos, graças a um sistema de relações bem tramado entre meios de comunicação e destacamentos policiais. No entanto, mesmo nos casos (que são a maioria) em que o registro começa depois de concluídos os fatos, o que se capta de modo "documental" são as consequências do ato de violência: cadáveres, vitrines destruídas, buracos de bala nas paredes, carros trombados durante a perseguição, o corpo ferido das vítimas vivas quando chegam aos hospitais, as declarações dos familiares, das testemunhas ou dos que afirmam que o são. O relato é "documental" até o extremo de quase não haver cortes nos canais mais populares, mas tampouco em outros que querem se distinguir da imprensa marrom sem deixar de sucumbir a seus encantos e suas oportunidades de lucro. As sequências são prolongadas, com altos e baixos da tensão narrativa. Apresenta-se uma *tranche de vie crapuleuse*, na tradição naturalista de costumes que confluiu, há mais de cem anos, com a crônica sangrenta. A desordem narrativa fornece a prova da verdade referencial; mostram-se os fatos ao mesmo tempo que estão acontecendo ou o mais perto possível desse momento. Essa proximidade temporal com o acontecido é um argumento decisivo na competição capitalista pelo mercado da primícia.

Tecnicamente, essas tomadas diretas trazem as marcas do "documental": câmera na mão, enquadramento permanentemente reconstruído pela busca do que está acontecendo; imprecisão das imagens por uma iluminação natural não preparada para a tomada ou preparada de maneira demasiado imprecisa, para que nada do que aconteça escape da possibilidade de ser captado; violentas mudanças de foco obrigatórias porque não há um objeto predeterminado, mas uma multiplicidade de objetos que vão se tornando significativos para o relato (portas que se abrem ou se fecham, carros que saem ou chegam a toda velocidade, padioleiros que correm com suas cargas de corpos feridos, familiares ou amigos das vítimas que, enfurecidos, exigem justiça imediata ou coisas piores).

Os meios de comunicação reclamam, como parte dos direitos de imprensa e informação, a possibilidade de realizar essas tomadas diretas no próprio momento dos acontecimentos. Em nome da liberdade de informação, transgridem disposições explícitas dos juízes, arriscam a segurança de detidos ou reféns e alimentam uma indignação que é perfeitamente compreensível nas vítimas, mas que se estende aos comentaristas não implicados na ocorrência. Nos jornais em papel, a crônica sangrenta transformou-se em crônica cotidiana, ultrapassando os limites do gênero e assumindo o lugar da "informação geral". Já não há página nem seção policial propriamente dita, mas esse tipo de notícia permeia o jornal, instalando-se mais intensamente em algumas seções e competindo nas manchetes. Jesús Martín Barbero escreveu: "Os meios de comunicação vivem dos medos."[24] O contrário também é verdade. A cidade real, os subúrbios reais e os dos meios de comunicação às vezes coincidem e outras vezes se contradizem. Mas, seja como for, os meios de comunicação oferecem uma ideia de cidade e de subúrbio que pode ser mais forte do que a experiência.

Não tem sentido comparar a "realidade da experiência", pois ela só existe mesclada (como se se tratasse de pigmentos de duas cores) com a "realidade dos meios de comunicação". Durante todo o século XX, a experiência de cidade utilizou um conjunto de palavras ou de imagens para se construir jornalisticamente: as notícias de costumes, as policiais, o circuito dos boatos, as opiniões autorizadas. *Não há cidade sem discurso sobre a cidade.* A cidade existe nos discursos tanto quanto em seus espaços concretos, e, assim como a vontade de cidade a transformou num lugar desejável, o medo da cidade pode transformá-la num deserto em que o receio prevaleça sobre a liberdade. A cidade se quebra e da sua utopia universal arrancam-se pedaços que *uns* consideram estranhos porque justamente lá estão os *outros*.

3. ESTRANHOS NA CIDADE

Há um século, mais ou menos. Em "Sirio libaneses en el centro", água-forte de 1933, Roberto Arlt descreveu a imigração mais exótica, com palavras extraídas da botânica, da zoologia e do "orientalismo":

> Rua de homens que têm nariz de cavalete e toranja, rua de orelhudos fantásticos, de narigudos prodigiosos como bufões de comédia antiga; rua de homens que falam um idioma mais seco e áspero que a areia do deserto e que moram em barracas e lojas frescas no verão, como os porões de um harém. Ruas de 7 mil cores nos tecidos; rua de sobrenomes musicais e de fantasia: Alidalla, Hassatrian, Oulman, com vitrines blindadas de telas, semelhantes a tecidos metálicos, rameado de floreados de prata e de bronze... Tecidos. Nada além de tecidos. Panos. Linhas. Sedas vegetais. Lãs. E homens de narizes como toranjas corcovadas, de orelhas como folhas de repolho, de lábios bicudos, de mandíbulas tortas, reviradas.
> [...]
> As palavras rascam e estalam ou se arrastam guturais, fanhosas e incompreensíveis. Às vezes esses homenzarrões brincam como meninos, empurram-se pelos ombros, correm uns atrás dos outros até o meio da rua, gritam como cães e depois, novamente, recobram o ritmo de seu sigilo e continuam conversando.
> Assim em toda a *calle* Larrea, da Corrientes à Lavalle e da Lavalle até a Azcuénaga e a Corrientes. Um retângulo de maometa-

nos, de cristãos heterodoxos, de judeus da Palestina, da Síria e do Líbano e de poucos turcos.[1]

Esses sírio-libaneses do Once eram "esquisitos", comparados com aqueles que, no último terço do século XIX, haviam chegado da Europa meridional, os italianos ou espanhóis, que podiam ser depreciados pelas elites, mas mostravam menos exotismo. Além do mais, a elite, se era de origem colonial, tinha sobrenome espanhol; e os italianos cedo participaram da vida pública de Buenos Aires[2]. Em compensação, os sírio-libaneses de Arlt, alegres e torpes como crianças, são estrangeiros que falam suas línguas guturais e não se parecem com nada.

Antes que esses sírio-libaneses fossem captados por Arlt (que simpatizava com o exotismo), alguns intelectuais acharam que outras ondas imigratórias debilitavam o cimento da nação, por desconhecimento da história e corrupção da língua. Alarmava-os que as ruas estivessem cheias de cartazes em línguas estrangeiras, que também soavam nos discursos das sociedades de fomento, sindicatos e entidades mútuas, em jornais e cantos de celebração. O cosmopolitismo das elites letradas era aceitável, ainda que devesse ser regulado pela veneração correspondente das origens hispano-*criollas*; o cosmopolitismo instantâneo e iletrado (ou visto como iletrado) da imigração era inaceitável e ameaçador[3].

Em suas famosas conferências sobre o *Martín Fierro* (publicadas em livro em 1916 com o título *El payador*), Lugones perguntava-se qual seria o futuro da "raça" em um país em que o tipo original, o gaúcho*, havia desaparecido e as "raças" imigratórias reclamavam muito mais do que lhes cabia como recém-chegadas a quem só fora prometida liberdade de trabalho, de associação mercantil e de culto. Em 1909, Ricardo Rojas determinou que não havia soado a hora de erigir uma estátua do republicano Mazzini em uma praça de Buenos Aires porque era um herói *demasiado* estrangeiro, e os filhos dos italianos imigrantes ainda não se haviam tornado aceitavelmente argentinos. Rojas afirmava

---

* Neste livro, "gaúcho" refere-se ao habitante dos pampas argentinos. (N. da T.)

que as estátuas são eloquentes, e que elas "hão de influir não apenas sobre a alma das novas gerações, mas também sobre a imaginação das novas avalanches imigratórias".

O espaço público estava sendo disputado: por um lado, as iniciativas da comunidade italiana que queria ver seus heróis nas praças portenhas (em 1904 foi inaugurado o monumento a Garibaldi) e talvez incorporá-los a um panteão mais mesclado que o monocórdico friso argentino; por outro, a resposta nacional defensiva, que adiava os direitos de ocupação simbólica para mais adiante, quando os filhos dos imigrantes mostrassem os resultados de uma educação nacional através de uma aprendizagem que deveria ser inculcada na escola e na cidade. Rojas tinha uma noção moderna e, ao mesmo tempo, limitadora do espaço urbano, alerta para os ecos das diferenças culturais:

> A rua é de domínio público e, assim como o Estado intervém nela por razões de salubridade e de moral, deve intervir por razões de nacionalidade ou de estética... Uniformizando os letreiros na língua do país, seria suprimido esse espetáculo disparatado que é como uma ostentação de nossas misérias espirituais. Do mesmo modo, o que adiantará o mestre falar ao discípulo da necessidade de rememorar o passado e da continuidade entre o esforço das gerações na obra da nacionalidade se o discípulo não encontrar, ao passar pelas cidades ou pelos campos, sinais que lhe mostrem a marca de homens que enriqueceram com seu esforço a terra da pátria comum?

É preciso salvar a nação do "caos original" ao qual a levaram os imigrantes, um caos que Rojas acredita descobrir mesmo nas mais antigas e primeiras aglomerações de "raças", as da colônia no porto de Buenos Aires, com seus "castelhanos e bascos, andaluzes e *querandíes*, e *criollos*, e negros e mulatos, entre a rancharia dos fossos e das praias do rio". No início do século XX, são escassos os locais públicos em que se possa assentar concretamente um novo nacionalismo. Rojas denuncia também as demolições modernizadoras enfrentadas em Buenos Aires, porque as condições objetivas do crescimento se apoiam em capitais e força de trabalho estrangeiros, dois fatores perigosos que montam uma "silenciosa tragédia" na velha cidade *criolla* ameaçada. Uma arquitetura nacional, que Rojas planeja como um visionário, deve instalar, na cidade sem alma própria, estilos e decorações de inspiração americana:

> Os elementos com que há de ser revelada [...] estão dormindo nas profundezas das tradições argentinas e escondidos no mistério ainda virgem das paisagens americanas. Capitais estranhos brotarão de sua flora; colunas elegantes de suas árvores tropicais; de suas lendas, monstros decorativos para os pórticos ainda não erguidos; cariátides, dos homens e das feras que habitaram seus bosques.[4]

Ondas. Os estrangeiros formavam tribos só unificadas por seu caráter exótico e pela distância do medo ou do racismo. Sempre houve estrangeiros na cidade, aonde chegam em ondas de outras regiões do país, da América Latina, do Oriente Próximo e Extremo Oriente e, ultimamente, da África. Quando os judeus deixaram de ser estrangeiros, a cidade teve de se acostumar aos migrantes internos, e depois aos bolivianos, aos paraguaios, mais tarde aos peruanos e aos chineses; pouco depois aos coreanos. O medo da cidade contaminada pelos estrangeiros que prosperou no primeiro terço do século XX levou a depreciar, nos anos do primeiro peronismo, os *cabecitas** das imigrações internas, que a partir dos anos 1930 substituíram como objeto de preocupação os imigrantes europeus de "má" origem; finalmente, outros *cabecitas* dos países limítrofes ocuparam esse lugar. A discriminação é uma característica recorrente, como se qualquer identidade só pudesse ser estabelecida com base num sistema de diferenças ordenadas pelos eixos do próprio e do alheio.

A cidade do século XXI tem seus estrangeiros desconfiáveis, como os teve a cidade do início do século XX. Já não são os *tanos***, galegos, russos (para russos brancos e judeus), *moishes*,

---

* De *cabecita negra*, termo pejorativo e racista, surgido em Buenos Aires nos anos 1940, para designar os grupos de imigrantes de baixa renda. (N. da T.)
** *Tano*: aférese de "napolitano", empregado como pejorativo para designar os italianos. (N. da T.)

turcos (para os árabes), mas os peruanos, os *bolitas**, os *paraguas***, os *chinos* (indiferenciados entre chineses, coreanos, taiwaneses). Assim como houve uma máfia italiana, as notícias policiais referem-se a uma máfia chinesa especializada em acertos de contas entre compatriotas. Os bairros têm zonas às quais voltaram os cartazes em línguas estrangeiras e com grafias que, há cem anos, Ricardo Rojas nem teria ousado imaginar numa esquina das *calles* Flores e Belgrano.

A gastronomia cria uma espécie de cosmopolitismo globalizado. Os consumidores argentinos de camada média frequentam os restaurantes agora chamados étnicos (a *nouvelle cuisine* seria a comida étnica francesa criada por alguns *chefs* famosos? O Bulli é comida étnica catalã? Ou a única coisa não étnica é a que monopoliza a qualidade "ocidental"? Por que não se chama o *sushi* de comida étnica?). Também se abastecem de aparelhos que servem para preparar essas comidas exóticas em casa, quando o exotismo tem prestígio cosmopolita: a comida chinesa se impôs por todos os lados, a comida peruana se expande lentamente pelo Abasto, a boliviana ainda não entra no circuito de camadas médias.

Consome-se comida chinesa ou japonesa, como em qualquer parte do mundo. Mas a vida desses estrangeiros não transcorre apenas na cena *gourmet* e a maioria deles nem faz parte dela, salvo como lavadores de pratos ou garçons (assim como os argentinos em Miami ou os equatorianos em Barcelona). A comida étnica tem o efeito de desajustar provisoriamente o eixo do próprio e do alheio, para definir o eixo sempre variável do que está na moda.

Imaginar 1900 na Buenos Aires de 2000 é um exercício de ficção cultural[5]. Então os italianos ou os russos eram o completamente exterior à nacionalidade, porque preferiam celebrar suas festas a celebrar as efemérides nacionais (como apontou Ricardo Rojas que, não sendo o mais reacionário dos nacionalistas, era no entanto o mais suscetível aos meandros da diferença cultural). Hoje isso é considerado traço de cosmopolitismo que

---

* Redução pejorativa para "bolivianos". (N. da T.)
** Redução pejorativa para "paraguaios". (N. da T.)

tem até o potencial de se transformar em espetáculo para aqueles que não se sentem estrangeiros e encontram nos "outros" o lado pitoresco que perderam ou que nunca tiveram. As camadas médias vão a essas festas alheias como a um espetáculo, aqui e em todas as cidades do mundo.

Fora dos restaurantes étnicos e dos *intermezzos* festivos, exóticos ou identitários (depende do ponto de vista), os estrangeiros estão no trabalho e na vida cotidiana, padecem para ganhar a vida (patrões orientais exploram famílias bolivianas, além dos argentinos sempre dispostos a contratar clandestinamente) e, conforme a origem, situam-se na pirâmide dos prestígios sociais e simbólicos. Quando podem, enquanto podem, vivem entre eles. Em seus bairros ouvem-se sons muito século XXI.

A questão do nome. Na Argentina há descendentes de imigrantes sírio-libaneses cujo sobrenome é Romero ou Fernández, produto dos avatares da chegada ao porto, do funcionário das Migrações, de documentos com sinais intraduzíveis, da negligência burocrática. Há indivíduos que se chamam Segal ou Sigal, Gilman ou Gelman, mas que vêm da mesma aldeia e que talvez há três ou quatro gerações tenham sido primos. Há sobrenomes italianos que se escrevem de maneira diferente nos documentos de pessoas da mesma família. Peripécias do nome. Sempre se chamou todo espanhol de *gallego*. Peripécias da origem, que agora se generaliza em *chino* ou *ponja**. Os chineses encontraram a estratégia da semelhança: Huan transforma-se em Juan; Lu, em Luis.

> En calle Padilla
> unos chinos vestidos de pachuchos
> se reparten nombres: vos Zhang Cuo
> te llamás Francisco, vos Xin din
> te llamás Diego, vos Gong Xi: Pacino;
> y yo Bei Dao me llamo Pseudo.
>
> En los balcones
> las viejas preocupadas

---

* Inversão das sílabas de *japon*, maneira de se referir aos japoneses em Buenos Aires. (N. da T.)

del qué dirán
escuchan éxitos de Serú Girán.

Después, discuten
porque todos quieren llamarse Diego
y le dicen a Bei Dao
que Pseudo no es un nombre.⁶*

Os coreanos resistem à uniformidade de um orientalismo midiático ou racista:

Acordate: para dirigirte a mi persona, es Taekwondo. Nada de ponja, chinito, Bruce o / Yoko. Esas son faltas de respeto. Soy coreano. A no confundir.⁷**

Lluvia de estrellas

Idalinas, Justinas, Miguelinas,
Carolinas, Karinas, Cilicias y Furisbundas;
Clarisas, Clementinas, ¡Argelinas!
Marielqui, Marielbi, Marylin Sunildas;
Marilipi, Mandalia, Mariola, Mariolga,
Yulis, Yulisas, Sunilditas;
Chechés, Casianas, Ignacias,
Janiras, Zenaidas, Yunisleidis.
Macorinas, Miraflorinas, arequipeñas,
maguaneras, itacurubienses, coqueñas;
risas, llantos, ruegos, alegres alegrías;
risas, rosas, flamboyanes, flanes,
pitahayas, sancochos y sandías;
chipaguazús, añaretás, yasiretés,
curepís, mombayés, pora limbós.⁸***

---

* Tradução livre: "Na rua Padilla / uns chineses vestidos de frouxos / distribuem-se nomes: você Zhang Cuo / se chama Francisco, você Xin din / se chama Diego, você Gong Xi: Pacino; / e eu Bei Dao me chamo Pseudo. // Nos balcões / as velhas preocupadas / com o que dirão / ouvem sucessos de Serú Girán. // Depois, discutem / por que todos querem se chamar Diego / e dizem a Bei Dao / que Pseudo não é um nome. (N. da T.)
** Tradução livre: "Lembre-se: para dirigir-se a minha pessoa, é Taekwondo. Nada de ponja, chinito, Bruce ou / Yoko. São faltas de respeito. Sou coreano. Não confunda." (N. da T.)
*** Tradução livre: "Idalinas, Justinas, Miguelinas, / Carolinas, Karinas, Cilicias e Furisbundas; / Clarisas, Clementinas, Argelinas! / Marielqui, Marielbi, Marulin Sunildas; / Marilipi, Mandalia, Mariola, Mariolga, / Yulis, Yulisas, Sunilditas; / Chechés, Casianas, Ignacias, / Janiras, Zenaidas, Yunisleidis. / Macorinas, Miraflorinas, arequipenhas, / maguaneras, itacurubienses, coquenhas; / risos, prantos, rogos, alegres alegrias; / risos, rosas, flamboiãs, flãs, / pitaias, cozidos e melancias; / *chipaguazús, añaretás, yasiretés,* / *curepís, mombayés, pora limbós.*" (N. da T.)

Línguas estrangeiras. Ouço línguas diferentes da que falo: coreano, castelhano rio-pratense, tão dialetal quanto o daqui, mas de lá: alto-peruano. A estranheza diante de uma versão do castelhano diferente da sua assaltava os exilados no México ou Caracas: castelhano da Argentina em casa, castelhano do México ou de Caracas no colégio, passando de um ao outro como se mudassem de marcha. Quando os exilados pensavam que os estavam entendendo, vinham à luz as diferenças do léxico ou da pronúncia, e começava tudo de novo. Quando eles se convenciam de que falavam a mesma língua, nesse momento alguém tinha a ideia de marcar a diferença e, enquanto portenhos e cordoveses distinguiam-se entre si minuciosamente, aos mexicanos parecia que todos eram falantes de "argentino". Alguns mexicanismos ajustavam-se perfeitamente ao dialeto rio-pratense ("pinche", trabalho, por exemplo), mas outros continuaram impossíveis de manejar e precisavam de uma tradução mental simultânea. Os exilados se mexicanizaram nos trabalhos, até onde conseguiram, e muitas vezes conseguiram muito pouco (ou acharam que não valia a pena), mas o tratamento por *vos* persistiu no coração do espanhol argentino. Outras estratégias de resistência: Juan José Saer, em Paris, viveu décadas falando um francês sintática e lexicamente impecável, pronunciando com uma fonética de Santa Fé também impecável.

A italianização da língua foi um pesadelo de intelectuais nas primeiras três décadas do século XX. Temiam tanto a mistura de "raças" quanto a de línguas quando estas não se submetiam ao controle da cultura letrada. Não falar como um italiano, não deixar que os imigrantes transferissem sua vulgaridade ao castelhano. E tratava-se de imigrantes que nem sequer falavam italiano, mas dialetos camponeses.

As elites, pela primeira vez, viam gente estrangeira diante da qual não se sentiam inferiores e que nem deviam reverenciar. Até a chegada de milhares de imigrantes, os estrangeiros eram julgados superiores ou iguais. A língua não se italianizava quando se traduzia literatura italiana nem quando se cantava uma ária de Bellini. A ameaça de italianização vinha do lado dos dialetos "baixos", mas não da literatura ou do teatro (Buenos

Aires ovacionava Pirandello e considerava cômico o *cocoliche**, uma língua de chegada, instrumental e popular, destinada a desaparecer). Nessas primeiras décadas do século XX produziram-se verdadeiras amnésias da língua de origem, porque os imigrantes que procuravam assimilar-se a seus filhos, e que seus filhos se assimilassem mais ainda do que eles, deixavam de falá-la, literalmente a esqueciam. O perigo de não se integrar completamente era maior do que o medo de ficar sem essa dimensão do seu passado.

Quanto ao mais, a ideia de uma perda cultural é mais tardia, não só entre os que a provocaram como também entre os que a suportaram com a convicção de que estavam ganhando alguma coisa. Não foi apenas a violência simbólica que cortou a língua dos imigrantes do início do século XX. Ocorria uma troca, na qual aqueles italianos não eram uma simples massa amorfa e sem vontade, moldada pelas instituições do país de chegada. Falar bem fazia parte de um contrato que incluía a ascensão real ou imaginária.

Os que ascendiam e queriam diferenciar-se de suas origens, os profissionais que haviam sido os primeiros da família a entrar na universidade, diziam: "É preciso falar bem", o que consistia em não italianizar. Dizer "Vou do médico"** implicava uma espécie de morte civil para as pretensões das camadas médias em seu caminho infinito de diferenciação interna. Às costas do infeliz, repetia-se: "Ele diz: *voy del médico*." Os filhos dos imigrantes, que tinham consciência das irregularidades fonéticas dos pais, exageravam o "x" em palavras como *examen* ou *expreso*. Os mais bem estabelecidos social e culturalmente sabiam que não se devia exagerar: *expreso* pronunciava-se *espresso*, pois senão parecia que com esse adicional sonoro desejava-se dissimular alguma coisa. E, por certo, esse adicional era uma simulação de pertencimento, pois os italianos "engoliam os esses", sobretudo os finais: cuidado com o plural, nele se realçava a mancha (por ausência) que delatava a origem. Se alguém fala-

---

* Jargão de imigrantes italianos, que misturam sua língua com o espanhol.
** No original, "voy del médico", que implica um erro resultante da transposição da regência do italiano ("vado dal dottore").

va italiano, a consequência fatal era engolir os esses finais do plural, que não existem nessa língua. Interceptar essa língua, como quem intercepta o foco de uma infecção que se desloca contagiando. A língua estrangeira se padece como uma enfermidade mimética: se alguém se infecta, pode ficar confuso.

Mas, apesar do higienismo linguístico, até que a escola fizesse efeito, nas primeiras décadas do século XX ouvia-se italiano (dialetos) nas ruas de Buenos Aires e Rosario. Depois, durante mais de meio século, o castelhano se impôs e as línguas estrangeiras passaram a pertencer apenas a três espaços: os turistas, os muito velhos, os muito distintos social ou intelectualmente. Não havia outras línguas estrangeiras no espaço público. Não se ouvia iídiche na Villa Crespo, exceto nos bares mais tradicionais da *calle* Corrientes, na saída das sinagogas e quando, no mercado da *calle* Gurruchaga (hoje fechado), as senhoras pediam os ingredientes de algum prato e o pronunciavam de modo inimitável, que o tornava mais autêntico, como se a fonética lhe transferisse sabor.

Caminho pela avenida Carabobo e ouve-se coreano. Ouve-se uma rádio chinesa nos supermercadinhos chineses de qualquer bairro, e muito mais quando se trata do baixo Belgrano. Se fossem línguas europeias (exceto o basco e o húngaro), eu poderia reconhecer alguns fonemas, conjecturar onde começam e onde terminam as unidades de som e, daí, imaginar unidades de sentido (enfim, as descrições mais básicas da linguística). Se fosse húngaro ou russo, a entonação me ajudaria a imaginar o caráter do discurso, embora não seu significado. No caso do chinês ou do coreano, a entonação também é indecifrável. São estrangeiros *de verdade*: nenhuma ilusão de reconhecimento. Certa vez eu atravessava o altiplano de Cochabamba e Oruro, na carroceria de um caminhão, com camponeses que começaram a falar de mim em quíchua. Fiquei isolada dentro de uma esfera intransponível. À noite, quando a temperatura caiu abaixo de zero, ofereceram-me um drinque e terminamos amontoados, agasalhados por uma mesma confusão de cobertores, mas eles continuaram falando em quíchua: experiência de não entender o discurso em que falavam de mim, experiência estranha para uma mulher branca.

Os coreanos atravessaram exatamente a metade do mundo para chegar a Buenos Aires. O castelhano é tão alheio quanto essa língua em que nada corresponde a nada. Eles estão para o castelhano como eu para o coreano, com uma diferença: não tenho necessidade de aprender o coreano. Assimetria entre locais e imigrantes porque para eles não há jogo de equivalências. Até que se comece a aprender a outra língua, tudo é radicalmente intraduzível, entre outras razões porque ignoramos como se divide sua substância fônica: onde começa e onde termina uma palavra? Sua substância semântica: há diferenças entre *mentira* e *engaño*? Entre *valor* [coragem] e *arrojo* [ousadia]? E as variantes de cortesia de sua gramática: qual é o tratamento que se emprega para certas pessoas e qual para outras, como o *vos* [você] e o *usted* [o senhor, a senhora] em castelhano? Há diferenças verbais com esse fim, como em castelhano, que, de todo modo, é diferente do francês? Eles devem se fazer as mesmas perguntas sobre as possibilidades de comparar uma língua com outra. Os linguistas advertem que há línguas que são quase incomparáveis.

Experiência da rua onde se ouve uma língua *radicalmente* estrangeira: uma fantasia, se não estamos atados a ela porque falamos a língua do país. Mas e se ela, a estrangeira, fosse minha única língua?

Tabuleiro de go. Numa esquina da avenida Carabobo, a duas quadras da avenida del Trabajo, dois homens jogam *go*, e um terceiro observa. Agito numa mão a máquina fotográfica e sorrio. O que só está observando me diz que não, embora eu não tenha certeza de que tenhamos nos entendido. Um dos que estão jogando, o que está de boné da Nike e joga com as fichas brancas, diz que sim, e acrescenta: "Foto, sim." O outro, das fichas pretas e blusão acolchoado, nem se vira para me olhar. Tiro a foto.

Não são os sírio-libaneses do Once descritos por Arlt. São três coreanos que nem vivem nem fazem comércio no centro, mas em Flores sul, a dez quadras da *villa* ou "bairro" Rivadavia. Eles jogam *go*, enquanto a quinhentos metros, na avenida Castañares, acontece a feira dos bolivianos, entre a avenida Carabobo e a *calle* Lautaro. Nela, nenhum coreano.

O retângulo de cidade ocupado pelos coreanos é mais extenso do que o dos sírio-libaneses de 1930, mas também menos denso: avenidas Evita Perón, Carabobo, Castañares e umas quatro quadras na direção da avenida La Plata. Concentram-se sobretudo na avenida Carabobo: estabelecimentos comerciais e igrejas, muitas igrejas das mais variadas confissões evangélicas que levam como complemento o adjetivo "coreano" e, às vezes, um cartaz que indica a vontade, mesmo que formal e institucional, de assimilação: "Em breve, culto em castelhano." Para seus filhos que não querem falar coreano? Para quem esse culto em outra língua que quase não se ouve no bairro?

Os três homens que rodeiam o tabuleiro de *go* são uma figura. As cadeiras em que estão sentados, a borda entulhada do canteiro de cerâmica na qual se apoia o tabuleiro, as duas vasilhas em que as fichas soam como se fossem moedas quando as mãos se afundam nelas; as plantas do canteiro e os carros são um fundo, ao qual a rua de bairro portenho permanece presa para se abrir como um nicho à outra nacionalidade. Nada mais típico do que um coreano jogando *go*, exceto um japonês (o nome é japonês, embora a origem seja chinesa). Um coreano jogando *go* é, para olhos argentinos, igualmente típico (como distinguir um coreano de um japonês? Os coreanos distinguem um descendente de italianos de um de espanhóis?).

Buenos Aires encerra essas cenas "típicas" de bairro de imigrantes, daí o estrangeiro, como acontece na *calle* Carabobo, recobrir sem "colorido" demais os edifícios de um, dois ou três andares anteriores à chegada dos coreanos. Há oitenta ou noventa anos, em La Boca (bairro que os imigrantes construíram de maneira original, porque lá só havia diques e barro), italianos sentados em círculo, fumando charutos da Toscana e jogando "dedos", fariam o mesmo efeito típico-exótico que os coreanos, agora, jogando *go*. Ou as moças do interior, que chegaram nos anos 1930 ou 1940 para trabalhar em Buenos Aires, que aos sábados à tarde passeavam pela *plaza* Itália e se encontravam com seus conterrâneos, conscritos nos quartéis de Palermo (as "zunilditas" do poema de Cucurto citado anteriormente). Depois, nos anos 1960 e 1970, começaram a chegar os chineses e os coreanos. Buenos Aires não tinha então nem bairro coreano, nem restaurantes peruanos, nem bairro chinês.

Os coreanos são hoje nossos polacos, russos, judeus, centro--europeus. Os de mais de 40 anos não falam castelhano ou falam muito mal. Sentados no fundo de seus armazéns de comida coreana (grandes sacolas na vitrine de alguma coisa que parece pipoca), um copo de chá na mão, são nosso atual Extremo Oriente. Nas quitandas, os carregadores e atendentes *criollos*, *cabecitas*, empilham os caixotes.

Os jogadores de *go* oferecem um adicional de orientalidade, mais intenso que os cartazes escritos em coreano (e, com frequência, *só* em coreano). O *go* é puro "oriente milenar", um mito tanto quanto um jogo de estratégia baseado na ocupação paciente e agressiva de território com fichas brancas e pretas, redondas e mais largas no meio, que, como *design*, também são "oriente". Se os dois homens estivessem jogando xadrez (cuja origem também é oriental), eu não lhes teria pedido licença para tirar uma fotografia. Não haveria *imagem*, pois não é exótico um jogo cujos campeões são russos ou americanos e cuja imagem se separou de sua origem. Algumas quadras depois, há um centro coreano de xadrez, com uma entrada parecida com a de um obscuro cibercafé. Chama menos a atenção do que os jogadores de *go* em pleno sol, que têm algo de emblema de ocupação territorial para que todos vejam que eles são o bairro num domingo de manhã.

Os jovens que passam por essa mesma esquina, os que estão no maxiquiosque da frente, parecem atores de um filme coreano rodado em qualquer lugar (talvez eles desejem que os chamem de Bruce ou Yoko, talvez o cinema seja mais forte do que qualquer suspeita de discriminação). Com eles é outro mundo: falam castelhano portenho e sua orientalidade é regida pela moda. Os jogadores de rua de *go*, em compensação, sorridentes e monossilábicos em castelhano, são "o que permanece da Coreia" para os olhos portenhos. Eles mostram suas fisionomias, sua ausência de castelhano e seu jogo de *go* como que certificando que estamos no bairro coreano e que há diferenças: "os olhos de uma garota no umbral do *New Seúl Electrojuego*, / o branco amarelo daqueles olhos por baixo de íris glaucas poentes"[9]*.

As diferenças são profundas com relação aos *villeros* que abundam na feira de Castañares, entre as avenidas Carabobo e Lautaro, a muito poucas quadras[10]. Ver Buenos Aires hoje com os olhos de um portenho de 1915 é uma experiência interessante e marcada pela anacronia. Observar o que não existia na cidade em fins de 1950, quando parecia que a fusão de diferentes migrações se havia completado. Vejo os coreanos como outros devem ter visto os italianos de La Boca ou das poucas quadras da Pequeña Calabria, vizinha de Belgrano, como Arlt viu os sírio-libaneses no Once. A cidade tem menos de 20 mil coreanos[11], e eles são como que uma imagem familiar, e ao mesmo tempo irredutível, de outro processo que foi mais impressionante quantitativamente: o dos imigrantes do início do século. No entanto, tudo é diferente: uma comunidade de olhos rasgados, que não usa caracteres latinos em seus cartazes, que fornece fiéis a dezenas de igrejas evangélicas (há mais de uma por quadra na avenida Carabobo); é uma espécie de condensado de exotismo.

* No original: "los ojos de una piba en el umbral del New Seúl Electrojuego, / el blanco amarillo de esos ojos por debajo de unos iris glaucos ponientes". (N. da T.)

O jogador de *go* que autorizou a fotografia sorriu com aquele amplo sorriso oriental que, para os ocidentais, parece sempre um pouco excessivo (não espontâneo? Os orientais não expressam mas representam? As perguntas do preconceito, mas também as que se fazem quando se percebem as diferenças e não se consegue explicá-las). As mulheres de 40 anos que caminham ou saem dos templos têm um recato que também parece excessivo. Por que encontramos excesso ou falta quando não se repetem os gestos costumeiros? É a percepção do exótico. Arlt descobria que os sírio-libaneses falavam em voz mais alta, com inflexões mais agudas, pequenos gritos que lhe soavam inarticulados. As línguas orientais confrontavam Arlt com o incompreensível.

Os coreanos, por outro lado, já foram devidamente estudados: comunidade, identidade, diferenças, adaptação, problemas entre jovens e adultos, chegada e saída da Argentina, formas (às vezes denunciadas) de trabalho, exploração própria e alheia. Uma massa de discursos acadêmicos faz com que os coreanos não sejam nossos italianos do século XXI. É impossível caminhar pela avenida Carabobo sem perceber um sistema de diferenças; atribuir essas diferenças às identidades é uma confusão que no *go* seria considerada inútil: ocupar duas vezes, com quantidade dupla de fichas, um mesmo boxe do tabuleiro. Uma confusão tautológica. A *calle* Carabobo pertence a uma cidade que antes não tinha cartazes coreanos (exclusivamente em coreano) em suas vitrines. Essa é a mudança. Ninguém como Ricardo Rojas, em 1909, escreverá contra eles: lá estão os cartazes coreanos, as comunidades religiosas coreanas, as pinturas e fotografias típicas nas fachadas, as comidas.

Uma linha de ferro separa os coreanos de seus vizinhos bolivianos que estão comendo fricassê na feira de Castañares, no domingo ao meio-dia. Lá, uma fila de gente carregando sacolas de plástico introduz uma mudança racial com relação ao que se vê nas calçadas da Carabobo. No nível da calçada foi traçado o limite: coreanos de um lado, bolivianos do outro, nem um coreano do lado boliviano, nem um boliviano do lado dos coreanos.

Os coreanos da Carabobo vestem-se com roupas esportivas, conforme a moda das camadas médias ou médias baixas mas não pobres; os adolescentes, lindos, muito *fashion*, magros, sérios, de olhar implacável; as famílias saem dos templos com "suas melhores roupas". E, de repente, na esquina da Castañares, os bolivianos formam outro mundo, em que nada parece nem de camada média nem de adolescentes que veem videoclipes *pop* e imitam gestos cortantes de mangá e animação. Um limite nítido que se torna visível pela fila do ônibus: essa gente não é aqui de perto, chegou à região, comprou, comeu, conseguiu que, com as maquininhas de costura e furadoras, seu sapato fosse consertado na hora, em plena rua. Agora vai para a *villa* do limite sul da cidade, ou mais distante.

Isso aconteceu no mundo (e nesta cidade, que parece tão afastada do mundo) nos últimos quarenta anos. Talvez pela primeira vez desde os anos 1920 haja estrangeiros ostensíveis, embora em quantidades limitadas por causa das promessas limitadas que a Argentina está em condições de garantir. Os *cabecitas negras* não eram exóticos, mas incômodos ou desprezíveis. Os coreanos não são incômodos, e só são desprezíveis caso se descubra que exploram bolivianos (ou seja, não o são por definição), mas têm uma marca exótica.

Há algo que faz com que os dois coreanos jogando *go* diante do outro que acompanha a partida sejam tão estranhos. Não entendem o que lhes pergunto, sorriem porque me entendem mal, sorrio porque sei que eles não me entendem. Não são estranhos seus filhos, cujas imagens de referência vi antes no cinema coreano; essas crianças seguem modelos físicos globais e estão em todo lugar.

O politicamente correto seria não se ocupar demais dessas diferenças nem as enfocar. No entanto, uma imagem exótica tem duas faces: seu deslocamento com relação ao lugar em que a imagem não seria exótica, porque esse traslado marca uma distância espacial considerável, e sua inclusão em um cenário de bairro que não estava preparado para essa imagem. Duas distâncias.

Cartazes secretos. Os cartazes em caracteres coreanos mudam minha posição na língua. Vejo-os e me pergunto qual das duas é a língua estrangeira, o que é estrangeiro com respeito a qual coisa nomeada, a qual anúncio ou promessa. As línguas se desconhecem entre si e me fazem ter dúvida quanto aos objetos que designam, cada uma por seu lado: cabeleireiro argentino e cabeleireiro coreano na *calle* Carabobo são a mesma coisa? Isso não acontece tão intensamente com as línguas ocidentais, em que sempre há a ilusão do parecido (muitas vezes falsa) e o recurso da hipótese: acho que estão dizendo tal coisa e posso imaginar como se poderia traduzir o que estão dizendo; mesmo que me engane, nunca fico presa a um não saber irremediável. Posso imaginar as línguas ocidentais sem as conhecer. A natureza dessa impressão enganosa não é a filologia, nem a árvore indo-europeia, nem nenhuma outra teoria linguística. Trata-se de um espelhismo cultural em que ao longe ou nas proximidades reverbera Ocidente. Mas os cartazes em coreano me colocam diante do verdadeiramente estrangeiro, aquilo que não me permite recorrer ao hábito nem a algum truque sustentado pela carência. O coreano não toca em nenhum meandro longínquo de minha própria língua: não conheço nada, não reconheço nada. Para mim, esses cartazes são mensagens secretas no espaço público. Cifradas: não individualizo os grafemas nem sequer sei se são grafemas ou ideogramas. O irreconhecível se transforma em desenho, ou seja, carrega-se de estética. O cartaz horizontal que começa (termina) com uma flor pintada à aquarela não resiste em receber esse acréscimo estético que lhe atribuo, porque o buscou. Penso: deve ser um poema. Os sinais nesse cartaz que culminam na flor são traçados a pincel. O cartaz tem dois selos, como os que vemos nas estampas japonesas. Se faço abstração da língua, a estética me permite integrá-lo em uma série, embora esta não me seja familiar. Posso imaginar que escritas são possíveis para acompanhar a flor. Ajusto-me a um exotismo mediano, um exotismo que tem algo de falsa analogia.

Mas outro cartaz, que se vê por trás das cortinas, resiste a qualquer hipótese, como uma mensagem que não me é destinada.

Suponho que queira dizer: "Atendemos pela próxima porta", "Se está procurando o médico, toque a primeira campainha à sua direita" ou "Vendem-se apartamentos: informações aqui".

Pode dizer qualquer coisa para mim, e uma única para aqueles que são seus destinatários: dois mundos separados pela escrita.

A sensação é estranha. Na cidade em que nasci e vivo há mensagens públicas que não compreendo, mas não é só isso, também não consigo captar nos sinais nem o começo nem o fim das palavras. A língua escrita transformada em desenho. Isso acontece na rua que, segundo minha experiência, é espaço comum. Se eu encontrasse sinais em coreano dentro de uma biblioteca, de um templo ou de um museu, a visão se adequaria imediatamente ao espaço que os contém. Mas a rua me acostumou a esperar que, pelo menos em sua superfície, ela seja inteligível. Na fachada de um templo protestante coreano, um cartaz em coreano anuncia a situação inversa: em determinada data (muito recente) começou o culto em castelhano[12]. Quer dizer que há pessoas, que esse templo se propõe a doutrinar, que não entendem coreano? Os jovens do maxiquiosque da frente preferem o castelhano, assim como os filhos de italianos preferiram ou se deram conta de que essa imposição prometia mais inclusão do que a defesa da língua materna? A quem se dirigem os pastores da Igreja Coreana do Evangelho Pleno quando pregam em espanhol? A situação se inverte porque o cartaz volta a pôr minha língua no lugar do esperado, do preferido e do imposto (do natural: porque a língua, finalmente, funciona assim).

"O senhor é meu refúgio", diz o cartaz, na metade da quadra, entre a avenida Castañares e a *calle* Lautaro. Um restaurante começa no local da igreja, também protestante mas boliviana, e se estende pela calçada: *fricasé, thimpu de cordero, chicharrón, picante de pollo*. Essas palavras pertencem a uma zona internacional da língua, designam objetos meio conhecidos. No entanto, não produzem o efeito de estrangeirice porque qualquer um sabe que pertencem ao espanhol falado na Bolívia e agora aqui em Buenos Aires, um espanhol de vogais fechadas e sibilantes fortes. Embora sua estrangeirice possa ter origem no fato de que não empregam a língua da mesma maneira pela qual é empregada aqui, obrigam a uma expansão do paradigma: *guiso de pollo, arrollado de pollo, pastel de pollo* culturalmente não são a mesma coisa que *picante de pollo*. E lá está o *thimpu* de cordeiro, que não consigo nem traduzir nem imaginar (empanada, embutido, assado, guisado, fiambre?). *Thimpu* soa como um instrumento musical, como o broche com que se segura um manto, como uma erva da farmacopeia americana, como o nome que designa uma tempestade forte demais.

Cursos em Koreatown. Os cartazes na mesma fachada da *calle* Carabobo oferecem cursos em dois endereços, que ficam quase em extremos opostos de Buenos Aires: o Centro Cultural Coreano na América Latina, situado na *calle* Coronel Díaz entre a Castex e a avenida del Libertador, e uma entidade cujo nome não consigo entender (coreano absoluto), na Carabobo número 1100. A assimetria dos dois endereços (Bairro Norte na entrada de Palermo Chico e Flores tão ao sul que, mais ou menos a seis quadras, encosta na *villa*) reflete a perfeita assimetria dos cursos.

Na Coronel Díaz ensina-se coreano e na Carabobo ensina-se castelhano, como se fossem duas instituições que entraram num processo articulado de tradução. Nas duas ensinam-se práticas "tradicionais" da cultura: apreciação musical, arranjos florais e caligrafia no Bairro Norte; literatura, caligrafia e pintura no sul, onde se esclarece que esses cursos são "só em coreano". Para reforçar o caráter de ponte da sede do Bairro Norte, um ciclo de cinema se anuncia como "legendado em castelhano".

Na *calle* Carabobo miram-se necessidades concretas: aos homens e mulheres de mais de 40 anos é oferecido um modo de entender um pouco de castelhano. No Bairro Norte, a oferta se estende pelo campo simbólico clássico das instituições que representam um país no estrangeiro. O caso do Bairro Norte é previsível, inevitável. Os cursos da Carabobo 1100, por sua vez, dizem muito sobre o bairro de imigrantes. Percebe-se sua necessidade na rua quando se ouvem os adolescentes coreanos falando castelhano e seus pais ou avós concentrados em sua língua de origem.

O cartaz é um convite a se desconcentrar, a se tornar, de algum modo, bipolar, sem nunca mais se estabilizar numa língua porque a sua própria é radicalmente estrangeira e a daqui será sempre alheia. Os homens e mulheres que falam coreano sabem que estão falando sua língua numa cidade em que ela é incompreensível. Não há superfícies de contato: tudo passa pelo trabalho, pelo mercado e pelo comércio, a esfera do pragmático.

Não é bem-visto referir-se à estrangeirice, o que me parece uma estupidez. Essas pessoas que talvez vão aos cursos de castelhano da *calle* Carabobo, ao redor de suas casas, sabem-se estrangeiras e dezenas de milhares delas também chegaram com a ideia de que estariam de passagem, ideia que tornaram muito mais real as que foram numa nova imigração para o norte da América do que as que ficaram. Os cursos de castelhano (só de nível básico e intermediário, não existe nível avançado) tanto quanto vontade de aproximar-se da língua indicam o incompreensível. Para a primeira geração, o estrangeiro é, para sempre, uma residência precária.

O que eu faria se fosse imigrante na Coreia e tivesse um pequeno estabelecimento comercial?

Reuniões em Milão

> Domingo de manhã, passa das onze. Nos bancos, nos espaços livres que rodeiam a fonte e os jardins arborizados da praça que fica à direita da estação, deve haver umas mil pessoas. No perímetro da praça, onde se pode estacionar, há caminhonetes e carros com placas da Europa de leste. A maioria dos presentes são mulhe-

res, as *matrioske*, como as chamam os principais jornais: ucranianas, moldavas e romenas, além de uma ou outra albanesa; relativamente jovens (suas idades oscilam entre trinta e quarenta anos), vestidas com esmero e no mesmo estilo, quase todas levam grandes sacolas de plástico ou de pano. Formam grupinhos e leem juntas as cartas dos filhos que ficaram em casa, mostram fotos dos parentes que deixaram longe e comentam como este cresceu, ou uma história daquele, e se comovem. Outras simplesmente conversam, trocam informações e conselhos, contam suas experiências de sobrevivência semanal... Outras sentam-se nos bancos, se encostam e se abraçam. Em quatro dos dez bancos da praça várias delas se sentam por turnos; em volta, de pé, suas amigas olham para elas com atenção enquanto outra mulher, com pente e tesoura, se faz cabeleireira. É um corte barato, ao estilo dos países de leste, e a satisfação de fazer as coisas como "em casa". Quando terminar o dia, atrás dos bancos o chão estará coberto de cabelo... No meio da praça, de cócoras no gramado, grupos de homens e mulheres de várias idades, famílias inteiras, prepararam uma merenda: num tapete de papéis de jornal cuidadosamente estendidos sobre o chão úmido, comem pão, embutidos, molhos e outros produtos típicos de seus países... Ao sair da praça para a rua Tonale, na rua Ferrante Aporti vemos uma dúzia de caminhonetes modernas com placas ucranianas e moldavas. Nos para-brisas, letreiros escritos em cirílico indicam os destinos; a seu redor formam-se grupos de pessoas que fecham caixas de papelão ou sacolas de plástico com precintas e cordões, e escrevem com letras grandes e claras o endereço do destinatário.[13]

Filipinas em Hong Kong

Bem no coração de Hong Kong, a Statue Square, com suas imponentes torres de bancos, aspira a ser um monumento da vibrante cultura dos negócios de uma das economias "milagre" da Ásia. No domingo, no entanto, quando os escritórios estão fechados, a atmosfera do bairro se transforma: mais de 100 mil empregados domésticos filipinos transformam a *city* em lugar de espairecimento com selo filipino. Em "Home Cooking", a etnóloga urbana Lisa Law descreve a cena: o ar ecoa os gritos melodiosos: "peso, peso, pesoooo!" que provêm dos agentes de câmbio clandestinos; ouvem-se as conversas das mulheres, que fazem fila diante das cabines telefônicas para falar com suas famílias; nas calçadas, especialistas em beleza oferecem penteados e manicures; grupos de amigos posam para tirar uma foto ou leem em voz alta as cartas que receberam; o cheiro dos *kreteks* perfuma o ar; e as mulheres invadem os espaços abertos dos edifícios do banco de Hong Kong e de Xangai, onde, sentadas em esteiras, comem *pinaket* ou *adobos*. Assim o bairro central de Hong Kong se transforma na "Pequena Manilla" durante um dia. Em cartas enviadas aos jornais, os membros da sociedade dominante denunciam, por motivos estéticos e higiênicos, essa "domesticação" do espaço público realizada pelos trabalhadores. Prefeririam que seus servidores permanecessem fora da visão (e do olfato) e se opõem a que eles produzam interferências na imagem de Hong Kong como centro financeiro mundial.[14]

Mural em Castañares. Pintado diante de uma pracinha muito verde, triangular, diminuta, na avenida Castañares com a *calle* Curapaligüe. Não tem nada a ver com o bairro: nem com o lado coreano, nem com o lado Flores sul, velhos e novos moradores, casas ou *villas*, bolivianos de todas as partes. É surpreendente sua inadequação e, justamente por isso, seu impacto. A *tag* é perfeita, mas também a imagem entre publicitária e hiper-realista da modelo. Por que os óculos? Aquela mulher é um exotismo e, portanto, suplemento, um deleite naquele bairro. Não é *sexy*, é distinta, copiada de uma publicidade, mas também resgatada da publicidade: na rua, a imagem não é banal. Ninguém responde a mensagens nos endereços postais que, na parte superior e na inferior, completam a *tag*.

O mural, combinando *tag-art* e representação, usa duas linguagens, puxa para dois lados. Parece quase novo e é um grande plano dobradiça. Casualidades da cidade, no lugar dobradiça entre coreanos e bolivianos[15].

Parque Avellaneda e além. Avenidas Lacarra e Juan Bautista Alberdi. A quatro quadras de lá fica o parque e, ao fundo, o que foi a quinta dos Olivera até 1912 e hoje é centro cultural e local dos moradores; dois destinos cumpridos no decorrer de cem anos: de jardim aristocrático a praça de pobres e imigrantes. Percorrer essas quatro quadras pela avenida Lacarra é percorrer o fio que conduz a um limite. Na calçada da avenida Directorio, já no parque, uma feira de roupas baratas, objetos, alguns livros, bricabraque; à direita, um parque de brinquedos infantis e, na grama, nos fins de semana, os grupos de migrantes que chegam da Villa Soldati, Villa Riachuelo, Mataderos[16], com suas sacolas plásticas das quais tiram caçarolas, pratos e garrafas de refresco; na grama, as crianças comem disciplinadamente uma porção de macarrão e tangerinas de sobremesa. Cada grupo não forma uma família-padrão, mas uma combinação de várias idades e parentescos. A trinta metros dessa região de piqueniques, umas bancas de artesãos e um "ateliê artesanal gratuito" onde a cada domingo são oferecidos cursos de pirogravura, porcelana fria, madeira, pintura sobre madeira e artesanato em *panamina*. No paredão que beira um dos lados do parque, um mural datado de 10 de maio de 2008, e ainda intacto, comemora o carnaval representado pelos "Descarrilados do Parque Avellaneda", mesclando a tecla do filete portenho com as cores da bandeira boliviana; em ângulo reto com este, outro paredão se estende ao longo de duzentos metros até Lacarra; nele, as vendedoras bolivianas apoiam seus utensílios e fogareiros. Do outro lado da rua, o poliesportivo margeia Lacarra até o sul. Ao dobrar à esquerda, antes da autopista, a esplendorosa saia verde-nilo acetinada e bem rodada de uma boliviana corta o cinza opaco da avenida del Trabajo. Os restaurantes, além de *chicharrón, charquecán, patasca* e *fricasé,* oferecem *salteñas*: entre o Parque Avellaneda e o campo do San Lorenzo, as empanadas chamam-se *salteñas*, como na Bolívia. O paredão que contorna o cemitério de Flores e as ruas do *premetro** leva até a *villa* 1-11-14, em frente ao estádio de San Lorenzo. É a maior de Buenos Aires. As pessoas que esperam o ônibus falam espanhol com sotaque das províncias ou do altiplano e umas meninas falam em guarani. O lixo cobre as ruas, flutua no ar, amontoa-se pelos cantos. Pelos corredores de entrada na *villa* também há bancas de roupa barata. Os quiosques na rua, por onde correm os cachorros sem dono, são fortificados, murados, gradeados; quase não se vê o que eles vendem, mas sempre há sucos de abacaxi e *mocochinche***. O perímetro exterior da *villa* é composto por casas de três andares, sem rebocar, mas com uma característica que se repete em todos os lugares: portas de rua no primeiro e no segundo andar, e grades. Estamos no sul da cidade, a zona discriminada[17].

---

* *Premetro*, oficialmente Línea E2, é o nome com que se denomina uma linha de trem de pouco mais de 7 quilômetros de extensão inaugurada em 1986 em Buenos Aires. Os trens dessa linha trafegam a uma velocidade média de 40 km/h. (N. do E.)
** Bebida típica da Bolívia feita de pêssegos secos. (N. da T.)

Fatos policiais

LIBERTARAM 37 BOLIVIANOS MANTIDOS ESCRAVIZADOS NUMA OFICINA TÊXTIL DE LONGCHAMPS

Viviam amontoados num cômodo de 24 metros quadrados, pagavam-lhes 1 peso por peça confeccionada e os obrigavam a comprar comida da sogra do dono, com sobrepreço. Entre os resgatados há seis crianças entre 3 e 11 anos. A Polícia deteve três pessoas, todas membros da mesma família. Trinta e sete bolivianos, entre eles seis menores, que trabalhavam em condições de escravidão numa oficina têxtil foram libertados hoje, em três invasões realizadas na localidade buenairense de Longchamps, distrito de Almirante Brown.

Fontes judiciais informaram que as 37 vítimas viviam amontoadas na mesma oficina de apenas 24 metros quadrados, que recebiam 1 peso por peça confeccionada e eram obrigadas a comprar alimento por preços exorbitantes no mercado da sogra do dono da oficina. Por esse caso há três detidos, todos membros de uma família também boliviana, embora o principal responsável pela oficina clandestina esteja foragido, sendo procurado no norte do país, segundo disse à Télam o capitão Marcelo Andrada, responsável pela operação.

O principal procedimento realizou-se na *calle* Bolívar 3331, onde foram libertadas as 37 pessoas, entre elas seis crianças entre 3 e 11 anos. Os 37 bolivianos não só trabalhavam como também moravam e dormiam na própria oficina, instalada numa construção precária de 8 metros por 3. Durante as operações, foram apreendidas máquinas têxteis, dinheiro e peças de roupa, esclareceu Andrada.

A investigação teve início em novembro passado, quando uma das pessoas escravizadas conseguiu escapar e contou o que acontecia aos vizinhos, que fizeram a denúncia. A fiscal Karina López de Lomas de Zamora ordenou então trabalhos de inteligência no domicílio e escutas telefônicas, e depois de vários meses de investigação chegou hoje às invasões.

Os investigadores concluíram que as famílias bolivianas que lá trabalhavam eram trazidas ao país enganadas pela falsa promessa de trabalho digno e de obtenção de cidadania argentina. "No entanto, nem bem chegavam ao país eram recolhidas à oficina onde eram encerradas a cadeado", explicou a fonte judicial.

O local só conta com um banheiro de um metro por um metro, onde há uma privada, à qual só tinham acesso pedindo autorização, e as duchas eram ao ar livre. As fontes também contaram que aos trabalhadores só se pagava um peso por calça, e só ao chefe do grupo familiar.[18]

Manifestação

Protesto maciço de trabalhadores bolivianos e outros 11 fechamentos por trabalho escravo. Cerca de 1.500 pessoas realizaram uma manifestação sentada na avenida Avellaneda. Pediram a restituição das fontes de trabalho e também melhores condições laborais. Os fechamentos preventivos de hoje somam-se aos 30 realizados entre segunda e terça-feira. Os manifestantes pediram melhores condições de trabalho.

Foi realizada uma nova jornada de protestos da comunidade boliviana, contra os fechamentos que o Governo portenho está realizando para acabar com a produção irregular de roupas. As inspeções de hoje deixaram como saldo outras 11 oficinas têxteis fechadas preventivamente. Por essa razão, esta tarde cerca de 1.500 trabalhadores da comunidade boliviana fizeram uma manifestação sentada no bairro portenho de Flores. Reclamaram melhores condições de trabalho e a restituição das fontes de trabalho perdidas com os fechamentos levados a cabo depois do trágico incêndio de Caballito, no qual morreram seis pessoas. A multidão de manifestantes se deslocou pela avenida Avellaneda, entre as quatro quadras que separam as *calles* Cuenca e Nazca. Lá se encontra a maior parte dos locais que vendem as peças produzidas nas oficinas têxteis em que trabalhavam. Ao mesmo tempo, o governo portenho fechava 11 estabelecimentos de fabricação de roupas no terceiro dia de operações de combate ao trabalho escravo.

Funcionários municipais e federais, com apoio da Polícia Federal, inspecionaram 32 oficinas, das quais 11 foram fechadas preventivamente, 7 foram autuadas e outras 14 não puderam ser verificadas porque estavam fechadas. As inspeções foram realizadas nos bairros de La Paternal, Flores, Parque Chacabuco e Caballito, e somam-se às 54 realizadas na segunda e na terça-feira, e aos 30 fechamentos preventivos determinados por infração, em primeiro lugar, de normas vinculadas a "higiene e segurança", conforme informou o governo portenho. Em resposta à investida oficial, os trabalhadores se manifestaram erguendo cartazes com dizeres como "Aqui não há escravos, há trabalhadores", e reclamaram a continuidade de suas fontes de trabalho.[19]

Bairro Charrúa. Para chegar lá, do lado de Pompeya é preciso atravessar as vias por uma passagem precária (grande cartaz do governo de Buenos Aires que anuncia sua consolidação em outubro de 2008), sem sinalização de nenhum tipo; caminha-se sobre o pedregulho e os dormentes da via férrea, passa-se por qualquer lugar, correndo, chutando uma bola, conversando com os amigos em grupos de crianças distraídas. Quem chega do outro lado, que corresponde ao do campo do San Lorenzo, atravessa, de modo mais normal, a avenida Cruz. A grande extensão do poliesportivo, no entanto, faz pensar na precariedade das chegadas noturnas em meio ao descampado formado pelo prédio do clube e pela avenida.

O bairro Charrúa é oitenta por cento boliviano. Foi uma *villa*, e hoje seus quarteirões têm o traçado da *villa*, mas as casas são de alvenaria e os corredores são ordenados e limpos; há cartazes em profusão com a numeração que corresponde aos corredores e às moradias interiores[20]. Pode-se olhar para dentro dos quarteirões sem sentir a vergonha que desperta a *villa* 1-11-14, em que qualquer corredor vai se estreitando para dentro, como se o exterior consistisse no revestimento de tijolos de um interior lamacento e escuro, com casinhas entremeadas cujas paredes nunca são completamente verticais.

Na entrada do bairro, na esquina das *calles* Fructuoso, Rivera e Charrúa, precedido por um pátio, fica o edifício da Asociación Vecinal de Fomento General San Martín, onde funciona a Biblioteca Marcelo Quiroga Santa Cruz, fundador do partido socialista boliviano, ministro que nacionalizou recursos naturais e foi assassinado em 1980 pelos militares. O nome de Marcelo Quiroga tem ecos nacionalistas revolucionários, mas está integrado num conjunto de cartazes nas paredes da sociedade de fomento: horários de atendimento médico e dos cursos de apoio escolar, anúncios de prevenção de enfermidades[21]. Para o visitante de fora, que é o meu caso, mantém-se uma vibração revolucionária, como a nota de um instrumento antigo (uma vez que Marcelo Quiroga não é um herói atual da Bolívia indigenista de Evo Morales). Ao lado da sociedade de fomento, um pátio em cujo fundo há um arco, a quadra de jogos da creche, um espaço

PUESTA EN VALOR DE
AREAS DE ADMISION
CESAC N° 32
VECINAL
FOMENTO
SAN MARTIN
CAP. FED.
BIBLIOTECA
SANTA CRUZ
GRAL SAN MARTIN

2720

de cimento rachado. Em Charrúa, diante da escola e da praça, uma igreja recém-pintada, resplandecente e simples: o santuário de Nossa Senhora de Copacabana.

Três irmãs franciscanas cuidam dele: uma argentina e duas bolivianas, de Beni e de Santa Cruz, respectivamente, ou seja, chegadas das planícies do oriente, diferentemente da maioria dos que moram no bairro, que vêm do ocidente boliviano. As irmãs não falam quíchua, mas foram aprendendo alguns cantos e o sentido dos rituais. É curioso, mas em vez de aprender quíchua uma delas terminou sua formação religiosa em Roma, onde morou nove anos. A única imagem importante da igreja é a da Virgem de Copacabana, fechada numa vitrine, com seu grande vestido branco e sua cabecinha morena, de traços minuciosos. Emoldurada em neon por tubos de cores diferentes: à direita, as da bandeira boliviana; em cima as da argentina; à esquerda, as da bandeira do Vaticano. De um lado, sobre a mesa, duas imagens chamativas, daquelas baratas, São Caetano e São Francisco; nas paredes, litografias descoradas da via sacra; dos dois lados da entrada, lousas com anúncios e pedidos (uma delas inteiramente dedicada à madre Clara, fundadora italiana da ordem; a outra solicita pessoas que possam tocar música). À direita do altar há um pequeno teclado, duas guitarras (uma acústica, outra elétrica), um bumbo e elementos folclóricos de percussão. As partituras nos atris mostram música comum de igreja. Na sacristia está sendo preparada uma espécie de loteria gratuita e estão chegando as mulheres que vão participar dela, pois é domingo dos avós. Tudo é luminoso e límpido.

Fora, as quadras de corredores têm algumas portas abertas para a rua, embora as janelas externas, em que funcionam os quiosques, sejam profusamente gradeadas. Na quadra seguinte à igreja, um minúsculo parque infantil, com mural descorado, que mostra sol, cactos e outros vegetais autóctones, um altiplano arenoso e o inevitável condor, está completamente fechado por grades de quinze metros de frente. Ao lado, um descampado com fundo de construções baixas de tijolos e telhados de chapa, que parecem moradias unitárias; de cada lado da que fica no centro, dois alto-falantes gigantescos soam a todo volume.

Entra e sai gente com garrafas de refrigerantes, e alguns de nós nos apoiamos numa mureta para olhar: duas meninas de saia de veludo azul bordado com arabescos e cintos prateados, vestidas sobre as calças compridas, aproximam-se marcando o passo. Uma mulher grávida vai guiando outra menina, muito concentrada, de saia vermelha com alamares dourados; avançam e recuam com passos curtos, de ritmo simples, fazendo não uma figura de dança mas o andar sossegado e sem contorções de um bloco. A grávida dança com a de saia vermelha, e as que chegam, que trouxeram uma garrafa, deixam-na no chão e se colocam atrás das duas primeiras.

As bailarinas têm um estilo grave, embora se tornem joviais quando param de dançar. O ensaio e a própria dança as fazem concentrar-se em seus movimentos alheios à insinuação ou à provocação, como se, pelo menos enquanto ensaiam, fossem virgens intocadas pela cultura televisiva do corpo. O campinho é isolado e os alto-falantes parecem uma aterrissagem tecnológica de emergência sobre o chão de terra seca e irregular. No

124 A CIDADE VISTA

entanto, a impressão de invasão tecnológica é falsa, porque do âmago das quadras projetam-se os sons de outros tantos alto-falantes que marcam o ritmo de outros ensaios. Falta pouco para o dia da Virgem.

Domingo chuvoso. A Virgem de Copacabana sai do templo coberta por um plástico transparente. Sob a chuva, percorre o bairro Charrúa e, também debaixo de chuva, volta à igreja. No caminho, a Virgem se deteve na porta de algumas casas, onde uma mesinha coberta com toalha vermelha de tapeçaria a esperava para que pousasse por um minuto e recebesse a homenagem de uma nuvem de incenso e de pétalas.

As arquibancadas, que começam em frente à igreja e terminam em frente à escola, estão quase desertas; todos os presentes entraram na capela com a Virgem. Na praça, os caminhõezinhos amarelos da Western Union preparam-se para distribuir seus folhetos entre os que vêm à festa: pessoas que fazem mensalmente seus envios de dinheiro para a Bolívia e que, evidentemente, representam um negócio. Ao lado da Western Union, debaixo de um gazebo, o balcão do *Renacer; o jornal da coletividade boliviana na Argentina*.

Quando termina a missa e está para começar o desfile das fraternidades, milagrosamente sai o sol; a Virgem se instala, sã e salva, no átrio da igreja, coberta de notas de dinheiro e pétalas: "nossa *mamita*". Como em seu passeio anterior debaixo de chuva, a primeira coisa que se pede é paz e unidade para a Bolívia; depois, sabedoria para os governos de lá e daqui. As arquibancadas estão ocupadas; a *calle* Charrúa se encheu até a avenida Cruz, que pouco depois vai ser completamente bloqueada pelas bancas de comida e de roupa, intransitável; já é difícil entrar ou sair do bairro, ou avançar num corpo a corpo amável e festivo. Quase não há espectadores do mundo exterior à comunidade boliviana ou de origem boliviana; as fraternidades chegam dos bairros adjacentes ou de mais longe.

O desfile só é monótono para quem não conhece a diferença entre *morenadas, tinkus, tobas* e *caporales**; nem distingue, no vertiginoso rodamoinho das saias usadas pelas *cholitas***, a elaboração barroca do bordado; nem está a par das mudanças introduzidas por novas danças que na Bolívia são de camadas médias brancas e, na Argentina, de *cholos*[22]. Como todo ritual, apoia-se na repetição com variações mais do que na inovação. No entanto, a dança dos *caporales* é nova. Foi inventada na Bolívia, de onde chegou ao bairro Charrúa.

Visto de fora, o desfile de fraternidades é interminável, vistoso, barroco, repetitivo, melancólico, enérgico, ruidoso, previsível. As bandas de bronzes, que precedem quase todas as fraternidades, caminham muito concentradas, sob o sol, a lata de cerveja ou a garrafinha de água no bolso, com as gravatas que começaram a se torcer sobre os peitilhos impecáveis das camisas idênticas. Para quem não conhece essa música (ou apenas reconhece os temas *pop* transformados que também tocam), todas as marchas têm um timbre parecido. Dos alto-falantes ins-

---

* Danças tradicionais bolivianas. (N. da T.)
** *Cholo*: mestiço de europeu com índio. (N. da T.)

talados sobre um cenário no átrio da igreja, a voz dos locutores não se cala: saudação a cada uma das fraternidades, breve evocação de seu passado e de seu renome, felicitações, apelos ao fortalecimento do boliviano e à proteção da *mamita*, em cuja honra cada fraternidade se detém brevemente; diante da imagem da Virgem os bailarinos se ajoelham, tocam o chão, descrevem com o braço um semicírculo que os integra num mesmo espaço simbólico, e continuam, porque são mais de setenta os grupos que desfilarão por esse mesmo lugar.

A "qualidade boliviana" da festa convoca os que são definidos e se definem como membros de um espaço diferente do resto da cidade. É uma qualidade que interpela apenas quem a tem, mesmo que de modo intermitente. Provavelmente seja isso a identidade, não um compacto à prova de fissuras, mas a reiteração de uma intermitência, suficientemente poderosa e periódica para se constituir em impulso dos que dançam nas fraternidades e se mostram diante dos que se identificam com o brilho material e simbólico dessa intermitência.

O segundo domingo de outubro é um dia identitário, importado da Bolívia por migrantes que chegaram ao bairro Charrúa sem a estátua da Virgem que estão homenageando hoje; que mais tarde, na segunda metade da década de 1960, foram buscar essa imagem para ancorá-la num bairro. Por esse ato deliberado, por essa busca consciente de uma âncora, a Virgem de Charrúa transformou-se, por sua vez, no ícone da festividade anual de outros milhares de bolivianos que não moram lá[23]. A identidade, ou seja, certa "qualidade boliviana", exibe-se na festa que, segundo alguns, contribui para consolidá-la ou, pelo menos, para lembrá-la.

Mas o cenário da festa é o bairro, sobre o qual muitos concordam que a trama comunitária foi tocada a fundo pelo "mal argentino": a crise, social, econômica, moral, institucional, dos bairros pobres. Charrúa se argentinizou, não porque se deixou de dançar em outubro em frente à capela. Que potencial identitário diante do *paco**? "O bairro mudou em sentido negativo.

---

* Droga derivada da cocaína, conhecida no Brasil como "lixo da cocaína". (N. da T.)

Até há cerca de quatro ou cinco anos, a altas horas da noite você podia transitar por suas ruas habitualmente mal iluminadas, hoje não é recomendação saudável para sua identidade material e física. Muitos jovens do bairro são vítimas desse flagelo social que é o consumo do *paco*, não há espaços públicos em condições, hoje o Centro de Saúde está correndo o risco de ser fechado ou retirado do bairro, e assim é possível enumerar as carências do bairro, onde a palavra *comisión vecinal** é sinônimo de palavrão."[24]

A Virgem de Copacabana continuará tendo seu domingo de outubro, sua novena e seu fim de festa. Mas seria um milagre se ela, a *mamita*, pudesse evitar apenas com a força simbólica de uma identidade sempre precária (toda identidade o é) o golpe do que acontece a dez quadras dali, na *villa* de onde, segundo me dizem, "chegam os moleques para vender *paco* aos nossos, justamente nesta esquina", na esquina da capela.

A identidade como intermitência é uma característica da qual, a não ser por racismo, não se podem excluir esses migrantes, menos ainda seus filhos e netos, como se as mudanças culturais sempre fossem uma violência imposta ou só tivessem sido privilégio das primeiras ondas de imigrantes, as europeias, que entravam e saíam intermitentemente de suas culturas de origem e as deixavam de lado quando, conforme cálculo ou pressuposição, perdia-se menos com o próprio sacrifício. A intermitência talvez diga respeito justamente a isto: ser parte, durante algumas horas e vários meses por ano, de uma fraternidade é muito melhor do que não o ser, em bairros em que o pertencimento a qualquer coisa é ameaçado. Na fraternidade as pessoas ensaiam, ouvem música, treinam os passos, dançam, alguém ensina e alguém aprende, as pessoas se reúnem e são consideradas membros de um grupo indispensável para a festa[25]: isso é uma identidade prática em zonas extremas da cidade, onde as ações enumeradas são excepcionais, casuais ou prometem perigo. Uma identidade é mais do que um adjetivo de pertencimento; também é um escudo de proteção física.

---

* Correspondente à associação de moradores. (N. da T.)

Feira boliviana. Tamara Montenegro escreve:

Ao passar pela *calle* José León Suárez do bairro de Liniers, é inevitável transportar o pensamento para uma rua de qualquer cidade da Bolívia. Estabelecimentos em que se vendem desde roupas íntimas até as mais variadas especiarias são atendidos por seus próprios donos bolivianos. Mas não só estão no lugar pessoas que souberam instalar-se há mais de três décadas e puderam desfrutar de um futuro estável, como também convivem pessoas que chegaram com as últimas correntes migratórias e vivem sem documentos, exploradas e discriminadas por uma sociedade argentina que as exclui.

Alfredo Lara é argentino, filho de pais bolivianos e casado com uma cidadã de Cochabamba. É dono do Jamuy, um dos bares de comidas típicas bolivianas mais concorrido de Liniers.

Há 30 anos os irmãos Lara chegaram ao bairro com suas respectivas famílias e instalaram comércios. Primeiro, faziam feira no mercado de frutas e verduras que funcionou na região até final dos anos 1980. Quando fechou as portas, os feirantes que ficaram desalojados puseram suas bancas nas ruas, o que gerou a rixa contínua que existe entre estes e os moradores, que se queixam do lixo acumulado e do mau cheiro.

A situação era insalubre com a feira na rua, mas os feirantes não podiam deixar de trabalhar e do Governo da cidade não havia uma resposta que solucionasse o problema dos trabalhadores nem as queixas dos moradores. Recentemente, em 1991, a situação se normalizou quando foram outorgados locais aos comerciantes para venderem suas mercadorias.

A zona de vendas de maior afluência foi fixada nas *calles* José León Suárez e Ramón Falcón, coração do bairro de Liniers, e tudo foi se organizando, mas a disputa entre moradores e vendedores continuou. Lara é membro da Comisión del Centro de Comerciantes Bolivianos, instituição criada para lutar pelos direitos e obrigações que a comunidade deve cumprir para ter seus negócios regulamentados. "A cada 60 dias pedimos uma inspeção da DGI, para que verifiquem nossos negócios. Assim cumprimos as leis e não temos problemas com o Governo da Cidade", comenta Lara, que esclarece que antes de ser criada essa organização os inspetores os multavam até "por estarem despenteados". Pelo que se vê, esses negócios são uma apresentação dos produtos mais variados que possa haver e as instalações são realmente precárias. Diante dessa realidade, produto da crítica dos moradores, Lara reconhece que "o boliviano não é uma pessoa higiênica e isso é uma questão cultural. Ele não organiza sua mercadoria, mas a apresenta toda junta, porque a mentalidade é a de que o cliente compra com os olhos e por isso tem que ter toda a escolha à vista". Hoje há cerca de 16 estabelecimentos que vendem produtos avulsos ao longo da *calle* José León Suárez até o 100, e quase 1 milhão de pessoas percorrem por semana a zona comercial e compram em estabelecimentos bolivianos.

Os *paisanos*, irmãos da mesma terra, aos sábados tomam de assalto os bares do bairro onde o *api* e o *fricasé*, pratos tradicionais da Bolívia, fazem parte do cardápio. Jamuy, que em quíchua quer dizer "venha", fecha suas portas por volta das 15 horas, porque chega à sua capacidade máxima, de 200 pessoas. À noite, a diversão começa cedo nos salões de baile bolivianos. O escolhido por excelência é o Mágico Boliviano, onde costumam tocar bandas de música tropical que trazem um pouquinho da Bolívia em suas letras e contribuem para a alegria de muitos para encerrar uma semana de trabalho árduo. No entanto, uma noite no Mágico é como a de qualquer outro boliche dançante; dança, diversão, bebida, uma ou outra briga na saída, e alguém que grita de um carro que passa: "Bolivianos de merda!" Dados oficiais do Instituto Nacional contra la Discriminación, la Xenofobia y el Racismo (INADI) revelam que 34% das denúncias por discriminação referem-se à nacionalidade e, entre as coletividades, os bolivianos são os mais discriminados na Argentina.

A falta de documentos é outro problema. Segundo dados do Indec, a partir do censo nacional de 2001, no país há 233.464 bolivianos cadastrados. Mas o presidente da Federación Integrada de Entidades Bolivianas (FIDEBOL), Luis Moreira, afirma que o total de bolivianos "legais" no país é de aproximadamente 1 milhão e 500 mil, além dos descendentes. Segundo estimativas, cerca de 500 mil cidadãos bolivianos vivem clandestinamente, e essa situação é fruto da exploração trabalhista que eles sofrem. [...] Os bolivianos chegam a trabalhar até 18 horas por dia na construção civil e em oficinas têxteis, e com o salário que ganham não satisfazem a suas necessidades básicas; por isso muitos vivem amontoados nas *villas miseria* da Capital Federal e da Grande Buenos Aires.[26]

Especiarias e feitiços. A mulher vende feitiços, pedras brancas, cinzentas e pretas, chá, pomadas nas caixinhas redondas coloridas, que também podem ser compradas nas bancas de verduras nas ruas de toda a cidade. Com voz doce, enquanto entretém a filha, ela explica: "Este feitiço limpa tudo: primeiro é preciso fazer um chá especial com as ervas e molhar o corpo todo. Depois, com ajuda de alguém, é preciso traçar uma cruz no chão com a água que sobrou. E a gente se limpa de tudo. Custa 14 pesos." Quem a ouve volta a semana seguinte para comprar.

Ninguém se importa com que eu tire algumas fotos. Bujões de plástico cheios de suco de frutas secas, pêssegos e ameixas, rosquinhas, bolinhos e *salteñas*, aquelas empanadas maiores, mais suculentas, com mais cebolinha-verde que as dos pampas. A mercadoria não é disposta no chão, como nas ruas de outros bairros de Buenos Aires, mas transborda em rios sólidos, geleiras vegetais, do interior dos estabelecimentos à calçada. É empilhada geometricamente, como em Cochabamba e em Oruro, em La Quiaca e nos estabelecimentos bolivianos de Jujuy. As frutas e verduras não estão encaixotadas, mas também não se espalham por todo lado; mostram-se disciplinadas em seus montículos.

A essa altura, ninguém se espanta muito com as pirâmides de mandioca ou as mangas, as pimentas ou os saquinhos de condimentos. Há muito tempo as bolivianas os vendem por toda parte e, no ciclo da moda que permeia os gostos alimentícios, assim como já coube à comida peruana vir à tona, a qualquer momento as especiarias bolivianas vão se transformar num bem procurado por jovens cozinheiros profissionais que fizeram seu aprendizado em Barcelona.

Em pleno centro de Liniers, a *calle* José León Suárez, a partir do cruzamento com a Ramón Falcón, não é um caos, nem um vulcão de aromas exóticos, nem uma montanha de sujeira. As mercadorias saem do fundo de comércios estabelecidos, com caixa registradora, e chegam até a calçada. As pessoas que vão e vêm enchem a rua, mas, em matéria de ambulantes, nessa feira boliviana há muito menos do que em alguns poucos metros quadrados da Recoleta ou do Parque Centenario.

Palitos, cubinhos, triangulozinhos, bolinhas de massa porosa de todas as cores, em grandes sacos de plástico empilhados numa quantidade que leva a supor a magnitude das vendas; há mais desses sacos do que qualquer outra coisa. O salgado se une, de modo incomum, ao multicolorido: esses salgadinhos de massa assada (gordura, farinha, queijo, sal) têm as cores das pastilhas de chocolate e dos docinhos de festas infantis. O salgado e o colorido sintetizam-se também nos saquinhos plásticos cheios de especiarias picantes, nos raminhos de pimentas e pimentões. As calçadas dos estabelecimentos são um cotilhão que transborda sobre o espaço em que seus clientes caminham. Bolachas redondas brancas e fúcsias, entre embalagens transparentes de amendoins, passas e batatas fritas, limões, florzinhas que têm no centro um botão amarelo, aveludado; raízes e farinha de gengibre, giestas, grandes vagens verdes, feijões, lentilhas, nozes, maços limpos e montes crocantes.

Por todo lado cofrinhos de cerâmica em forma de porco, decorações para bolos de aniversário, lembrancinhas com as cores bolivianas para entregar aos convidados das festas. Tudo em grandes quantidades, com a marca da indústria fabricante, muito longe da pretensão de um artesanato falso que se vê em outros bairros. Na última esquina da feira, ocupada por um local de venda de passagens para a Bolívia, excursões pela Bolívia e câmbio de divisas, lotada de cartazes com as cores da bandeira boliviana, uma mulher velha, com uma trança que lhe cai pelo ombro, vende potes e potinhos de barro, provavelmente comprados por atacado, que ainda mantêm, no entanto, a ideia do artesanal, de algo feito diretamente pelas mãos de alguém habilidoso.

Vendas de bugigangas: réstias de guizos de latão e réstias de alho, animais de pelúcia, ursos amarelos com faixas vermelhas e verdes, miniaturas de falsos vidrinhos de plástico, bonecas com chapéus de todas as regiões da Bolívia. Há brilhos e uma alegria expansiva nas estantes em que se empilha o que seria um pesadelo ruim se, ao mesmo tempo, não fosse uma promessa de abundância e riqueza, a imagem de que esses objetos são a alegoria de um decoro familiar possibilitado por um adicional econômico que permite um gasto que foge à necessidade. Um manequim veste uma fantasia, encurralado entre dois animais gigantescos que repetem a cor amarela. Tudo reluz, ordenado e envolto em plástico, como aquela boneca, uma espécie de *barbie* trigueira e redondinha, com seu chapéu branco enfeitado com alamares dourados.

Em um galpão decorado com um mural sincrético de Santa Rosa de Lima (a santa peruana doada pelos que construíram o toldo será uma oferenda de boa vizinhança entre migrantes?) e a Virgem de Copacabana, ladeadas pela Virgem de Luján e por São Caetano, vende-se roupa de marcas desconhecidas e imitações. Soa a *cumbia**. Em frente, numa galeria, o cardápio do restaurante do primeiro andar oferece a lista completa da cozinha do altiplano. Também soa a *cumbia*. Na rua, dois restaurantes (Jamuy e Salteñería), música *pop* tropical e pilhas de pão redondo. Nos televisores de todas as lojas passam imagens de cantores *pop* bolivianos. Campo de celebridades ampliado.

Não há cheiro de gordura nem de fritura, no ar há rajadas de perfumes vegetais e de especiarias, rajadas de música, rajadas de espanhol sibilante. Casas de viagens e de câmbio. Numa delas, leio: "Na compra de sua passagem para Quiaca, Villazón, Santa Cruz, Pocitos, Jujuy e Salta oferecemos: 1 empanada e 1 suco de *mocochinche*." Fico pensando na palavra *mocochinche*. Campo lexical ampliado.

Nas esquinas me entregam cartões, que agradeço e guardo. *Don* Amadeo, feiticeiro do amor, trabalhos infalíveis para o amor com o feitiço xamânico índio. *Doña* Clara, tarô indígena, leitura de folhas sagradas, rezadora indígena feiticeira. *Doña* Dora faz você ver o nome da amante do seu marido; limpeza e florescimento de casas, lojas e oficinas. O aborígine indígena Yatiri, conselheiro psicoespiritual, divórcios, ciúmes, infidelidades, cerimônias e rituais andinos. Hermano Juan Domingo, mestre indígena, conselheiro, rezador. Como os que leem o tarô e o futuro na palma das mãos na Recoleta.

---

* Música da *cumbia*, dança popular de movimento lento em que os pares giram sem se tocar. (N. da T.)

4. VERSÕES DA CIDADE

I. TEORIAS

Na década de 1940, seu período clássico, Borges escreveu ficções que podem ser lidas como "teorias de cidade", não referentes à cidade real, mas à cidade como ideia. Imagina espaços cuja organização obstaculiza ou impede seu conhecimento: geometrias anti-intuitivas e inconcebíveis, a não ser a partir de perspectivas não humanas ou de seres que perderam a humanidade.

"A biblioteca de Babel", composta por hexágonos, corresponde ao paradoxo da esfera de Pascal, cujo centro está em todas as partes e o limite exterior em nenhuma[1]. O universo, "que outros chamam a Biblioteca", é um infinito inesgotável; e a Biblioteca, caracterizada pela repetição de módulos iguais, o espaço sem qualidades da urbanização moderna, onde os lugares conhecidos por experiência são devorados pela geometrização expansiva de uma cidade que cresce igual a si mesma em cada uma de suas partes. Espaços sem qualidades, ameaçadores porque neles não é possível orientar-se. Os leitores da biblioteca de Babel se deslocam por hexágonos imbricados num acoplamento potencialmente infinito ou, como prefere conjecturar o narrador, ilimitado e periódico, adjetivos que não obrigam a subscrever a ideia de infinito, mas que designam o interminável, aquilo que não pode ser percorrido por completo no tempo de uma vida humana. Da Biblioteca não se pode traçar um mapa a partir de um trajeto. O único mapa é um esquema produto da dedução: um mapa teórico, nunca a carta de quem pisou o terreno que o mapa representa. Sua geometria regular não é empiricamente verificável, mas abstratamente dedutível. Um labirinto transparente, se admitirmos o oximoro, em que a transparência do módulo não promete a possibilidade de entender o todo da composição.

No labirinto plano do rei árabe de "Los dos reyes y los dos laberintos" [Os dois reis e os dois labirintos], "não há escadas para subir, nem portas a forçar, nem galerias fatigantes a percorrer, nem muro que te vedem a passagem"; o labirinto é o deserto, idêntico e ilimitado, onde os mapas não adiantam, porque a orientação depende de outros tipos de sinais, que a carta não representa, ligados à experiência e à memória da experiência, mas irredutíveis à representação. Em "La casa de Asterión" [A casa de Asterion][2], o labirinto é vasto como uma cidade e seus motivos também se repetem: "Todas as partes da casa estão muitas vezes, qualquer lugar é outro lugar. Não há um poço, um pátio, um bebedouro, um presépio; são catorze [são infinitos] os presépios, bebedouros, pátios, poços."[3] A casa de Asterion, construída por Dédalo, o mais hábil artesão, é o mundo. Borges insistiu na metáfora mundo/labirinto/cidade para contornar o enigma colocado por Abenjacán el Bojarí: "Não é preciso erigir um labirinto, quando o universo já o é. Para quem verdadeiramente quer se esconder, Londres é melhor labirinto."

A casa/labirinto/mundo de Asterión é rodeada por outro espaço hostil e plebeu, o da cidade, na qual num entardecer Asterión se aventurou, mas: "se antes da noite voltei, eu o fiz por temor que me infundiram as caras da plebe, caras descoradas e aplanadas, como a mão aberta". Asterión tem corpo de homem e cabeça de touro. Naturalmente sua "cara" não é plana, e ao descobrir aquelas caras "aplanadas" tem medo diante de uma humanidade à qual ele não pertence. Esse mesmo adjetivo ("aplanadas") corresponde ao vocabulário com que se estigmatiza o mestiço e o *cabecita negra*, o chinês. O adjetivo se situa numa série que remete ao mestiço que chega à cidade dos brancos. Em "Las puertas del cielo", conto de *Bestiario*, publicado em 1951, quatro anos depois do relato de Borges, Cortázar descreve as milongas populares de Buenos Aires: "as mulheres quase anãs achinesadas, os tipos como javaneses ou *mocovíes*", aqueles rostos aplanados também são o outro. A ameaça está fora e chega de fora.

Nos anos 1940, como seu contemporâneo Martínez Estrada, Borges sentiu o mal-estar *nas* cidades e o mal-estar *das* cidades. Em "El inmortal", homens da "estirpe bestial dos trogloditas" destroem uma cidade perfeita para construir com seus restos uma cidade de pesadelo, repetitiva e desorientadora, carente de proporção e de sentido, hostil à perspectiva. Depois de atravessar um labirinto, chega-se à "nítida Cidade dos Imortais", mais temível do que o labirinto, porque o labirinto dispõe sua arquitetura em relação com uma finalidade (a de ocultar um itinerário), enquanto a Cidade "carecia de fim. Abundavam o corredor sem saída, a alta janela inatingível, a porta aparatosa que dava numa cela ou num poço, as incríveis escadas invertidas, com os degraus e a balaustrada para baixo". Um cárcere de Piranesi, enlouquecido.

Os trogloditas destruíram a cidade "rica em baluartes, anfiteatros e templos", beberam da água que os tornou imortais e se barbarizaram. A imortalidade e a destruição da Cidade estão enredadas. Substituíram a Cidade destruída por outra edificada com seus restos, que combinam fragmentos das cidades clássicas, sem razão, nem forma ou projeto; uma cidade impossível de percorrer, isolada por um labirinto, inexpugnável. E poder-se-ia dizer que na mesma sequência perderam a linguagem. Sem cidade, sem linguagem, os imortais vivem em cavernas, comem serpentes, esqueceram tudo.

Essa parábola pode ser lida como aporia urbana e aporia do urbanismo. Em dois sentidos. O primeiro é que a cidade perfeita é intolerável; sua beleza e sua ordem, como na cidade ideal de Piero della Francesca (1470), intimidam porque materializam uma abstração inabordável por sua perfeição e simetria, alheia às qualidades de uma paisagem humana. A cidade ideal é a cidade deserta, sem atmosfera, sem tempo futuro. Suas qualidades implicam a conclusão do urbano, não sua dinâmica; a ordem e a harmonia são um passado que pesa muito mais do que qualquer estado de imperfeição. Borges sempre foi um crítico das utopias. Essa é a dimensão liberal de seu pensamento, na medida em que a postulação do perfeito implica a exclusão radical do outro, do imperfeito; a perfeição é teológica ou jacobina, e Borges, sabe-se, é agnóstico e pessimista. Entre duas tragédias, um mundo abandonado pelos deuses loucos que o criaram e um mundo de pura razão, não há saída[4].

O segundo sentido explora as consequências da destruição da cidade. Se a cidade perfeita é um sonho da razão com espaços inabitáveis e simetrias tão persecutórias como as assimetrias disparatadas da cidade dos imortais, sua destruição é o ocaso da convivência: sem cidade não há sociedade. Os homens não suportam nem a perfeição nem a imortalidade. Borges sabe que os homens não podem viver como deuses.

No entanto, o problema do relato é a imortalidade como condenação e só lateralmente a perfeição inabitável. A Cidade perfeita é uma expansão na trama da qual, pelo menos hipoteticamente, Borges poderia ter prescindido. Nesse caso, o relato teria exposto apenas a consequência de os homens se tornarem imortais: o tempo infinito é insustentável; sem morte não há moral nem sociedade, não há escolha, não há liberdade; a morte fundamenta a república e a pólis. Borges poderia ter apresentado uma ficção filosófica sobre esses temas sem incluir a destruição da cidade perfeita. Nesse caso, tratar-se-ia apenas do aspecto sinistro da infinitude: a barbarização como consequência da ausência de limites para a duração da vida.

Incorporar ao relato a destruição da Cidade podendo, hipoteticamente, não o fazer dá ao episódio um adicional de significação, porque mostra que é necessária num plano que não pertence à trama mas chega a ela como figuração de uma reflexão sobre o social: a cidade perfeita é inumana e, por isso, deve ser destruída até mesmo como projeto; padece o destino irônico de ser destruída por homens que, ao se transformar em imortais, deixaram de ser humanos. Os homens só podem tolerar cidades imperfeitas.

A Cidade destruída pelos imortais foi construída deliberadamente, em todos os seus detalhes, templos, anfiteatros e baluartes, sem acaso nem casualidades. Esse ideal utópico sempre corre o risco de se transformar em ameaça ou em pesadelo. A cidade que os imortais constroem com seus restos é "inextrincável", assim como o é uma cidade perfeita a qual, de longe, parece imitar. Os espaços que se atêm a uma regularidade imperturbável tornam-se sinistros. A biblioteca de Babel é tão regular que, nela, só é possível se confundir e se desorientar. Como a esfera de Pascal, quem a percorre não distingue o que é em cima, embaixo, norte ou sul, porque o centro está em todas as partes. Como o deserto-labirinto, o limite exterior é inatingível. Borges foi o pensador da distopia.

II. CIDADES ESCRITAS

Entre a cidade escrita (no sentido em que Roland Barthes se referia à "moda escrita"[5]) e a cidade real há uma diferença de sistemas materiais de representação, que não pode ser confundida com frases fáceis como "a literatura produz cidade" etc. Os discursos produzem ideias de cidade, críticas, análises, figurações, hipóteses, instruções de uso, proibições, ordens, ficções de todo tipo. A cidade escrita é sempre simbolização e deslocamento, imagem, metonímia. Até nos casos excepcionais em que a cidade real se ajusta a um programa prévio (a Chandigarh de Le Corbusier, a Brasília de Costa e Niemeyer), a defasagem entre projeto e cidade é a própria chave do problema de sua construção. Escrever a cidade, desenhar a cidade, pertencem ao ciclo da figuração, da alegoria ou da representação. A cidade real, por sua vez, é construção, decadência, renovação e, sobretudo, demolição...[6]

Os utopistas propuseram modelos prescritivos de cidades escritas, feitas de discursos que indicam como deve ser, não a cidade, mas a sociedade. A cidade utópica resultante é consequência da sociedade utópica que se propõe. A cidade escrita é um conjunto de mandamentos para a "boa" sociedade, que consolidaria espaços em que o "bom governo" evidenciaria suas virtudes e as dos seres humanos que ele rege. Não vou me referir a essas cidades porque pertencem à filosofia política e indicam o que a cidade deve ser, como consequência do que a sociedade deve ser e como teatro em que esse dever ser pode ser alcançado.

A cidade escrita pode ter como referência cidades reais. Bem se sabe que a cidade foi o espaço literário característico do realismo e do naturalismo, que a pressupunham mesmo que não a representassem como cenário, mas lá estava ela como horizonte desejável ou círculo infernal. E é uma obsessão da literatura do século XX e da que está sendo escrita hoje. A cidade real faz pressão sobre a ficção por sua força simbólica e seu potencial de experiência, mesmo em textos que não se ocupam deliberadamente dela.

A referência da cidade escrita pode ser uma cidade realmente existente (Dublin, Lübeck, Buenos Aires, Barcelona, Santa Fe); um composto de fragmentos de cidades vistas, vividas e lembradas; ou uma cidade completamente inventada: uma distopia, como as cidades da ficção científica, das ficções políticas ou da literatura fantástica. A cidade escrita não é, claro, apenas uma cidade literária. O jornalismo e a crônica de costumes escrevem cidades; o ensaio escreve cidades; as ciências sociais escrevem cidades.

A cidade escrita tem mapas e roteiros. Os nomes de ruas e de bairros com seus ancoradouros, lugares do que Barthes chama de *capitonné*, em que a linguagem parece conectar com a realidade, o ponto em que uma superfície se une com outra para separar-se imediatamente. Um exemplo canônico: em uma quadra de Palermo, Borges situou a fundação mitológica de Buenos Aires e ordenou para sempre (apesar das torpezas ingênuas das mudanças topográficas municipais que, mais do que homenagens, são ofensas) os nomes das quatro quadras que a cercam: "La manzana pareja que persiste en mi barrio / Guatemala, Serrano, Paraguay, Gurruchaga."[7]* Os versos de catorze sílabas tiveram uma eficácia mítica tão forte quanto a invenção de que ali a cidade tinha sido fundada. A toponímia poética é

---

* Tradução livre: "O quarteirão regular que persiste em meu bairro / Guatemala, Serrano, Paraguai, Gurruchaga." (N. da T.)

inesquecível por seu ordenamento nos versos e pela feliz coincidência de que as quatro ruas abarcaram catorze sílabas perfeitamente acentuadas. Assim, traça-se o mapa de um movimento que Deleuze chama "intensivo", ou seja, uma "constelação de afetos"[8]. Os nomes escritos nos textos também aparecem nas indicações das ruas e nos mapas; a linguagem intervém nesses processos de designação, o do espaço escrito e o do espaço real, e em ambos os nomes têm pesos diferentes que adquiriram quando camadas de história, de literatura, de canções populares, de ação pública se acumularam sobre eles. A cidade real entra em colisão ou ratifica a cidade escrita, mas elas nunca se sobrepõem, nem se anulam ou intercambiam seus elementos, porque sua ordem semiótica é diferente. A toponímia não é apenas designação de lugares; em torno dos nomes, dos adjetivos, dos verbos e de seus tempos, as perspectivas de enunciação armam uma rede que se torna inseparável do nome; é a luminosidade que o acompanha, ou a escuridão, sua aura. Os diminutivos de Borges, sua escolha de cores nos primeiros livros de poemas; ou os advérbios catastrofistas e os adjetivos extraídos de manuais técnicos de Roberto Arlt sobrepõem-se aos nomes próprios ou os substituem: quando o itinerário é esquecido, subsiste o efeito, se encontrou seu discurso.

A cidade escrita ordena-se segundo uma perspectiva que, às vezes, tem como ponto de fuga uma cidade ideal, que está no passado (a fuga é nostálgica ou melancólica) ou no futuro (e a fuga é utópica ou reformadora). A cidade escrita exerce, como a moda escrita, certa força prescritiva: escreve-se algo recortado contra o que de fato existe na cidade real; a literatura refere-se às consequências do desaparecimento da cidade velha ou à emergência da cidade nova. Sem esse ponto de fuga, a perspectiva da cidade escrita é a do presente: registra-se o que é, esquecendo, bloqueando ou eludindo o que foi.

Ao se comparar a cidade escrita com a cidade real, a perspectiva não pode ser a de um controle realista inexorável. De todo modo, ainda diante de uma representação realista, trata-se de controlar não se a cidade real está captada adequadamente pela cidade escrita, mas o que significam os desvios entre uma e outra. O interesse da cidade escrita e seu poder de revelação ou de verdade passam pelos desvios tanto quanto pelos reflexos; estes, os desvios, indicam o modo pelo qual se pensa a cidade a partir de uma experiência ou a partir de um ideal de cidade, a partir de uma ordem literária (os gêneros realistas, a cidade do romance policial, a da ficção científica) ou prescritiva (os gêneros morais, as distopias e utopias).

A cidade escrita organiza seus inventários com sinais textuais e léxicos que podem ter sentido literário e carecer de sentido arquitetônico ou urbano equivalente; ou incluir unidades espaciais prévias (ruas, praças, mercados, igrejas). Nomear uma cidade implica garantir um *locus*. Nas cidades escritas, a função literária e ficcional é tão forte quanto a referencial.

Árvore, rua, itinerário. No início de *Poética do espaço*, Bachelard diz que não lembramos o tempo, mas o espaço. O que imaginamos do tempo transcorrido é espacializado. E cita Rilke: "Oh, luz na casa que dorme!" Por isso, voltar a certos lugares é insuportável, porque obriga a um retorno ao passado. Rilke escreveu na primeira das *Elegias de Duíno*:

> Resta-nos, talvez,
> alguma árvore na colina, para a qual olhar todos os dias;
> restam-nos a rua de ontem e a demorada lealdade
> de algum hábito, ao qual agradamos e que permaneceu
> e não se foi.

Uma árvore, a rua de ontem, um hábito, um itinerário: isso permanece como o fragmento da experiência que resiste.

A árvore e a rua em que se traçou um itinerário prometem uma solidez no mundo fluido dos significados, porque têm a resistência do que ainda pode ser vivido como experiência. No entanto, também são a árvore que restou, o hábito que permaneceu e não se foi. Estes se oferecem como lugar de regresso e, na cidade, há poucos lugares de retorno que permaneçam idênticos. A cidade é tempo presente, mesmo seu passado só pode ser vivido como presente. O que nela se conserva do passado fica incrustado no que ela mostra como pura atualidade.

Contudo, no limite do que se rabiscou da cidade pretérita e do novo impresso por seus restos, Françoise Choay afirma que se deve conservar do passado aquele fragmento de cidade que já não sabemos nem podemos construir hoje. Como se dissesse: *Não sabemos fazer esta árvore nem esta rua de ontem*. A literatura pode conservar um vestígio do que se perdeu, mesmo que a cidade real apague a pegada.

O olhar local. I. Borges, ao voltar da Europa em 1921, acredita descobrir uma Buenos Aires diferente da que havia deixado sete anos antes. A cidade amistosa da infância pertence à lembrança, tornou-se *espaço passado*. Naqueles sete anos, Borges foi quem mais mudou, mas as mudanças de Buenos Aires se entrecruzaram com a transformação de um adolescente em homem. A dimensão biográfica é indelével da percepção da cidade que Borges encontra ao chegar. Percorre os lugares em que o passado pode se atualizar e trabalha sobre uma lembrança que se transforma em mito pessoal e em mito urbano. O choque entre a cidade lembrada (em que estavam a árvore e a rua de ontem, para citar Rilke) e a cidade de 1921 produz um lugar na poesia de Borges: as *orillas**, onde a cidade recordada persiste apesar de sua inevitável dissolução na cidade presente. Contra o apagamento e a perda, Borges preserva, em suas obras dos anos 1920 e em *Evaristo Carriego*, de 1930, os fragmentos de cidade que já não se continuam construindo[9].

Em seus três primeiros livros de poemas, Borges caminha por Buenos Aires. Percebe a paisagem moderna que se estende até o horizonte plano; mas sublinha, dentro da disciplina geométrica das ruas, as incrustações do passado: as "austeras casinhas", as quintas, o armazém cor-de-rosa, as muretas e as cercas-vivas, os pátios, os balcõezinhos, os terraços. Objetos que são "incertidumbre de ciudad"[10]**. Não são ruínas, mas Borges enumera esses objetos como se o fossem: persistências do passado. Representam a cidade *criolla* que desaparece e também um tempo perdido (a adolescência) que, como afirmou Bache-

---

* Margens, bordas, limites externos. (N. da T.)
** Incerteza de cidade. (N. da T.)

lard, só se pode recordar espacializado. Esses objetos fizeram parte de um mundo mais perfeito do que o presente; quando Borges os nomeia, subsistem isolados na nova paisagem de uma modernidade em construção, que se expande pelos bairros, desordenando-os. São objetos "secundários", apenas detalhes, mas neles se ancoram as qualidades mais íntimas da cidade. No limite, não são arquitetura nem cidade, mas um vocabulário da Buenos Aires pretérita sobreposto à cidade dos anos 1920. Objetos nomeados com palavras evocadoras, já que o mito é preocupação de Borges.

Nos poemas dos anos 1920, Borges revisita e se despede dessa Buenos Aires mudada pela modernização. Estava se perdendo uma cidade amável ("antes era amizade este bairro"), embora em alguns itinerários a cidade persistisse. Poder-se-ia dizer que Borges descobre qualidades retrospectivas em ruas atravessadas pelos trilhos do bonde que, ao chegar aos bairros, oferece a oportunidade paradoxal de percorrê-los como um *flâneur* da periferia, o qual, de repente, enfrenta a planura imprevista. Rodeada pelo pampa e pelo rio plano, cujas margens vai carcomendo com novos assentamentos, Buenos Aires poderia ser infinita, um labirinto como o deserto, um labirinto de linhas retas. O que o vienense Camillo Sitte escreveu sobre a América do Norte vale para a geografia sobre a qual Buenos Aires foi fundada:

> Esse procedimento é a expressão clara, e perfeitamente lógica em seu tipo, do fato de que o país era ainda quase desconhecido, de que seu desenvolvimento futuro não podia ser previsto, numa palavra, de que a América não tinha atrás dela nenhum passado, nenhuma história, e só podia entrar na história cultural da humanidade em termos de léguas de terra. Talvez na América, na Austrália e em outras comarcas virgens de cultura a divisão em blocos geométricos seja, portanto, uma solução válida também ao alcance do urbanista, embora só o seja de modo provisório.[11]

A cidade dividida em quadras faz da regularidade sua maior qualidade. Longe de almejar a irregularidade e o pitoresco de algumas pequenas cidades europeias que já havia conhecido, Borges recebe o que Buenos Aires lhe oferece: uma abstração geométrica moderada, nada terrível em sua racionalidade modesta, mas uma espécie de ordem humana[12]. Mas a cidade carece de densidade histórica (que Borges busca para trás, no século XIX, e para fora, no pampa). O bairro novo domina a paisagem com suas pequenas arquiteturas domésticas levantadas por construtores italianos que não se afastam demais das arquiteturas sóbrias e modestas da cidade hispano-*criolla* anterior. O percurso não se estende de monumento em monumento, mas de quadra em quadra, concebidas como unidades idênticas e extensíveis ao longo de ruas também idênticas. Para o passeante, a cidade também é uma virtualidade: a rua sem calçada da frente, o momento em que a cidade termina sem terminar completamente, de frente para a planície que ainda não foi coberta pela edificação e que entra na cidade como lembrança do pampa. A unidade desse percurso é o bairro, e a qualidade do espaço é a familiaridade. Borges, caminhante crepuscular ou anoitecido, percorre lugares cotidianos, onde a cidade se torna mais íntima e amistosa. O percurso promete a salvação da cidade cosmopolita pela regularidade silenciosa da cidade em expansão na direção do subúrbio. São os cenários dos heróis do primeiro Borges, o espaço de uma mitologia de cidade em que, apesar de os imigrantes estarem ali, não se ouve sua língua e suas coisas ainda não se desordenaram ostensivamente.

Martínez Estrada, contemporâneo de Borges, vê em Buenos Aires os imigrantes que Borges não quis ver. Considera-os protagonistas ruidosos numa sociedade ocupada apenas com o dinheiro e com as formas exteriores do progresso, que traiu seus programas e que frustra as expectativas de quem chegou a pensar que a miséria da conquista espanhola poderia ser atenuada (ou redimida) pela justiça da organização republicana. Martínez Estrada não é nostálgico nem otimista diante de uma cidade ferida por uma "má" heterogeneidade e pela falsificação.

Para Martínez Estrada o fracasso da cidade provém de sua própria origem na colônia espanhola, que significou a violação da América por uma casta de conquistadores canalhas, movidos por uma ambição transformada em loucura; do crime repudiável na guerra contra os índios; da defecção das elites; do mercantilismo dos recém-chegados. E, sobretudo, da pressão de um determinismo telúrico que tem o pampa como força ingovernável:

> A imagem da invasão da cidade pelo pampa é a realização mais plena do triunfo e do fracasso da tática das fronteiras com que se constituiu o país desde sua origem: o isolamento da região europeia, que transforma o civilizado em barbárie, e a infiltração da América por entre seus resquícios... Todos os tipos e figuras descritos por Martínez Estrada na cidade revelam esse mau cruzamento, esse contínuo presente do passado em novos moldes: o gaúcho que reaparece debaixo da camisa passada*; o *guapo*, o *guarango* e o *compadre*** que emblematizam a cultura urbana; a barbárie que volta a se manifestar nos desfiles de carnaval, nos comícios e nos estádios.[13]

Do ponto de vista de Martínez Estrada, é indesejável qualquer recorrência nostálgica, e não há modelo de cidade em que as marcas do presente sejam edulcoradas pelos restos de um passado mais nobre ou mais austero. A mescla que, no decorrer dos séculos, produziu um espaço europeu harmonizado e coerente resulta num deslocamento dos tempos nas cidades da planície americana. Martínez Estrada não encontra nos vestígios da cidade *criolla* nenhum ideal que possa guiar a cidade moderna. Buenos Aires frustra toda esperança e, portanto, resiste a toda reforma verdadeira.

Materialmente, a cidade resulta de uma ocupação por sobreposição, por agregação, por metástase. Monstruosa excrescência da planície, a cidade foi produzida por uma inexorável causalidade geográfica que determinou sua história e sua atualidade. A hipótese do destino pampiano explica a expansão regular de Buenos Aires (que Borges não leu em termos pessimistas) e lhe impôs uma morfologia. A cidade borgiana segue a forma ideal da quadra regular; a de Martínez Estrada é informe e cresce como um organismo monstruoso. Sentem-se na cidade o golpe da história, sua ferida, sua incógnita, seus perigos.

---

* No original, *bajo la camisa de plancha*, referência a uma canção folclórica argentina, *El rancho 'e la Cambicha*, de Mario Milán Medina. (N. da T.)
** *El guapo, el guarango y el compadre*: tipos sociais, que correspondem aproximadamente ao valentão, ao grosseiro e ao malandro. (N. da T.)

O olhar estrangeiro. I

Caminhei ao longo de uma rua interminável, sempre em linha reta... Você chegou a Buenos Aires, Michael, agora prepare-se para a cidade e para o que quiser ser nela.

Às vezes caminhava rua acima e rua abaixo do número quatrocentos ao 4 mil. Perambulava ao longo de cercados que se erguiam tediosos ao longo do meu caminho. Na verdade, eram casas, idênticas umas às outras, em forma e cor.

Até aquele momento não havia pisado no bairro de Palermo. Estava havia doze anos em Buenos Aires e ainda não era conhecedor da cidade. Ouvia-se o assobio dos ramos secos nas palmeiras altas. Não combinam em nada com as construções cercadas de todos os estilos possíveis, embora impressionem por ser decorativas e tentem apresentar-se como a entrada a uma zona tropical. Alguns desses palácios, pertencentes aos nascidos aqui, parecem fortalezas árabes. Entre elas, pequenos castelos franceses, mansões nobres escocesas, vilas romanas com muros de um amarelo reluzente sob o cortinado escuro do tédio e do jacarandá.

Michael M. irrt durch Buenos Aires é o romance casual e, por alguns momentos, arltiano, de Paul Zech, primeiro escritor exilado da Alemanha, que chegou a Buenos Aires em 1933[14]. O romance começa nesse ano e é claramente autobiográfico. Como todos os viajantes (inclusive Le Corbusier), a primeira coisa que Zech vê de Buenos Aires, uma vez que sobe do porto, são as ruas retas até o horizonte. E a monotonia: casas, casas, casas, ausência de elementos pitorescos, ausência de paisagem. Para os estrangeiros, Buenos Aires é pura construção humana e puro presente: nem natureza espontânea (como em outros lugares da América) nem história (como na Europa). Cidade não hospitaleira, como suas elites.

O personagem de Zech caminha pelo bairro Palermo de Borges, nos anos em que também Borges percorre aquelas ruas, mas não são as mesmas. Surpreende-o como um grande gesto malfeito o *bricolage* do zoológico, que Zech transforma, ironicamente, em um bairro; ou vice-versa, lê nas mansões de Palermo o ecletismo exotista e infantil que inspira as arquiteturas bizarras com seus castelinhos, pagodes, arcos moçárabes e mansões normandas, uma cidade em miniatura, decorativa, *theme park* arquitetônico condensado, em que toda cópia é duplamente falsa: por ser cópia e por copiar um original já antes copiado. É possível que nisso resida a originalidade de Buenos Aires. Para Zech a cidade é presunçosa e feia.

O olhar local. II. O *WPA Guide* de Nova York, num gesto de nítido modernismo, afirma em meados de 1930: "No que se refere a sua arquitetura, o Rockefeller Center é o equivalente ao que significa o Louvre em Paris."[15] A frase impressiona por sua nitidez estética e propagandística.

Em *Delirio de Nueva York*, de Rem Koolhaas, há duas fotografias do projeto para o Rockefeller Center. Não correspondem aos edifícios finalmente construídos; são variantes que têm uma epígrafe com uma citação de Raymond Hood, um de seus arquitetos: "Eu não tentaria adivinhar quantas soluções foram propostas: duvido de que houvesse algum esquema possível que não tivesse sido estudado antes de adotar o projeto atual. E mesmo *depois* de chegar a um esquema definitivo faziam-se mudanças continuamente para adaptar-se à evolução dos aluguéis." Koolhaas acrescenta: "À medida que a década de 1930 passava e o conjunto ia se realizando por etapas, o projeto global foi se tornando menos reconhecível: tratava-se de satisfazer as necessidades de alguns inquilinos específicos e de responder ao movimento moderno que avançava sigilosamente."

Em um aspecto, a crer em Koolhaas, o Rockefeller Center conquistou a posição equivalente ao Louvre que lhe era atribuída pelo *WPA Guide*. Uma vez negociados os diferentes projetos, que incluíram e descartaram uma ópera e jardins suspensos que competiam com os da Babilônia, o Rockefeller chegou à sua forma:

> Implantadas no passado vegetal sintético (escreve Koolhaas) de sua localização no ar, apoiadas nos prados inventados de uma nova Babilônia, entre os flamingos cor-de-rosa do "jardim japonês" e as ruínas importadas doadas por Mussolini, erguem-se cinco torres, totens convidados da vanguarda europeia que coexistem

pela primeira e última vez com todos os demais "estratos" que seu movimento moderno pretende destruir.[16]

O produto é *manhattanismo*, algo que só se encontra em Nova York e lhe proporciona uma identidade tão imediata quanto o Louvre em Paris. O *manhattanismo* é em primeiro lugar capitalismo, suas apostas, suas reviravoltas, suas crises.

O Kavanagh de Buenos Aires foi construído nos mesmos anos que o Rockefeller Center, a partir de 1933. No entanto, segundo Jorge Liernur, foi "um reflexo invertido" do conjunto nova-iorquino. Os aluguéis e inquilinos mencionados por Koolhaas mostram a ocupação do Rockefeller Center pelas grandes corporações; o valor do Kavanagh baseou-se na renda urbana gerada como bem de uso doméstico dos milionários cujas fortunas tiveram origem na renda agrária diferencial.

Nada é igual: o Kavanagh se ergue no centro noroeste da cidade, que na década de 1930 era o último sustentáculo da *calle* Florida e uma zona de palácios urbanos, alguns dos quais subsistem até hoje. O Rockefeller ocupou o coração de Manhattan, longe da *city* mas encravado na Quinta Avenida, o lugar mais visível, mais imantado pela alta sociedade, pelo capitalismo mercantil, pelo *show business* e pela cultura. O Rockefeller *produz cidade* (cidade corporativa, cidade do trabalho e da diversão, parque temático citadino no meio da urbe); sua forma é uma espécie de aglomerado do futuro com estilos e decorações que vêm tanto do modernismo como do passado. O Kavanagh, como se cumprisse um destino agrário, não produz cidade: é um marco cuja localização está paradoxalmente deslocada.

Arlt tem o olhar sensível aos arranha-céus. E, antes dos arranha-céus, às demolições. Mas provavelmente o que ele vê melhor em Buenos Aires são os contrastes. Não fala do Kavanagh que, na *plaza* San Martín, não se compara com o resto da cidade, mas de um edifício alto num bairro do sul, o Ministério de Obras Públicas que, espelho da Argentina, não é uma obra do mercado, mas do Estado:

> A pracinha triste se chama *plaza* de Monteserrat, o arranha-céu é ocupado pelo Ministério de Obras Públicas. O contraste é brutal... Na pracinha, uma entrada de metrô, o metrô CHADOPYF. Em frente ao metrô uma palmeira africana. Esse conjunto de pracinha de província, de telhados vermelhos com uma chaminé, de arranha-céu liso, de balcões antigos, de eucaliptos envelhecidos, de pensões com vidraças protegidas por telas verdes-maçã... Só quando alguém se detém diante do arranha-céu e levanta a cabeça tentando abarcar simultaneamente, com a pequena curva dos olhos, a vertical desmesurada que parece inclinar-se para nós a partir do topo, a sensação provinciana se rompe e Nova York se faz presente... Aqui, nessa pracinha triste, varrida pelos ventos que o arranha-céu encurrala, alguns meninos solitários jogam amarelinha.[17]

O que Arlt escreveu, e que reli muitas vezes, continua me assombrando por sua tomada de partido. As novas construções, "estruturas de concreto armado mais belas que uma mulher"[18], não deixam espaço para a nostalgia. Não é possível entender a modernidade melhor do que através dessa atração fatal que impele o desejo que sempre pede mais. Longe dos arquitetos modernos moderados que Adrián Gorelik e Graciela Silvestri[19] estudaram, Arlt é um moderno radical, uma espécie de extremista do partido moderno, que ele reconhece quase com o olfato. Duas coisas o fascinam: o caos e as demolições. Vê mais do que realmente existe, vê o que deseja: uma modernidade arrasadora, expressionista, deformante, pecaminosa, destrutiva, implacável com os fracos, porca e suja em suas margens, sobretudo sem passado. Uma modernidade desavergonhada: de noite, na Corrientes, uma mulher bonita desce do seu carro e diz ao jornaleiro: "Ei, Serafín, você não tem droga?"

A beleza que provoca Arlt não exige conhecer uma história, muito menos pertencer a ela. Arlt não está, como Apollinaire, "farto de viver na antiguidade grega e romana", porque não pode fartar-se de nenhuma antiguidade desconhecida. Por isso gosta das estruturas de concreto e não espera o edifício, aposta nesse caos que é a construção, o poço de iodo amarelo e o esgoto a céu aberto; observa o que ficará oculto quando terminar a construção do edifício, o segredo técnico de um edifício de vários pavimentos; agrada-lhe a devastação barrenta sobre a qual avança o alargamento da *calle* Corrientes. Arlt está magnetizado pela cidade despojada, que não cristaliza numa ordem. Onde há ordem existe um princípio de hierarquia.

Uma foto de cerca de 1935 tem como título "Roof atop the RCA building with clouds"[20]*. Veem-se o Chrysler e o Empire State; abaixo, os topos de outros edifícios, dominados pela altura dos dois portentos, mais altos que a torre Eiffel. Na foto, dão a impressão de ter arquitetura sem interiores, obeliscos projetados apenas para se destacar e ser admirados. Essa sensação de estar diante de edifícios cegos (em vez daquilo que são, de fato, edifícios corporativos de escritórios) acentua o caráter sublime da paisagem registrada pela foto. Nela, nada indica que sejam ocupados por humanos; parecem os picos mais altos de uma cadeia de montanhas, cujos vales são as avenidas e as ruas de Manhattan. Envolvidos por nuvens são, de fato, paisagem. Vistos de baixo, dão a Manhattan aquela sensação particular de encaixotamento que outras cidades não têm. Fotografados do terra-

---

* "Telhado no topo do edifício RCA com nuvens". (N. da T.)

ço da RCA, os gigantes são cumes no meio do céu nublado e a "natureza" visível está debaixo deles. Outros seis edifícios mal mostram seu topo, ao passo que o resto da cidade se esconde. O Chrysler e o Empire State venceram o céu nublado e levam a pedra de Manhattan a uma altura que o supera. Nos anos 1930 provam que a "cosmópole do futuro" está em construção.

No início do século XX, "as reações provocadas pela cidade incluíam o mesmo sentimento de assombro e deslumbramento que uma ou duas gerações anteriores experimentaram diante da natureza [...] O sublime natural foi substituído pelo sublime urbano [...] Encontrou-se uma natureza metafórica na nova tecnologia urbana, uma nova ecologia do artificial"[21]. O sublime não chega apenas por ter vencido alturas só alcançadas pela natureza (e, portanto, incomensuráveis com relação a tudo o que precede; incomensuráveis, entende-se, exceto para os arquitetos que construíram e para os *developers* que investiram), mas por se projetar como promessa de futuro: o milênio das cidades possibilitado por uma nova captura do fogo. Os edifícios altos, na perspectiva aérea sublime, parecem picos, mas na trama urbana são máquinas para o trabalho corporativo.

Em "La muerte y la brújula" [A morte e a bússola], Borges submete-os a uma crítica demolidora: "O crime ocorreu no Hôtel du Nord – o alto prisma que domina o estuário cujas águas têm a cor do deserto. Àquela torre (que muito notoriamente reúne a aversiva brancura de um sanatório, a divisibilidade numerada de um cárcere e a aparência geral de um prostíbulo) chegou no dia três de dezembro o delegado de Podólsk ao Terceiro Congresso Talmúdico..." A descrição como "prisma" evoca, mais do que o Kavanagh, como sempre se disse, o edifício COMEGA, nas avenidas Leandro Alem e Corrientes, cuja construção começou em 1932. De todo modo, não se trata de discutir o que a crítica disse sem olhar demais os edifícios, considerando o Kavanagh o mais emblemático do trio que completa o SAFICO.

Borges usa três termos de comparação: cárcere, sanatório e prostíbulo, que não remetem a uma ideia do sublime. Ao contrário, os três termos pertencem à esfera foucaultiana da biopolítica, noção que Borges teria julgado curiosa, mas que, nesta tríade, determina realmente um traço comum: lugares em que os corpos, longe de se libertar de suas determinações, são reduzidos, obrigados, dominados. Assim Borges experienciava um dos três arranha-céus da cidade, sem recurso a outro imaginário que não o da opressão; a modernidade portenha mostrava-lhe apenas os perigos e nenhuma promessa. Borges professa uma antipatia atrabiliária pelo modernismo explícito. Os arquitetos da tríade edificada nos anos 1930 estavam em condições de projetar esses edifícios altos, mas não de induzir mudanças imediatas na cultura intelectual.

Com exceção de Roberto Arlt, ninguém sentia o impulso de retomar o sublime em termos técnicos ou urbanos. E sabe-se que, para Arlt, o triunfo do técnico é a revanche do recém-chegado que possui os saberes que não interessam aos escritores, cuja origem está na elite social. Filho de imigrantes, Arlt adora as formas da cidade moderna, viu-as no cinema, nos cartazes de filmes ou nas fotos que chegavam às redações dos jornais em que trabalhava.

O olhar estrangeiro. II. "Diario de Manhattan", de Néstor Sánchez.
Quarenta anos depois, um escritor argentino mora em Manhattan sem entusiasmo, marginal e exaurido. Seu "Diario de Manhattan" é o anverso do futurismo arltiano e do manhattanismo.

(dezembro)
sábado 31
O *downtown* cheira um pouco a máfia protetora de segunda ordem, ouve-se com muita frequência um italiano sectário, desleixado; até que imprevistamente volta a surgir a besta de olhar transparente, fazedora de américas. Paralela, a empolação semiesnobe da semicultura semissubterrânea. Peste ordinária. As chamadas artes plásticas em mãos de oligofrênicos, etcétera.

Do outro lado, através de lixões e detritos, todo um bairro de paredes sombrias em holocausto de um alcoolismo infrutífero, vão.

Ora levam bomba, ora passam de ano. O *rock* como nunca por sua própria conta delatando excitantes de farmacopeia, a grande carência de reciprocidades que salta aos olhos em cada esquina, em cada igreja.

(janeiro)
sábado 6
Só cimento bruto devorando as solas, insultando as pernas. O pedestre não conta, conta a máquina e mais o negócio duradouro em detrimento de qualquer outra inquietude mais ou menos humana. Tudo aqui é fanático, em fidelidade extrema ao pior. Com as atividades de qualquer índole acontece o mesmo: grandiloquência, brutalidade, desprezo do ritmo. A soberania inconsciente da violência como única condição do êxito. Como acréscimo, o mau gosto militado torna-se, em seu devido tempo, agressão.

Quinta avenida e o turismo que finalmente chega, finalmente olha, finalmente constata: desfile cifrado de uma multidão que se desempenha entre edifícios horrorosos, incapaz então de diferenças.

Uma única vez por um momento na atmosfera e de repente isso. Não deixa de se tornar outro estelionato de reparação impossível, como de costume.

Em compensação, através das zonas de gangrena, ali a poucos passos, só o deambular de alcoolistas e drogados agônicos: nada melhor do que a omissão, dir-se-ia, para tornar a se equivocar em tudo.

(março)
quinta-feira
À noite

Nas primeiras horas da tarde encontrei uma carteira perto do umbral de uma frutaria imaculada do *downtown*: trezentos e sessenta e poucos dólares, mais um cheque com o qual não farei nada. Novamente obrigado a alegar Providência. E se um imbecil ri é porque se trata de Providência.

Lá de dentro um chinês alto, muito sóbrio, olhou como um raio, viu tudo; imediatamente foi tratado de esquecer (estaria repetindo algum axioma do Livro das Trocas?), enquanto lustrava com uma flanelinha amarela, uma a uma, uma pirâmide rigorosa de maçãs *carasucia*. Acabava de pegá-la com a esquerda, meio de cócoras, na dupla opção nunca pressentida; mas também é verdade, meu querido dom Genaro, que até os pômulos levaram um tempo para se aquietar. Fiquei olhando-o fazer, a meia distância, até pagar uvas na caixa.

Nada menos: a vertiginosidade dos estados de ânimo. Apesar de tudo se associa, por pretexto continental, algo talvez conforme do senhor fruteiro e sua ação atinadíssima: tanto depende de um carrinho vermelho, molhado pela água da chuva, junto das galinhas brancas.

Néstor Sánchez não professa o mito de Manhattan. Está ali como um estrangeiro doente, pobre, ignorado, um marginal que nem sequer toca as margens reais de Nova York. A cidade não lhe dá atenção. Tudo lhe produz asco, exceto a precisão discreta com que um fruteiro chinês lustra suas maçãs: isso lhe permite citar um poema de William Carlos Williams e descansar por um momento nessa lembrança luminosa.

Nessa mesma década, os anos 1980, Nova York oferecia um presente que se ligava a futuros distópicos. Sánchez vê o sujo, maníaco, drogado, miserável, medíocre, gritalhão e promíscuo. Não se ajusta às indicações para Nova York nos anos 1980: a cidade não lhe impõe seu mito. Sánchez capta Nova York no que ela tem de permanente: sob a moda e o impulso do dinheiro, sempre os bêbados do Bowery que hoje já não estão lá. E, quando todos dizem: "isto não é os Estados Unidos", Sánchez vê um exército de *commuters* que disparam às cinco da tarde para seus subúrbios eriçados de antenas de televisão. A discrição do fruteiro chinês (que é tão de Nova York como o *New York Times*) lhe parece de outro mundo.

Sánchez mostra a necessidade de ver antes de crer. Por isso inverte a carga da prova: não crê na promessa de Nova York e, portanto, não a vê. A cidade o injuria no que ele é: um argentino que escande maravilhosamente um tango enquanto caminha pelo Central Park, um leitor que não tolera a cenografia urbana do *pop* de mercado. Causa-lhe náuseas o que a cidade mostra com descaramento: seus contrastes, sua abundância, sua dureza, seu som intolerável.

O "Diario de Manhattan" é um tratado sobre como *não ver* o que outros veem. Por isso abomina o filisteísmo turístico que busca a ilusão de localidade lendo o *New York Times*. Radical em sua crítica, a falta de crença no mito nova-iorquino é um ácido que, por um lado, limpa-lhe a vista e, por outro, a anuvia.

O olhar local. III. Vistas. As visões aéreas de Buenos Aires são privadas ou corporativas, ou seja, abertas apenas aos visitantes ou funcionários de grandes empresas. O Kavanagh, que foi o edifício mais alto, não pode ser visitado por portenhos nem por curiosos. O COMEGA oferece aos turistas e aos executivos um restaurante *real classy*, cuja *best view in town* (como diz uma propaganda) é para poucos. Hoje os edifícios de Retiro ou Puerto Madero são acessíveis apenas com cartões magnéticos ou se algum turista caridoso convida alguém do lugar para tomar uns tragos[22].

Na *plaza* de Mayo, a catedral neoclássica é, naturalmente, achatada, diferentemente das catedrais góticas; as igrejas do século XVIII tardio têm campanários baixos. Até a urbanização de Catalinas Sur, Buenos Aires não ostentava grandes edifícios corporativos que se abrissem para a paisagem aérea, como o Empire State ou os terraços do último pavimento das Torres Gêmeas que ofereciam suas vistas sublimes sobre Nova York.

O Obelisco de Buenos Aires renunciou, já em seu próprio projeto, a dar à cidade uma perspectiva aérea. Nesse sentido, quase meio século depois de construída a torre Eiffel, o Obelisco não incorporou a possibilidade de um observatório, que a Torre teve desde o início. "A Torre olha para Paris", escreve Barthes[23]. O Obelisco, ao contrário, tem um olho cego: está plantado em Buenos Aires como se estivesse no meio da planície deserta, sem fazer cálculos sobre o que fica lá embaixo, a seus pés. O Obelisco não olha para Buenos Aires; pelo contrário, é a cidade que olha para o Obelisco, que é um monumento sem interioridade e, portanto, sem nervo óptico.

A altura do Obelisco é muito maior do que a de qualquer obelisco das capitais europeias e menor do que a da torre Eiffel. Nessa diferença reside a incerteza que cerca sua função: monumento comemorativo, como os obeliscos clássicos, e proeza da arquitetura moderna, mas proeza comedida, sem exibição técnica. Nos obeliscos franceses não há observatórios urbanos; nas proezas da arquitetura e da engenharia (Empire State, torre Eiffel) os há, sim. No meio, o Obelisco se atém a seu nome quanto à sua função comemorativa, mas a ultrapassa por sua altura (67 metros), embora essa altura não seja suficiente para *obrigá-lo a transformar-se desde o início em observatório*.

Uma paisagem urbana moderna, a avenida Corrientes vista de cima para o leste e o oeste, ficou encoberta pelo olho de ciclope do Obelisco. No entanto, aquele olho cego permite a hipótese: como se veria Buenos Aires se o olho humano ocupasse uma das quatro janelinhas do olho cego? Uma espécie de resistência do arquitetônico, uma escolha deliberada do projeto de Prebisch: não buscar a visão, mas a ordem abstrata, a que se infere intelectualmente[24].

Setenta anos depois do Obelisco, quarenta anos depois da urbanização de Catalinas Norte, Puerto Madero é um observatório extenso diante da cidade. No início de *Las islas*, Carlos Gamerro escreve:

> ... vi, navegando o céu por sobre a água cativa dos diques e os ocos galpões vermelhos e das gruas de pescoço inclinado: as torres gêmeas de Tamerlán e filhos emergindo altas, limpas e cristalinas como montanhas de gelo, em uma montagem tão incongruente que parecia gerada por computador. Eu as vira inúmeras vezes antes, como todos os habitantes da cidade, mas era sempre como a primeira, e precisava de vários minutos para aceitar que estavam realmente ali: menos irreais na lembrança do que frente a frente, como se apenas a imaginação pudesse conceber que a extensão de águas barrentas do rio da Prata tivesse cristalizado naqueles dois

palácios de gelo sem mácula, haviam-se transformado para todos os portenhos em um novo símbolo de sua cidade, rivalizando até mesmo com o obelisco, insípido e primitivo em comparação. Para uma cidade que em mais de quatrocentos anos não conseguiu sobrepor-se à horizontalidade opressiva de pampa e rio, qualquer elevação considerável adquire um caráter um pouco sagrado, um ponto de apoio contra a gravidade aplastradora das duas planícies intermináveis e o céu enorme que pesa sobre elas.[25]

Cenário de ficção científica, em que todas as superfícies exteriores são refratárias, planos escuros contra os quais a luz ricocheteia como sobre as lentes polarizadas dos guarda-costas e dos automóveis, espelhos e vidros nos pisos e na pele dos edifícios. Numa perspectiva de pesadelo, do último andar de vidro veem-se dezenas de níveis para baixo, produzindo a vertigem da reclusão dentro do "coração de um diamante". As construções, que Fogwill acompanha com olhar de etnógrafo do capitalismo corporativo[26], levantam-se em Puerto Madero, perto dos lodaçais e das plantas da reserva ecológica.

III. INTERVENÇÕES E REPRESENTAÇÕES

Experimento. "Nossa atitude com relação ao ruído difere conforme estejamos em Munique ou em Paris, em Chicago ou em Vancouver, em Bombaim ou em Veneza."[27] Poderíamos conceber um experimento que possibilitasse perscrutar esta hipótese: proposta para uma próxima Dokumenta em Kassel, paisagem sonora instalada em Veneza que reproduzisse os sons de Bombaim. Trocar os sons, bloquear os que pareçam característicos do lugar, introduzir outros. Buenos Aires sem buzinas, *bandoneón* nem *cumbia*. Descartar também a batida facilidade de sobreimprimir uma paisagem sonora a um visual que a contrarie; cruzar a *plaza* de la República com música que não "represente" um ícone da cidade; e, ao contrário, uma faixa de sons captados em Pueyrredón e Corrientes como música de Palermo, destruindo a ideia de bairro circunscrito e pelo qual se pode caminhar, rompendo a sombra matizada de toldos e árvores sob os quais estão as mesinhas dos bares. Varèse na praça de Malligasta, por exemplo, mudaria tudo: buzinas e sirenes, ruídos metalizados, sons técnicos. A música da cidade entraria na praça daquele povoado provinciano transformando-a numa cenografia insólita. Monteverdi na Villa Riachuelo ou em Soldati. *Décalage* entre música (transformada em "sons naturais") e motivos arquitetônicos: ver melhor quando se ouve o que não deve ser ouvido, de tal modo que o acontecimento sonoro se torne um problema visual. Os sons estrangeiros rompem o "estilo" atribuído a um lugar e o desnudam, fazem-no de novo.

Alguma coisa assim acontece num texto de Cecilia Pavón:

> Sento-me num café da Avenida de Mayo para tomar alguma coisa, sidra, ou champanhe. Escolho sempre a mesa mais próxima da rua. O ruído dos carros é ensurdecedor, mas fecho os olhos e penso no ruído do mar.
> [...]
> Gosto de morar em Congreso porque há discotecas e gosto de ir à discoteca porque a considero uma escola. Não vou à discoteca para conhecer homens, nem para sentir a música em meu corpo, nem para beber drinques exóticos. Vou simplesmente para reeducar meu ouvido. Depois de incorporar a estrutura da música estranha da discoteca a meu sistema de percepção, os ruídos da rua me parecem música. Assim, paro de sofrer. Quando sinto que aqueles ruídos estão ferindo minha alma, digo a mim mesma: não a estão ferindo, eles a estão fazendo deleitar-se; o ruído é prazer, como a música de Daft Punk. Além disso, os ruídos me acompanham sempre. Graças aos ruídos, é impossível sentir-me sozinha em Congreso. Quando caminho, parece que não estou andando sobre o asfalto, mas sobre um colchão de ruídos, ou um tapete cujo desenho são intrincadas combinações de sons misteriosos e excitantes.[28]

Intervenções. Nas últimas décadas, as intervenções *site specific* definiram uma estética conceitual cujos grandes nomes internacionais são Muntadas, Haacke, Christo e Jeanne-Claude. Ímãs do turismo, algumas dessas intervenções valorizam espaços urbanos já valorizados pelo capitalismo, como as de Christo em Nova York (Central Park) ou Berlim (Reichstag). As de Haacke ou Muntadas caracterizam-se pelo caráter abertamente ideológico. Mas tanto as mais artísticas como as mais políticas inscrevem-se num ambiente favorável à estetização do urbano.

A cidade em que houve intervenção da arte transforma o *flâneur* em um *performer*[29], que entrega sua vontade às instruções de percurso inscritas na obra ou nos folhetos e notas de imprensa que a acompanham. Mas, como essa obra é uma intervenção *in situ*, porque é justamente *site specific*, corre o risco (alegremente assumido como teoria) de fundir-se ao lugar e perder sua especificidade de obra para ser absorvida por seu continente. No limite, toda intervenção no espaço público pode ser lida como intervenção de um artista. A intervenção conceitual é ilimitada em seu alcance e em seu próprio programa, que apaga as marcas de artista; toda marca, todo acréscimo à realidade existente podem chegar a ser interpretados como intervenção *in situ*. A intervenção irrompe na vida com sua ideologia de "arte" e sua conceitualização de "artista", para tornar visível o que habitualmente se ignora. Seu objetivo geralmente é crítico (da sociedade, da cultura, da política), mas tende à ingenuidade ou ao óbvio porque é arte pública e precisa de uma compreensão que lhe outorgue o sentido público ao qual aspira, contando com o que os críticos digam nas explicações escritas (às vezes pesadamente didáticas) sobre as intervenções. Encher o Central Park de Nova York de bandeiras alaranjadas para ressaltar por meio dessa cor o que foi o projeto histórico do parque; colocar um vidro esmerilhado no meio de uma praça qualquer para que as pessoas se detenham e se esforcem para olhar, através do vidro, aquela porção de espaço que habitualmente é inerte; envolver um edifício com telas ou arames; ou construir um barracão de madeira, que parece um depósito de ferramentas mas que, na realidade, é aberto para que o público veja que lá dentro há uma exposição de fotos desse mesmo lugar, uma sauna em miniatura ou, simplesmente, nada, ou seja, que não se trata de um banheiro portátil nem de um depósito temporário. Até mesmo no meio da natureza foram feitas intervenções: uma rede de cordas trançadas ou uma tela azul penduradas num bosque, alto-falantes fixados no alto das árvores ou, como numa gigantografia artística, uma paisagem alterada com estacas, montões de pedras ou descarregamentos de terra. Essas intervenções são um acréscimo ao espaço sobre o qual se realizam: uma declaração tanto estética quanto ideológica. Em todo caso, sempre são um pedido de atenção que procura contradizer as percepções distraídas.

A essência da intervenção é irromper onde menos se espera, embora nem sempre cumpra essa regra, e espalham-se vacas ou cavalos intervindos em espaços urbanos inclinados a se deixar seduzir pelo próprio ato de se intervir neles (como as vacas de Puerto Madero ou a vaca solitária em frente ao Chicago Cultural Center na esquina da Michigan Avenue), ou ilumina-se o Transbordador de La Boca, com data e horários marcados para convocar um público de fora do bairro. Por outro lado, a não ser que seja anunciada nos jornais, como felizmente acontece, é difícil distinguir uma intervenção de uma *não intervenção* que parece uma intervenção.

Dou um exemplo. Na estação Retiro da linha de metrô que vai desde lá até a Constitución, bem no extremo das plataformas, há um mural de cerâmica. Uma borda de parede, de mais ou menos quarenta centímetros de profundidade, emoldura-o numa caixa de cantaria que pretende hierarquizá-lo ou talvez protegê-lo. Iluminado por uma luz esmagadora, o mural é perfeitamente visível embora, como muito do que decora o espaço público, encontre-se esfumado pelo costume. Quase nunca recebe a menor atenção, destino imperceptível que compartilha com os murais das passagens que ligam as linhas de metrô, devorados pela velocidade ensimesmada com que se percorrem as dezenas de metros que ligam as redes de transportes; eles se desvanecem num espaço neutralizado não só pelo costume como também pela pressa, e o tempo que se leva para sair de um trem e entrar em outro é uma espécie de limbo tumultuado.

No entanto, há pouco tempo alguma coisa no mural de Retiro atraía o olhar. Poder-se-ia pensar que um artista o tivesse tomado como suporte para uma intervenção urbana. Um homem, com toda a evidência alguém que mora na rua, dormia na borda inferior da moldura de cantaria. De perfil, porque a largura da moldura não permite outra posição, estava ali completamente imóvel, intensamente iluminado, apoiado no mural como se fosse um objeto tridimensional deliberadamente integrado à representação plana. O homem completava a obra e dava a impressão de que sua presença respondia à decisão de um artista. Não era simplesmente alguém que dormia na plataforma de um metrô.

Imaginar duas possibilidades. A primeira: que algum artista "urbano" tivesse planejado a intervenção, conseguido fundos para realizá-la, contratado o homem, e que tudo fizesse parte de um projeto destinado a mostrar, por exemplo, que muitos vivem na rua e que é necessário apontar o contraste entre a arte pública e as condições miseráveis dos que não têm casa. A segunda: que se tratasse de um acaso irrepetível, de um encontro não deliberável entre um mural e um corpo. Em qualquer um dos dois casos, a visão era ambígua uma vez que a presença maciça do homem adormecido, incomodamente apoiado no mural, era em si mesma uma denúncia da condição dos "sem-casa"[30].

Outro exemplo. Um espelho apoiado no tronco de uma corticeira, no centro de Buenos Aires. Entre todos os pertences do homem que vive na *plaza* Lavalle, há um espelho, não um pedaço irregular, mas um retângulo de trinta por quarenta centímetros salvo de algum naufrágio ou doado por alguém que estava de mudança. Num diálogo com Hans Haacke, Pierre Bourdieu diz que o notável é "o instrumento de ação simbólica por excelência". O homem da *plaza* Lavalle colocou o espelho que reflete, ao rés do chão, o gramado pisoteado e barrento. A intervenção é, para ele, completamente neutra, já que todos os seus pertences estão sobre esse chão. Mas nada como um espelho para evocar o pasmo de sua presença ali, como uma espécie de interioridade exteriorizada: aquele espelho não pertence à cenografia de uma praça, mas à de uma moradia, da qual aquele homem foi privado (ignoramos as circunstâncias específicas, mas conhecemos as gerais). Com tudo o que não tem, ele quis, no entanto, ostentar um espelho, cuja incongruência é o patenteamento de seu próprio desapossamento. O espelho não se coaduna com nenhum de seus pertences. Por isso mesmo se destaca entre eles, e não só por sua luminosidade. O espelho é uma potencialidade refletora, um instrumento que produz duplicidade, uma *veduta* de parque dentro do parque, um jogo ilusionista. Em síntese: uma *intervenção*.

Numa praça de Viena, um artista havia colocado um espelho, e a explicação que acompanhava a obra era justamente esta: numa cidade como Viena, cheia de simetrias a partir do barroco, estabelecer essa simetria invertida do reflexo implicava colocar tudo às claras, tornar consciente a organização espacial da cidade. O homem da *plaza* Lavalle propõe o espelho não como instalação socioestética, mas como objeto estrambótico, um suplemento de luxo na miséria. O espelho na praça é o não necessário, ou seja, aquilo que, não se coadunando com os trapos e utensílios consagrados à sobrevivência, outorga-lhes uma luminosa transcendência simbólica.

A arte transbordou, mesmo nas cidades em crise, ou mais ainda nas cidades em crise, sobre o espaço público. Indagar se a presença do homem adormecido encostado no mural era obra de um artista urbano é, em si, um sintoma do tipo de intervenção da arte na cidade. A operação artística sobre o espaço urbano responde ao programa de tornar criticamente visíveis a vida na cidade, a perda dos direitos de cidadania, o declínio do espaço público. No entanto, a cidade tem um potencial devorador dessas intervenções na medida em que lhes opõe cenas que parecem provir de um programa de artista quando se originam nos acasos da vida cotidiana. A cidade material oferece resistências materiais à intervenção estética.

E neste ponto coloca-se um problema. As intervenções materiais no espaço urbano enfrentam a questão de que, justamente por serem materiais, é muito possível (apesar das boas intenções) que se confundam com o que acontece na própria cidade. A intervenção de apartamentos ou casas corre riscos semelhantes, quando não o de uma incursão franca no *kitsch*, incursão buscada pelo artista e celebrada por um público que não necessita dessa intervenção como crítica (uma vez que é perfeitamente capaz de pensar essa crítica sem a ajuda da intervenção), mas como *divertimento*. O exemplo que o acaso ofereceu na estação do metrô é, claro, demasiado feliz: um pobre que se confunde com o pobre que um artista poderia ter colocado para denunciar a condição de pobreza de outros sem casa que também dormem deitados em monumentos urbanos. A estrutura abismal é um fantasma que persegue essas intervenções do acaso e da arte.

Modelos. Ocorrem coisas diferentes e, em geral, mais interessantes quando em vez de *intervir* o urbano constrói para si um possível modelo que não é um modelo do todo nem um modelo de uma ideia abstrata de cidade, mas uma organização de imagens ou uma imagem que se situam entre a realidade da cidade, a experiência de cidade e a ideia de cidade. O artista mantém-se em suspenso entre as três formas de apresentação da cidade para encontrar (fabricar) uma obra que não seja totalizante, porque para isso deveria fazer uma imposição, a imposição presente na fórmula "a cidade é...". A imagem não é analítica, nem demonstra nada, justamente porque a ordem da demonstração é discursiva e funciona com a suposição de que pode ignorar o que deixa fora. A imagem do artista não necessita dessa suposição; em compensação, ela opera de maneira "bárbara", para além da ordem demonstrativa. A imagem é inexplicável e, ao mesmo tempo, pede para ser explicada[31].

Rómulo Macció. Um quadro de Macció[32], que mostra apenas uma porção do rio da Prata, um fragmento regular, sólido, carregado de matéria, apresenta de que modo um artista visual constrói um modelo de cidade por ausência. O ponto de vista desse quadro situa-se em Buenos Aires. O rio observado dali é aquele que costeia a cidade, pelo leste, de sul a norte, margeando as *villas miseria*, La Boca, e o bairro *fashion* de Puerto Madero, o centro, o aeroparque, a cidade universitária.

A sólida e agressiva matéria marrom que domina o plano, cujos movimentos dão a impressão de uma água solidificada, é o rio da Prata transformado em lixo semilíquido, negado à sua origem natural, exterminado pelos dejetos fabris e urbanos. Sobre o retângulo de rio na horizontal, outro retângulo de céu cor de maravilha mostra um entardecer sinistro. O rio está morto, apergaminhado, imobilizado pelo peso de sua matéria também cadavérica. A pintura de Macció conhece essa realidade e a simboliza em sua decadência, como materialidade ingrata, desagradável, antidecorativa. Quem vir a pintura indagará pelo rio, porque o quadro é antifluvial, antipaisagístico. Sua resistência a ser natureza fluente e a ser paisagem provém de um modelo de compreensão visual do rio. Os dois retângulos sobrepostos têm o peso de uma abstração e a materialidade dos dejetos encontrados nas mesmas costas. O rio morto não pertence à natureza, mas à cidade invisível cujo ponto de vista é ocupado por quem observa o quadro: está morto *porque* é o rio que banha essa cidade. Em sua ausência, a cidade é a origem da representação plástica.

Pablo Siquier. "A partir de 1933, Siquier abandona drasticamente a cor para dar início a uma série de pinturas em preto e branco, e também elimina as referências aos ornamentos arquitetônicos em favor de composições mais complexas e articuladas. Estas parecem constituir grandes topografias urbanas, mapas de paisagens, circuitos desconhecidos, quem sabe inúteis, que o olhar do observador deve percorrer como um labirinto."[33] Triplo ilusionismo: representações de uma cidade que foi antes representada numa maquete que foi fotografada com a objetiva da câmera na linha dos noventa graus com relação à horizontalidade do plano. Representações de uma cidade, ou de uma fortaleza, antes modelada sobre uma mesa de areia petrificada e envernizada a fim de evitar qualquer irregularidade. Representações abstratas de construções unidas por desenhos geométricos, mas desrealizadas porque as sombras não respeitam exatamente a mesma fonte de luz.

Representações completamente planas de desenhos de planos com traços de espessura desigual, como exercícios de caligrafia. Representações das vistas aéreas de cidades de ficção científica, plataformas interplanetárias, colônias espaciais.

Desertos, escadas que rodeiam um óvalo no deserto. Costas, ribeiras, linhas que não são mas que lembram as ribeiras e os diques. Representações de nada que, no entanto, sugerem cidade.

Uma pergunta a quem olha: Siquier busca a lembrança do urbano ou deseja aniquilá-la? Seus quadros são mapas imaginários ou antimapas (palavra de Buci-Glucksmann); vacilam entre representar uma representação, dado que o mapa é uma

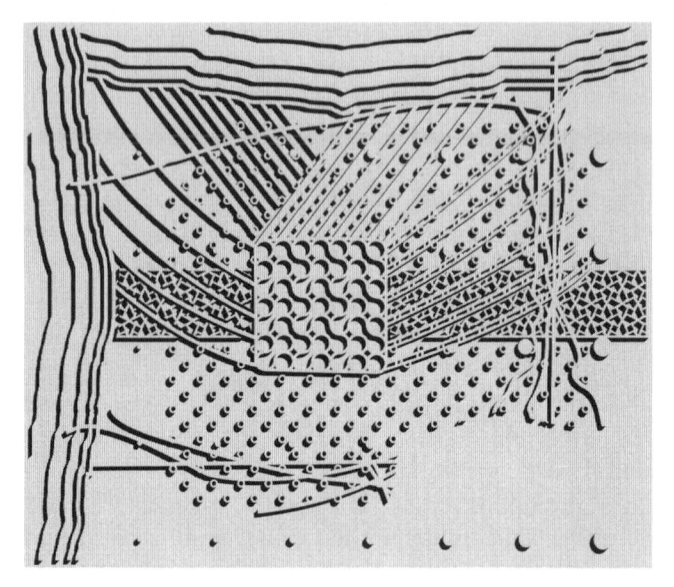

Pablo Siquier, "0316", acrílico sobre tela, 200 cm × 240 cm, 2003. Coleção Esteban Tedesco, Buenos Aires.

Pablo Siquier, "0010", acrílico sobre tela, 195 cm × 195 cm, 2000. Coleção Blanton Museum of Art, Austin, Texas.

representação, ou indicar o convencional, o simbólico, de qualquer representação urbana no plano. De algum modo, dizem que o espaço vivenciado é, finalmente, irredutível a sua abstração, embora a história da arquitetura e da arte se baseie em lutar contra a resistência que as três dimensões oferecem a sua representação no plano.

Gerardo Rueda. "Memória do arqueólogo": a escultura mostra três latas em primeiro plano, velhas, enegrecidas como restos encontrados num lixão, amassadas pelas batidas e pela intempérie, envelhecidas com aquela velhice ruim das mercadorias e dos objetos comuns. No entanto, foram dispostas seguindo uma relação harmônica, como se fossem partes de um monumento. Atrás das latas, sobre um pedestal quadrado, a parte inferior de uma coluna grega de fuste canelado, o suporte rachado e o fuste burilado pelas marcas do tempo. À esquerda da coluna, um recipiente cilíndrico que parece de mármore claro. Talvez seja um arqueólogo "clássico" quem tenha desenterrado a coluna; ou talvez um arqueólogo contemporâneo que agrupou perto dela os restos da civilização moderna, recipientes que contiveram comida ou líquido e que foram deixados como lixo. A "memória do arqueólogo" é a de seus próprios restos e não a dos restos do passado que, no entanto, estão ali porque também sobrevivem entre as ruínas mais perecíveis do presente. Como os "arquitetones" de Malevich, essas obras tridimensionais de Rueda são o sonho de uma cidade que não pôde ser: espaços geométricos perfeitos, equilibrados como nunca será a cidade moderna.

Viver numa cidade que seja obra de Rueda: uma máquina ajustada, nítida e, ao mesmo tempo, sensível. Cada fragmento de cidade teria uma textura familiar a todos os demais, mas ligeiramente diferente, um tom mais claro ou mais escuro, um deslizamento de alturas, uma variação de ângulos, uma textura que vai da madeira ao travertino rugoso. Uma cidade em que cada fragmento parece ter obedecido a uma regulação de superfícies e cores que não é uniforme mas também não é completamente díspar. Tudo está ligado pelos movimentos invisíveis da máquina, mas cada uma das partes mantém sua relativa independência visual, seu caráter. Fantasia de uma cidade estética impossível. No entanto, o fascínio imediato que essas obras de Rueda produzem deveria ser explicado. O que têm de urbano que o verdadeiro urbano desconhece ou esqueceu?

Rueda, "arqueólogo", descobre os restos dos sonhos de beleza do urbano, como se dissesse: com estes mesmos volumes é possível construir algo diferente do que se constrói. Coloca suas esculturas em contraste com a cidade como modelos em miniatura do que não é. Uma pirâmide remata o bloco que simula um edifício; uma torre, afinada no meio, uma agulha disparada para cima como nos desenhos populares de arranha-céus futuristas ou nos cartazes de filmes de ficção científica. A mescla, no entanto, não é pós-moderna, mas clássica, italiana, renascentista. Os adjetivos, novamente, remetem a uma arqueologia do urbano que subsiste apenas nas cidades mantidas como museus[34].

Nora Dobarro. Frontalidade I. Dobarro fotografou as portas de Feira de Santana, cidade de 500 mil habitantes no nordeste do Brasil[35]. Todas as fotografias são frontais e, no caso de eventualmente terem sido reenquadradas, não se rompeu a lei de simetria: o centro da porta, em todos os casos em que tenha eixo central, é o centro da fotografia, embora as portas mais largas imponham uma levíssima fuga de linhas.

As portas de Feira de Santana, realizadas por serralheiros locais, são *art déco*. Ou melhor, evocam a *art déco* em seus elementos estilísticos essenciais, destilados e concentrados. Ao adotar a perspectiva frontal, Dobarro atém-se ao objeto respeitando seu princípio construtivo e formal. Os metais das portas brilham pouco, pois foram evitadas as luzes que, por rebote ou criando sombras, teriam afetado a disciplina geométrica plana ou de volumes restringidos. As fotografias de Feira de Santana são um momento utópico da cidade em que, em vez da desordem do social, prevalece o ordenamento da vontade formal. Se a cidade continuasse a disciplina estética das portas, Feira de Santana se transformaria numa "cidade irreal", uma utopia realizada em uma povoação nordestina que, sobre o incontrolável

Nora Dobarro, "Cenografia".

Nora Dobarro, "Búzios".

do uso e da deterioração, imporia o ordenamento dos planos e de suas cores suavizadas.

Não há pitoresco tropical nessas portas, nem vitalismo, mas controle extremo. A artista atém-se com rigor ao rigor do motivo que ela capta, de modo que quase todo o urbano fica fora, como se em Feira de Santana a "ideia" de uma cidade ordenada fosse mais forte do que o descontrole das cidades reais.

Não sabemos o que há dos lados dessas portas fora do campo. Às vezes, na parte inferior da fotografia, aparece uma lajota quebrada; ou, em cima, o toldo de um galpão, as antenas dos televisores, mas não muito mais que faça alusão à cidade. A frontalidade e o controle do fora de campo acrescentam uma dimensão suplementar à construção artística deliberada das portas, que em alguns casos não cobrem apenas o vão de uma entrada simples ou dupla, mas a fachada inteira de uma casa, transformando-a num painel cenográfico de teatro abstrato.

As portas são uma forma de reparação estética da cidade que se adivinha lateralmente. Um princípio de ordem (de uma ordem popular), frágil mas voluntariosa.

Facundo de Zuviría. Frontalidade II. Graciela Silvestri afirma que foi Quinquela Martín quem "deu a La Boca sua cor", e certamente ela tem razão[36]. O clube Boca Juniors contribuiu para essa policromia com sua bicromia azul e ouro. As fotografias de Facundo de Zuviría são de La Boca com predomínio das cores do futebol e ausência das cores de Quinquela. De antemão, antes de vê-las, diríamos que é impossível evitar o popular quente, vibrante, o popular populista, o quente extremado, o tremor emocionante que desenquadra e comove. Justamente isso *não* são as fotos de La Boca tiradas por Zuviría.

O princípio de frontalidade organiza o que poderia ser uma matéria em estado de fusão. Essa frontalidade já era uma perspectiva escolhida por Zuviría em *Siesta*, em que mostra uma série austera de cortinas de metal que fecham as portas e as vitrines simétricas de pequenas lojas. Em La Boca de Zuviría estão as cores azul e ouro, molduras, grafites, ordenados como se a

Fotografias de Facundo de Zuviría incluídas em seu livro *Cada vez te quiero más*, Buenos Aires, Ediciones Larivière.

afetividade extrema dessa combinação de cores pudesse ser esfriada pela distância deliberada que lhe impõe a tomada frontal.

Um paredão descascado sobre o qual foi pintado "BOCA" com letras gigantescas, em cima de uma mão apressada e irregular de cal branca, é enquadrado por Zuviría simetricamente, com um ajuste que só permite ver a inscrição e o remate superior de tijolos velhos; a esquina totalmente azul e ouro da *calle* Juan de Dios Filiberto, na altura do número 1.000, aparece tão centralizada na esquina que dá a impressão de ser quase plana, como se as linhas de fuga das duas ruas que se encontram nessa esquina tivessem sido achatadas pela câmera; o primeiro andar de chapa com três janelas simétricas, e no centro, pendendo do balcãozinho, uma bandeira do Boca, é tão horizontal quanto a fotografia; a composição, em azul e ouro, de três cortinas metálicas que, num sentido horizontal, reproduzem as listras da camiseta do time de futebol homenageado, é abstrata; o banco de praça, de cimento, plantado na rua, reproduz, também em sentido horizontal, essas listras. Para registrar um conjunto formado pela caixa registradora, pelo cortador de frios e pela balança de um armazém, o abandono da frontalidade permite conseguir justamente que esses objetos, pintados de azul e ouro, componham-se como numa abstração paradoxalmente realista; quatro jogadores no campo definem um quadrado perfeito, e suas sombras traçam também outro quadrado.

Disciplinada por Facundo de Zuviría, La Boca é, por um lado, a bicromia ritual que o futebol transborda para o bairro; por outro, a geometria oculta que o fotógrafo revela, em que a cor é dominada pela rigidez da superfície que cobre em vez de como-vê-la. A visão busca se aproximar sem se fundir com a afetividade de seu objeto. Há assim dois bairros La Boca: o da cor que tende à insubordinação e o das linhas que Zuviría segue, enquadra, torna simétricas e equidistantes para subordiná-lo. Representação bivalente: o popular populista, o popular ordenado. Em algum lugar da linha que une esses polos está o bairro.

Félix Rodríguez. Engenharia. Estações, pontes, autopistas, silos, gasômetros, depósitos, fábricas[37]. Existe a cidade da arquitetura, um motivo clássico que Félix Rodríguez não deixa de lado, mas ele prefere, em suas gravuras, a cidade da engenharia, da produção e do transporte. Ferro, muito ferro, e cimento. Opta pela cidade que não foi construída nem ao acaso nem com a deliberação estilística de um arquiteto. Mostra a fisiologia do urbano, o sistema arterial de um corpo gigantesco que funciona porque lá se movem as mercadorias e as máquinas. É uma cidade duplamente industrial porque, por um lado, revela-se o sistema arterial do transporte (a indústria que desloca as pessoas e os produtos da indústria) e, por outro, seus motivos são representados como "peças" metalúrgicas: conjuntos de vigas, tirantes, tábuas, cabos.

Materialismo industrial: um título para as séries de estações e de pontes das gravuras de Félix Rodríguez, objetos aos quais ele volta como um artista retorna aos motivos sobre os quais tem algo a revelar (as frutas de Cézanne, as tigelas e garrafas de Morandi). Rodríguez escolhe os fragmentos de cidade que façam visível o peso das matérias e as representem com a dureza que essas matérias possuem por não terem sido modeladas pela arquitetura nem pelas artes plásticas, mas fundidas no forno em que se fabricam as peças de ferro. As gravuras com pretos fulminantes ou com os planos compactos de uma só cor não humanizam a cidade da engenharia e do transporte. A cidade em que se comercia e se vive tem, por trás, em suas margens, em seus acessos, os espaços da cidade em que se transita e se produz: portos fabris, autopistas, silos de armazenamento, águas servidas, rios cujas águas são insensíveis à luz.

O materialismo da representação dialoga com a materialidade do representado. O transporte e a indústria, isso que a cidade "bonita" prefere longe, no entanto está ali, na margem, tocando os bairros por onde o turismo circula. Numa xilografia de Retiro, o fim das abóbadas de ferro da estação mostra, ao longe, um guindaste e um depósito; nessa opção pelo ponto de vista industrial fica fora de esquadro a Avenida del Libertador com seus edifícios comerciais. A engenharia está na base das torres da Libertador, não só como seu cimento, mas também como sua condição de possibilidade. A cidade existe em seu sis-

Félix Rodríguez, "Estação de Liverpool".

Félix Rodríguez, "Saída para a autopista".

tema de metal, o coração escuro de uma indústria que necessita da forja, do ferro e, portanto, do preto. Paisagens sem homens, que evocam intensamente o trabalho.

Esse modelo de cidade é sensível à história do ferro: inovação técnica para o olhar historicista que conhece as primeiras fotos do "puente transbordador" sobre o Riachuelo, o trilho dos trens, a construção do porto, os velhos galpões fabris inteiramente de metal; decadência para quem descobre hoje os restos dessa engenharia industrial ferida pela ferrugem ou pelo abandono, pronta para que um *recycling* a torne praça de alimentação, ateliê de artista, centro cultural ou discoteca. As gravuras são assim, também, um *memento mori*: aquelas pontes, aquelas abóbadas, aqueles silos e gasômetros, aquele porto foram novos um dia; hoje são as provas de um momento otimista de cidade. Sua grandiosidade tem algo do sublime das ruínas industriais, mas ao mesmo tempo deixa perceber que aqueles *meccanos* da imaginação técnica foram modernos objetos urbanos. O desgaste e a obsolescência como temas da fabricação industrial de cidades.

5. A CIDADE IMAGINADA

I. O ESTRANGEIRO

Lenda. Na entrada de um edifício de Frank L. Wright, o homem topou com um grupo de turistas e lhes disse: "Olhem bem o edifício, é histórico, e eu fui membro da comissão municipal que votou para que fosse declarado monumento." Acaso ou delírio? A cidade, afirma Mario Gandelsonas, sempre omite o arquiteto. Acrescento: as lendas se levantam contra essa omissão.

Guias de Buenos Aires. No melhor guia de Buenos Aires que conheço, o de Diego Bigongiari, editado em 2008[1], não estão os migrantes que todos os fins de semana utilizam o Parque Avellaneda. A descrição inteligente e sensível do parque só menciona os bolivianos quando estabelece a fronteira, na avenida Cobo, entre Koreatown e Boliviatown (como chama os dois bairros). Ninguém pode esperar sensatamente que um guia informe sobre o bairro Charrúa, mas chama a atenção o fato de o Parque Avellaneda e o *polideportivo* aparecerem desertos de seus ocupantes habituais. No Parque Avellaneda, por outro lado, fica a quinta dos Olivera, que, numa cidade que não se caracteriza por uma assombrosa quantidade de edifícios antigos, poderia merecer alguma menção. Sobre o extremo triângulo sul de Buenos Aires paira uma espécie de maldição; até quem chega a Patricios e Pompeya nos itinerários sugeridos deixa de lado tanto as concentrações étnicas de Villa Soldati e Villa Riachuelo como do parque Avellaneda[2].

Outro guia dedica suas três páginas finais aos *"Tours* a la realidad" (sic), título paradoxal que enfraqueceria perigosamente a verossimilhança das 381 páginas anteriores, que se transformariam em *tours* "irreais". A "realidade" prometida consiste em uma visita ao projeto Eloísa Cartonera (editora que, sobre papel reciclado, imprime "material inédito e de vanguarda"), em que o guia afirma que, a metros do campo do Boca Juniors, "convivem desocupados e catadores de papel com artistas e escritores". A ambiguidade desse "convivem" é sedutora para o turismo *prafrentex*. Além disso, dessa arcádia socioestética, o guia aponta o Grupo de Teatro Catalinas Sur, "um conjunto de moradores que escolheu os cenários como espaço de participação comunitária, memória e identidade"; o hotel Bauen, autogerido no centro da cidade; as fábricas recuperadas e o local das Mães da *plaza* de Mayo. Mas o primeiro item desse capítulo informa o turista sobre a possibilidade de visitar e até morar um tempinho em La Matanza com o Movimento de Trabajadores Desocupados, só "a pouco mais de uma hora da Capital Federal". O guia não informa sobre passeios, dentro do perímetro da "realidade", mais simples e, por assim dizer, mais convencionais do que ir passar uma pequena temporada em La Matanza. Os únicos bairros aos quais fornece percursos, com seus respectivos subcapítulos *gourmet*, são o centro, San Telmo, La Boca, Puerto Madero, Retiro (sem "passeio pela realidade" na Villa 31, sensatamente excluída), Recoleta, Abasto y Once e Palermo[3]. Todos os guias repetem esses bairros do cânone turista, e não se pode esperar outra coisa. Puerto Madero é a estrela que agrada aos turistas e aos locais[4].

Com exceção de San Telmo e La Boca, que estão em todos os roteiros, desde os mais convencionais até os mais sofisticados, só Bigongiari, os Eternautas e Mario Sabugo[5] atravessam decididamente, como Dahlmann no conto de Borges, as linhas para o sul e para o oeste da cidade. O sul também é, claro, San Telmo e La Boca, mas isso não conta. A aversão ao sul é tão forte que lugares que encantariam o turista, como a *plaza* de los Corrales e o Museo Criollo de Mataderos, não merecem muitos comentários. O que Buenos Aires tem de particular em seu presente, como mescla de imigrantes e de pobres, é, do ponto de vista do turismo, imostrável, a não ser que algum militante social acompanhe o estrangeiro num *tour* pela *villa*.

Os guias escandem a cidade por seus edifícios notáveis, suas igrejas tardias do fim da colônia, seus *shoppings*, seus itinerários aconselhados a estrangeiros por não terem trechos desagradáveis, perigosos ou não pitorescos. São uma forma da pura atualidade da cidade; se comparados ao longo de dez anos, vê-se quais restaurantes saíram de moda ou que mudanças afetaram o perfil cultural do turista (gente que vem em busca dos *shoppings*, quando o câmbio é favorável; turismo *gay*; turistas jovens europeus que buscam na América Latina a insurgência que a Europa lhes nega; contingentes de turistas aposentados; turistas que sabem o que querem, ou seja, livros, bifes de *chorizo*, tango ou sapatos; turistas que descobrem o que querem uma vez que chegam à cidade etc.). Os guias produzem uma cidade imaginária para quem não a conhece: trechos combinados, deslocamentos, transportes, bairros perigosos: andar prevenido (a prevenção é a ginástica do turista). Pensam a cidade como tradução entre culturas, como intérpretes, *shopping assistants*, historiadores de bairros, propagandistas e conselheiros *gourmet*.

Os guias são obrigados ao panegírico controlado pelas exigências da verossimilhança. Alguns restaurantes devem ter alguns defeitos, alguns preços devem ser um pouco caros, para que as recomendações tenham crédito. De todo modo, o turismo (interno ou externo) não busca a "realidade", mas um rol de ícones que alimentem a fantasia anterior à chegada[6]. A "realidade" se nega ao visitante, que geralmente não viaja em transporte público nas horas de pico nem está submetido à disciplina de trabalho da cidade cotidiana. No entanto, o que o visitante conhece também é uma "realidade", embora o risco de confundir o característico com o excepcional o acompanhe como uma sombra.

Para quem vive numa cidade, a realidade é conhecida por estatística: diante de um acontecimento o indivíduo intui, sem pensar duas vezes, se se trata de alguma coisa relativamente excepcional ou comum; não confunde o que acontece sempre com a irrupção de um fato inesperado ou original. É possível que o habitante local tenha imagens muito estereotipadas da cidade, mas ele não procura construir suas imagens a partir do zero, porque as foi acumulando através de uma experiência tão desatenta para alguns fatos como alerta para outros. O estrangeiro enfrenta outras opções: geralmente viaja mais de metrô e táxi do que de ônibus; caminha mais do que os habitantes locais, por isso o turista acha "caminháveis" quase todas as cidades seguras ou mais ou menos seguras, uma vez que seus deslocamentos não incluem o trabalho, nem as filas ou as esperas. O turista que caminha é um caminhante "puro", sem intercorrências, a não ser a de se perder[7]. A hostilidade que os habitantes locais enfrentam em qualquer cidade do mundo (porque fazem da cidade um uso econômico ou de trabalho) é mais ou menos desconhecida para o turista, que, no máximo, acha que está descobrindo "estilos": maior amabilidade em Bruxelas do que em Paris, em Montevidéu do que em Buenos Aires.

O que é o estrangeiro? O turismo é uma suspensão do tempo que acontece num espaço também em suspensão, onde um traço que se percebe como diferente é considerado característico, porque o próprio fato de atribuir essa qualidade implica que ocorreu um ato de conhecimento do diferente e, consequentemente, cumpriu-se a missão turística. A evidente circularidade interpretativa acentua-se nas cidades em que, como em Buenos Aires, não proliferam "notas" originais.

O turista chega a uma cidade estrangeira com a missão de captar, imediatamente, sua qualidade, sua chave. Não necessariamente uma ilusão, mas uma ênfase que outros, os do lugar, não interpretariam do mesmo modo. O turista ambiciona que se revele a ele uma porção de cidade ou algo que de fato acontece ali, colocando-a numa hierarquia que os do lugar julgam imerecida. Nas cidades estrangeiras encontra-se aquilo que se pensa estar perdido na sua própria cidade, onde se experimentam as transformações dia a dia e sempre se pode sentir que o que está acontecendo trai algo que a cidade foi. Na cidade estrangeira não é necessário padecer essa nostalgia, porque seu passado, mesmo que seja conhecido, não foi o passado do visitante, que se sente livre de uma reminiscência que sempre lhe seria alheia. A cidade própria impõe o entusiasmo ou a frustração de suas mudanças, a cidade estrangeira apresenta suas mudanças em *ralenti* ou, simplesmente, oculta-as sob uma forma do fato consumado. A cidade estrangeira também, em geral, dissimula as distâncias e as proximidades: os turistas não sabem que, a mil metros de Puerto Madero, fica a *villa miseria* do Doque. Os habitantes locais que o sabem, enquanto comem em Puerto Madero ou passeiam pela oficina que é o Faena District, precisam esquecê-lo.

O tempo do estrangeiro que passeia pela cidade favorece a percepção do detalhe que, intensamente captado, comentado, fotografado, começa a tomar as dimensões de um traço ou de uma qualidade estável. Se todos os dias, porque está ocioso, um visitante sem pressa toma seu trago num bar e olha pela janela enquanto ouve uma mistura de som de televisão e conversas entre garçons e clientes, essa sociabilidade se transforma em algo *próprio* dos bares dessa cidade. Um turista que durante duas semanas em Nova York come *pizza* quase todas as madrugadas chega a pensar que esse consumo extemporâneo, possibilitado por um pequeno estabelecimento da Sétima Avenida atendido por uns romenos diligentes e amáveis, é um traço da noite nova-iorquina, algo que a cidade coloca generosamente à disposição de todos os seus habitantes. Está enganado, mas isso será Nova York para ele.

A intensidade da experiência da cidade, quando é estrangeira, transforma-se em qualidade decisiva. Um homem lê no metrô, dois estudantes leem, sentados diante do homem, um árabe que está parado perto deles também lê. O turista conclui que a cultura do livro subsiste na sociedade francesa, ao passo que em outros lugares se teria perdido. Não submete sua impressão a outros dados. Do mesmo modo, a abundância de livrarias em

Buenos Aires é uma qualidade que o turista não se preocupa em comparar com o número de livros lidos por habitante.

Estrangeiros numa cidade, os turistas fantasiam mapas intelectuais, indispensáveis porque a cidade é desconhecida. Um escritor (Martín Kohan, por exemplo) escreve em bares: quanto dessa escolha tem a ver com o que acontece em outros bares de Buenos Aires? O estrangeiro acredita saber: nos bares, as pessoas permanecem horas com um livro ou enchendo páginas em branco. Provavelmente o estrangeiro percebeu algo que acontece, de fato, mas coloca-o sob uma luz que surpreenderia os habitantes locais e o transforma em "característica".

A percepção do estrangeiro é pura *ostranenie* e, quando a comunica aos habitantes locais, as coisas aparecem ordenadas de modo inesperado ou insólito. Mas a *ostranenie* não é uma percepção equivocada (o que significa isso?), mas uma percepção fora de contexto, *depaysée*, que arrebata as ações e os objetos mais banais para colocá-los num cenário de teatro, onde o que acontece já não é o curso desorganizado da realidade mas o desenvolvimento de uma trama. Para mover-se na cidade estrangeira, o turista não tem outro remédio senão o de construir um argumento e definir personagens.

Leem-se os viajantes que escrevem sobre sua própria cidade com uma mescla de duas curiosidades. A primeira, mesquinha, impele a descobrir os "erros", como se a escrita tivesse que ser submetida às provas pelas quais deve passar um manual com o roteiro do transporte ou a localização de hospitais e delegacias. A segunda é uma curiosidade intelectual e estética. Em última instância, busca-se uma resposta à pergunta sobre o que o outro viu e passa despercebido para os do lugar porque é quantitativamente pouco significativo (ideia banal de que uma imagem de cidade se constrói com os métodos de uma pesquisa); porque foi ignorado embora, no momento em que o estrangeiro o registra, comece a ser reconhecido; ou, finalmente, porque não se acreditava que fosse um traço peculiar, que pudesse identificar a sua própria cidade. O argumento do estrangeiro indica uma tipologia ou um "estilo", separando-o de sua experiência local cotidiana e de sua história, para centrá-lo justamente por meio de seu descentramento. Coloca-o em outra parte e o transforma em algo central para o olhar descentrado do estrangeiro.

Vantagens da *ostranenie*. No entanto, todo descentramento corre o risco de se distanciar demais de seu objeto, torná-lo irreconhecível, embora também ali esteja sua produtividade. Distanciar-se *o suficiente* é uma recomendação conservadora, impossível de ser cumprida. Correr o risco de se distanciar demais implica também poder construir uma distância exata, a que permite ver o que não se pode ver de perto[8].

II. O FALSO, O AUTÊNTICO E O QUE ESTÁ A MEIO CAMINHO

Design. "Hoje existem tão poucas características, que tendemos a exagerar e aumentar qualquer uma que se encontre, até chegar à hiperidentidade. O 'regionalismo crítico' transformou-se em 'hiper-regionalismo', fabricação de diferenças regionais depois que elas foram apagadas e destruídas."[9] Nessa lógica hiperidentitária, a cidade como mercadoria turística é obrigada a oferecer não suas semelhanças com outras cidades, mas suas diferenças geográficas, demográficas, culturais. Na medida do possível, a cidade deve ser resumida a uma marca que remeta só a ela, como um logotipo: a baía do Rio de Janeiro ou de Nápoles, o Rockefeller Center e o Empire State Building, Notre Dame e a torre Eiffel, o Coliseu e a Praça de São Pedro, o Guggenheim de Bilbao, a Ópera de Sidney, a Cibeles ou o Obelisco.

O logotipo não é a cidade, assim como o logotipo da Nike não são os tênis nem o da Wilson as raquetes. O logotipo é a síntese das referências reais e imaginárias que se depositam no nome da cidade como espaço turístico, entre as quais se escolhe uma não simplesmente por seu significado ou sua beleza, mas por sua celebridade (e, se essa celebridade não existe, é produzida). Semiose pura, o logotipo permite, como o signo, identificar e diferenciar; identificar por qualidades específicas, ou seja, identificar através da diferença. A cidade só chega a ser uma cidade turística se tem algo que se possa transformar em logotipo, de modo que também não é tão fácil esse processo de identificação semiótica, porque há cidades que primeiro tiveram de construir a base material de seu logotipo (a Ópera de Sidney, o Guggenheim de Bilbao) para depois sintetizá-lo como marca. Antes do Obelisco, Buenos Aires não podia ter logotipo, não só porque ainda não existia, em seu pleno desenvolvimento, uma indústria de marcas para cidades, mas porque não se oferecia para o signo sua base material. Depois do Obelisco, o logotipo apareceu, provavelmente sem que ninguém previsse. Instantâneo. Quer dizer que o logotipo não se elabora seguindo apenas as leis da produção de mercadorias, mas antes num entrecruzamento simbólico entre o real urbano e o imaginário urbano.

Sobre o logotipo, em alguns casos, acumula-se um signo verbal: a cidade que nunca dorme, a meca do cinema, a cidade-luz, a cidade do tango, a cidade santa etc. A lógica desses clichês é semelhante à do logotipo, porque resume qualidades diferentes em um só traço, embora este não seja uma descrição do "real" mas uma metáfora. A imagem verbal funciona como os apelidos dos famosos: só os tem quem os ganhou. Algumas cidades têm logotipos reconhecidos; outras, em número menor, têm também imagens verbais sintéticas. Numa época em que a identidade é tudo (direito e dever de ter uma identidade ou várias, antes várias no mundo globalizado), a cidade multiplica o ícone identitário comunicando-o com as técnicas do *design*. A verdade não está em jogo na identidade, que é, por definição, a máscara daquilo que não se pode definir. A verdade não é um substrato, mas um efeito de superfície.

Autenticidade. Françoise Choay escreveu, em 1994:

> No Canadá, a Place Royale, emblema da velha Quebec, foi projetada depois da Segunda Guerra Mundial, destruindo todos os edifícios construídos desde a ocupação inglesa e recompondo, apesar dos vestígios antigos, um conjunto à francesa que não é sustentado por nenhum documento de época, seja um cadastro dos terrenos ou um registro da arquitetura; a praça, apesar de tudo, foi incorporada à lista do patrimônio mundial. De fato, na prática atual do patrimônio histórico, o conceito, ou melhor, o não conceito de

autenticidade é tão vago que permite todas as manipulações e garante procedimentos antitéticos. Em nome da autenticidade, na Itália branquearam-se as fachadas do Palacio del Té, em Mântua, ao passo que uma injeção de produtos químicos permitiu fixar duradouramente a fachada do Palacio Della Ragione em seu atual estado de decrepitude. [...] Pode-se concluir que a noção de autenticidade não apresenta nenhum valor operacional para a disciplina que tem como tarefa conservar o patrimônio histórico. Essa disciplina só avançará se abandonar a retórica da autenticidade, fizer o inventário, analisar todas as noções complexas e muitas vezes ambivalentes assimiladas ou associadas a esse termo (original em suas duas acepções, conservação, reprodução...) e elaborar uma casuística enriquecida por uma bateria de conceitos operacionais.[10]

Autenticidade e cópia. Foi lugar-comum, até os anos 1960, comparar Buenos Aires com Paris (comparação que não li no texto de ninguém que conheça bem Paris). Quando se comparam cidades como Paris e Buenos Aires, é evidente que não se pode recorrer à prova de um trecho de duas quadras da avenida Alvear. A comparação era um antigo desejo.

Hoje essa comparação caiu em desuso, demonstrando, entre outras coisas, que comparar não é descrever, mas que, com frequência, a comparação obstrui a descrição, pois uma de suas qualidades é pôr em jogo a imaginação. Tanto nos novos tipos de espaços públicos (o *shopping* é um deles) como nos semipúblicos (os edifícios de acesso restrito, para apartamentos ou escritórios) e nos passeios urbanos, como Puerto Madero, a comparação escolhe entre modelos muito diferentes (Barcelona; todas as renovações de velhos portos transformados em centros comerciais, administrativos, residenciais ou turísticos, de San Francisco a Londres e Liverpool; Miami, como modelo de extensão do espaço privado do apartamento sobre a rua e a costa, que privatiza ou reduz a um mínimo os espaços de livre acesso). Gorelik sublinha que o que caracteriza Buenos Aires é um *mix* de modelos, onde se poderia descobrir seu traço distintivo mais original[11]. Se não há modelo, também não há imagem única ao longo do tempo, mas tendências cambiantes do mercado ou impulso da cultura. Em Buenos Aires, o desejo de cidade foi transformando seu objeto.

Embora pareça um paradoxo, o autêntico "original" não existe em nenhuma cidade que tenha história, em que o tempo pintou camada sobre camada, e os relevos que se veem sob as sucessivas intervenções não podem ser atribuídos a uma base originária, mas a uma argamassa de componentes incalculáveis. A reconstrução mais perfeita (à maneira de Dresden) não produz autenticidade, mas uma imagem do que foi, uma cópia que pode ser visitada como um museu. No entanto, mesmo antes da Segunda Guerra Mundial, a tentação de construir cópias de edifícios "originais" que não tinham existido como tais recebe o impulso (moderno) das tendências historicistas em busca de fundamentos populares. No Montjuich, a poucas centenas de metros do pavilhão de Mies van der Rohe construído para a Exposição Internacional de Barcelona de 1929, ergue-se o Pueblo Español, cujos 117 edifícios são "cópias fiéis, clones arquitetônicos" através dos quais se procurou "construir um recinto como síntese da arquitetura popular espanhola"[12]. Mas também o pavilhão de Mies que hoje se visita é uma cópia do construído em 1929.

Só os especialistas se importam em distinguir a cópia do original (perdido ou oculto sob camadas de tempo materializado); só eles se empenham em atravessar as camadas materiais de tempo para dizer: este dintel não existia quando esta porta foi construída. Só para eles a autenticidade é um efeito e não um dado; para os não especialistas, ou seja, para a maioria, a autenticidade pertence à ordem da experiência da aura. Mas a autenticidade experimentada é bem diferente da autenticidade reconhecida pelo especialista, pois, se ele se equivocar no reconhecimento, produz-se uma falsidade; ao passo que a experiência não pode se equivocar, nem o erro está dentro de suas possibilidades. Sobre essa qualidade da experiência que é guiada por figuras apoia-se a reconstrução temática das cidades.

A própria ideia de reconstrução temática faz do fragmento urbano um "teatro da memória"[13], mas de uma memória produzida como efeito da reconstrução, de uma memória que não existiria sem a reconstrução.

Café. Oliverio Coelho escreve:

> Entrou num bar estreito e comprido, um daqueles pequenos cafés que numa época abundaram no centro de Buenos Aires. A luz âmbar se acentuava nos espelhos de cantos carcomidos. O balcão de madeira, precedido por assentos giratórios parafusados ao piso, mantinha o estilo pesado e oblíquo dos anos cinquenta, embora o tampo fosse agora de alumínio e a estante de licores fosse formada por prateleiras de vidro estribadas num espelho romboidal. No balcão havia xícaras de café sujas e, numa campânula de vidro, exibiam-se *medialunas* calcificadas, sanduíches por cujas bordas assomavam crostas de frios, nugás com embalagens vermelhas e algumas moscas que não saíam de sua armadilha de vidro e de vez em quando esfregavam as patinhas da frente perversamente, como se gozassem sendo observadas.[14]

Só a literatura reconstrói um bar tão autêntico.

Autêntica imitação de qualidades imaginadas. Foi reconstruído, em compensação, o Café de los Angelitos, agrupando signos em estado de pura e vibrante conotação, para indicar o que nunca esteve ali mas devia estar se o relato de Buenos Aires segue a sugestão do mito. A construção temática do Café de los Angelitos, uma invenção urbana, pertence às artes da cenografia, não da restauração nem da preservação. A esquina da avenida Rivadavia com a *calle* Rincón oferecia um excedente que valorizava o prédio, porque lá existiu o bar mencionado num tango famosíssimo de José Razzano com letra de Cátulo Castillo. Quando o novo café foi inaugurado, os jornais de Buenos Aires foram unânimes em observar que se tratava da recuperação de um "ícone da cultura urbana".

O que estava sendo recuperado na realidade era um espaço simbólico, já que o "ícone" mencionado havia decaído miseravelmente até que fosse fechado, em 1992. Antes, o local, em que se ouvia tango à noite e funcionava como café de bairro durante o dia, não tinha nenhuma marca de pitoresco, como geralmente ocorre com os lugares cujas características visuais não são portadoras de uma originalidade autoconsciente. Fundado em 1890, o velho café havia sido, de fato, um ponto para muitos:

Carlos Gardel assinou em uma de suas mesas o contrato para gravar com a Odeon e o tango lembra a presença, até mais arcaica, de *payadores** como Gabino Ezeiza, Higinio Cazón e Betinoti. Atingido pela decadência que havia afetado o tango nas últimas décadas do século XX (antes de seu renascimento salvador na Broadway), cabe lembrar que Raúl Berón morreu lá, horas antes de uma de suas apresentações, em 1982. Os moradores do bairro defenderam o que, em cada etapa do Café de los Angelitos (que atravessou várias fases, inclusive uma, de meados da década de 1960, em que se transformou em "Munich Los Angelitos"), representou como "ícone", para usar a palavra preferida pelo jornalismo entusiasta. Enquanto permaneceu fechado, o edifício, já em estado de obsolescência terminal, sofreu o afundamento de seus telhados, e a "reconstrução" atual é, na verdade, uma nova construção.

O que não deveria se perder era a esquina, com sua generosa oferta de mitologia consagrada na letra do tango de Cátulo Castillo, que, como muitos tangos, apresenta com sinceridade sentimental o tema do *ubi sunt*, característico de um presente destituído, que já era destituído em 1944 quando Castillo a escreveu, lembrando com apropriada nostalgia os "tempos de Carlitos", necessariamente anteriores a 1935, e os mais remotos de Gabino

---

* Cantores de *payas*, composições poéticas geralmente improvisadas e dialogadas.

Ezeiza e Betinoti. O Café de los Angelitos já era um ícone portenho pretérito mesmo quando funcionava nos anos 1970 e 1980, e esse caráter pretérito se acentuava por duas razões: ainda faltavam alguns anos para o renascimento atual do tango, e a esquina da Rivadavia com a Rincón era um enclave que subsistia em um dos bairros portenhos que estavam decaindo.

Examinando as fotografias históricas e a fachada atual do local, é fácil comprovar que a única coisa que se manteve foi o remate da esquina: dois anjos que sustentam um pergaminho em que se lê o nome do estabelecimento. De tudo o mais não resta nada e, no entanto, esse desaparecimento de uma fachada sem qualidades não suscita nenhuma nostalgia, já que a esquina se encheu de elementos icônicos. Diante da plenitude simbólica do presente seria improvável que alguém se perguntasse o que foi feito do horrível toldo metálico (fotografia de meados da década de 1960) que estava no lugar da atual marquise elegante, nem onde foi parar a placa que dizia "Munich" ou "Terraza". Ninguém há de lembrar com nostalgia o café que mostra uma fotografia dos anos 1950, as paredes pintadas de verde-claro, mesas e cadeiras comuns e correntes, plástico nas telas das lâmpadas e nos tampos dos balcões, um cenário mesquinho e, como único vestígio de sua história, o friso de páginas de jornais pendurados a uma altura que as tornava invisíveis.

O Café de los Angelitos de Castillo e Razzano nunca teve, como tem agora, um vitral sobre a porta de entrada onde estivesse representado o próprio café como duplicação no presente de uma imagem dos anos 1950. Este Café de los Angelitos oferece, por outro lado, essa singular duplicação; a luneta sobre a porta dupla reproduz a própria esquina da Rivadavia com a Rincón em sua simplicidade primitiva: o momento original em que se quer datar o mito, embora o café do final do século XIX tenha estado ali mais de sessenta anos antes da época atribuída à cena do vitral, que coincide aproximadamente com a data em que Razzano e Castillo compuseram o tango, que inaugura o mito do café.

Seja como for, a natureza tem aversão ao vazio tal como os bairros têm aversão ao desaparecimento de lugares que eles próprios contribuíram para debilitar e depois começam a defender como "ícones". O atual Café de los Angelitos tem duas zonas perfeitamente separadas: a de trás, com cenário e grande restaurante com palco lateral que lembra o dos clássicos *night clubs*; e a do consumo turístico local ou internacional, caro. A da frente, que se comunica com a rua através de grandes janelões que só têm uma proteção simples, está quase sempre ocupada por um público da região e adjacências, que ouve distraidamente o músico que toca sobre a passarela que arremata o bar. Essa seção "local" do novo café responde, de algum modo, à mobilização do bairro por sua reabertura. O mais autêntico é o piso de velhas lajotas calcárias que provêm das vidas anteriores do café.

O resto é um bar temático bastante discreto, apesar da profusão de iconografia clássica em suas paredes: retratos presididos por Gardel, ladeado por Libertad Lamarque e Aníbal Troilo, trindade que num extremo acompanha o daguerreótipo de Gabino Ezeiza que não vem da memória de nenhum dos atuais frequentadores, mas, por via direta, da letra do tango. Além de alguns heróis nacionais, como Fangio, Borges e Pepe Arias, está presente toda a família do tango, com suas diversas dinastias e tribos; é um parnaso, ou, por assim dizer, a seleção nacional da cultura popular portenha musical e cinematográfica. Uma moça, vestida de preto e de quepe, leva pendurado no pescoço o que nos *night clubs* era a caixa dos cigarros, que agora oferece uma amostra dos suvenires que se vendem no *coffee shop*. Os garçons, de avental preto longo, poderiam ser interpretados como uma menção estilizada ao "Munich" que o lugar foi em algum avatar de sua vida anterior, ou talvez a ausência de paletó seja simplesmente um dado escolhido como "de época" (embora hoje esse avental longo prolifere nos "restôs" *cool* de toda a cidade).

Bar temático discreto, se pensarmos em todos os excessos de que a artificiosa memória do tango teria podido lançar mão. No entanto, não deixa de ser um bar temático, no qual nós, habitantes locais, entramos numa nave do tempo em que o construído não é só a *nave* mas também o *tempo*. A nave é a cenografia de uma invenção: o tempo de antanho. Essa sensação perturbadora para quem a experimenta não é a mesma que se pode ter no café Tortoni, em que a ausência de graves rupturas em sua história possibilitou que o local, reformado e aperfeiçoado, não seja diferente do que foi há quarenta ou cinquenta anos. O Café de los Angelitos, por outro lado, chama-se assim só por causa da resolução de conservar um nome aderido à poesia feliz e melancólica de um tango. Com exceção do nome, toda a empreitada pertence à ordem de uma cenografia que reproduz a "ideia" de uma época, a partir de estilemas soltos e incongruentes: o palco no qual se toca música evoca palcos originais, mas os vitrais autorrepresentativos são impossíveis em qualquer etapa anterior; as mesas com tampo redondo de mármore e as quadradas escuras não contradizem as lajotas do piso, mas a iconografia das paredes não poderia pertencer a nenhum momento do passado desse estabelecimento. O público do bar, um domingo à tarde, chega das cercanias, mas sua composição mudou e as famílias que consomem gigantescas porções de bolo com xícaras de chocolate não têm afinidade com nada que possa lembrar esse bar no passado.

A incongruência entre características de estilo e de público, que provêm de diferentes estratos do passado e do presente, é o que acentua a ideia de um bar em que se fabricou um tempo passado no qual nós, os portenhos, somos todos turistas por duas razões: porque são evocados anos dos quais não pode haver sobreviventes (e nesse sentido a "autenticidade" é como a de muitos cenários temáticos, a partir das invenções da Disney) e porque são evocados através de imagens que nunca poderiam ter coexistido desse modo, nesse espaço. A edificação do Café de los Angelitos é descrita (no folheto e na página da *web*) como "Testemunho vivo de Buenos Aires". Testemunho de quê? Testemunho do presente e não do passado, prova de que a cidade tem, *apesar de tudo*, um passado reconhecível em características estilísticas que podem ser codificadas, organizadas e revividas. Numa era obcecada pela memória, nada garante tanto a autenticidade de uma invenção quanto uma falsa lembrança[15].

Indiferença e minimalismo. Em oposição à reconstrução temática de lugares, crepita uma autenticidade irreconhecível porque carece de qualidades atribuíveis a um "original" e, consequentemente, não pode ser suporte de nenhuma operação "pitoresquista". Essa autenticidade frágil é ausência de pretensão representativa, indiferença com relação ao que se considera típico, descuido nas características que foram codificadas no alfabeto dos guias turísticos. Há pedaços de cidade que poderiam pertencer a 1920 com razões muito mais fundamentadas do que as que mostram os bares de tango que, tal como existem hoje, nunca existiram e são resultado de um renascimento musical que começou no exterior e só depois triunfou em Buenos Aires. Há lugares que persistem sem querer persistir, sem consciência de que são idênticos a outros do passado. Trata-se da "autenticidade" de espaços sem conotações suplementares, que não sofreram a sobreposição de uma decoração falsa-autêntica. Dou um exemplo.

Os folhetos de propaganda, dedicados ao turismo e a tranquilizar comensais que não querem a aventura de novas culinárias, dizem: "Um lugar diferente com puro estilo argentino." As lousas no exterior anunciam torta de batata, *locro*, almôndegas, lentilhas ou miúdos, nhoque, *asado de tira* "para 2 comem 3", milanesa à napolitana, filé de merluza com purê. O restaurante é uma espécie de museu retrô não deliberado, cuja autenticidade se apoia na falta de decoração e de afetação, nos garçons e garçonetes de camada média baixa (diferentemente dos que se presumem conhecedores *gourmet* ou estudantes de *design* em Palermo), no cardápio sem invasões de nenhuma "fusão" diferente da fusão tradicional da cozinha portenha, no tamanho das porções, na ausência de pressão sobre os clientes, que são esquecidos em suas mesas, e na cortesia de uma empanada frita como aperitivo.

No velho centro da cidade, do lado sul, ocupa o térreo de um edifício dos anos 1920, ou talvez um pouco anterior, cujo primeiro pavimento tem uma série idêntica de nove janelas descascadas, com remate de arcos moçárabes e balcões de ferro, salvo da demolição ou da reciclagem porque a região ainda não atrai grandes investimentos imobiliários. Está encerrado num tempo que o mantém fresco e vivo, mas imune a qualquer uma das inovações que, mesmo nesse bairro decadente, afetam, por conta do tango, outros locais mais tradicionais.

Imóvel sob sua redoma de vidro do tempo, condensa lugares comuns. Por isso agrada, e muitos que não podem lembrar restaurantes semelhantes de quarenta anos atrás o frequentam porque, na falta de estilo, em sua nudez de pretensões, encontram uma sombra de autenticidade que é, claro, ilusória. Não aspira à autenticidade, que é um valor que sempre se julga perdido por alguma razão e que sempre é preciso buscar num lugar onde teriam permanecido escondidas as sementes que poderiam germinar, sem dúvida monstruosamente, no presente. A autenticidade é romântica e esse restaurante é, antes, realista.

Não permite demasiadas ironias por seu despojamento absoluto de elementos cafonas. Não há fotos que evoquem passados gloriosos, do esporte ou do tango; os garçons e as garçonetes não têm rastro pós-moderno retrô nem simplesmente retrô; o cardápio não apresenta *revivals*, mas pratos normais, no entanto sem o acompanhamento que hoje se pode encontrar até nos lugares mais culturalmente locais: não há batatinhas nem *papitas*, mas batata, batata frita ou purê de batata.

A ausência de *kitsch* é a marca. Gélido, ortogonal, varrido por uma luz implacável já que toda a sua aposta está em uma cozinha que não tem nada de especial a não ser a abundância. Como se o restaurante apresentasse as formas abstratas da comida portenha, sem inflexões pós, sem caprichos de modernização ardilosa, sem nostalgia, sem distância, sem estranhamento, é claro.

Às vezes encontramos uma autenticidade *minimal* muito difícil de distinguir da simplicidade ou da vulgaridade pura e simples. Acomoda-se na passagem entre o que já não existe e o que quase não existe, mas sem consciência dessa precariedade (para qualquer um seria uma precariedade). É puro presente. Não se pode fazer ali um festival revivalista.

Os turistas, é claro, não o entendem nem o frequentam. Para alguns estrangeiros, interessados em tanta perfeição da ausência de signos, é preciso explicá-lo. Como se pode ser típico e não o ser ao mesmo tempo? Inadequado para se transformar em mercadoria turística, o restaurante resiste ao pitoresco e nega-se a prosperar na cidade dos visitantes vindos de fora.

III. A CIDADE CULTURAL

A "era da Cultura". Otilia Arantes escreve:

> De fato, nunca se falou tanto da Cultura e seus derivados como nos dias de hoje. É bem possível que só em inglês – a língua geral do planeta – o número de revistas especializadas em questões ditas culturais tenha alcançado cifras inflacionárias. A tradicional casa editora Routledge lança atualmente uma média de dois ou três títulos por semana sobre o assunto. Sem falar na ciranda internacional de colóquios e similares. Mau negócio é que não há de ser o eixo em torno do qual parece girar a tal Era da Cultura em que supostamente vivemos. Uma idade em que a noção de cultura se expandiu a ponto de abarcar praticamente todas as dimensões da vida social. Não há experiência ou artefato que não se apresente investido de um significado cultural qualquer. [...] Tudo é passível de associações simbólicas, tudo possui referências a práticas e tradições locais – valores esquecidos e reativados por essa nova voga cultural que parece querer a todo custo devolver aos cidadãos cada vez mais diminuídos nos seus direitos, materialmente aviltados e socialmente divididos, sua "identidade" [...], mediante o reconhecimento de suas *diferenças "imateriais"*. Tudo se passa como se o reino do espírito triunfasse finalmente sobre a matéria, empurrando um mundo dividido na direção pacificada de uma reconciliação global, ao menos no plano da imaterialidade, a começar pela dimensão predominante videoeletrônica. Ao mesmo tempo, uma tal acumulação de "capital simbólico" redunda numa expansão das instituições e num retorno material nada desprezível para os produtores culturais. [...] Os megaeventos se sucedem cá e lá. Não se consomem mais obras, mas "pacotes" destinados a ativar o turismo cultural, inclusive sem que as pessoas sejam obrigadas a se deslocar, pois mostras e cursos passaram a ser itinerantes, a se reproduzir tal qual o cinema, como ocorre, aliás, com quase tudo, desde que adequadamente planejado para se transformar em imagem eletrônica.[16]

Cultura, religião urbana e cívica. No final do século XX e início do XXI, um pouco de brincadeira, quem saía de Buenos Aires rumo ao sul, atravessando Avellaneda de trem ou de carro, observava gigantescas instalações que já haviam começado a se oxidar: os galpões das fábricas fechadas, vedados com chapas com ou sem suas máquinas no interior, sucatas. Um pouco por brincadeira, com o sarcasmo próprio das situações desesperadas, podia-se dizer: "Amanhã serão centros culturais."[17] Isso não aconteceu porque naturalmente a grande Buenos Aires é uma região situada na Argentina e não na Catalunha, mas o sarcasmo provinha de uma ideia: o que a indústria deixa o mercado imobiliário toma e transforma. Ou, pior ainda, fica dizimado pela ação conjunta da desolação paisagística e da miséria. Onde havia fábricas modernas nos anos 1960, hoje acontecem festivais de poesia e vídeo, instalações, teatro comunitário para desempregados ou subempregados, hiperatuais também, o *cutting edge* da sempre renovada utopia vanguardista de unir arte e vida, que volta na era pós, quando menos se esperava.

A conversão do espaço público em território inseguro de passagem e a deterioração de edificações anteriores, onde se desenvolveram processos produtivos que caducaram ou se transferiram para outras regiões, deixam extensões devastadas e edifícios em decomposição, que, com frequência, a cultura ocupa compensando simbolicamente uma autonomia que é improvável pelo caminho da política. As fábricas recuperadas por trabalhadores, depois de processos de quebra ou esvaziamento desde o final da década de 1990 até o início da seguinte, buscaram formas de combinar nova cultura juvenil com velha cultura de resistência operária e centros da esquerda política. IMPA é a sede de um centro para o qual se escolheu o nome de La Fábrica Ciudad Cultural, articulando nessa denominação o lado produtivo e o lado urbano, que é, por outro modo, incontornável porque fica num bairro do coração de Buenos Aires: Almagro. O discurso que, a partir do exterior, sustenta a Ciudad Cultural inclui descrições como a seguinte: "Os operários que recuperaram para sua cooperativa a fábrica de alumínio e papel quebrada e abandonada por seus proprietários, e agora organizada em forma de cooperativa, com paciência e amabilidade levam a passear os turistas culturais e os artistas, os produtores em busca de cenários para *spots* publicitários e os militantes." Para quem descreve essa dinâmica de comunicação entre frações sociais velhas e novas (do *design* às indústrias culturais, que incluem o turismo europeu de esquerda), o IMPA é uma "provocação cultural e um projeto político, um momento feliz de conjunção de saberes e gerações, em que se produz arte e se faz arte da produção. Certamente irrepetível como modelo, a Fábrica Ciudad Cultural é ao mesmo tempo utopia de uma sociedade melhor (em que a alegria do trabalho seja ao mesmo tempo a alegria da cultura) e legado pragmático de lutas, saberes e sonhos dos trabalhadores de Buenos Aires"[18]. Grisinópolis, outra das fábricas recuperadas, teve um centro cultural fugaz, descartado ao mesmo tempo que se decidiu que os grupos políticos começariam a fazer seu trabalho fora do prédio do estabelecimento, o que é uma coincidência significativa. A gráfica Chilavert, por outro lado, mantém seu centro cultural que, segundo um de seus dirigentes, faz parte da rede de apoio solidário criada com os moradores quando estes apoiaram os operários durante um conflito e ocupação.

A "fábrica-centro-cultural" é fundamentalmente um conceito: onde houve produção, os operários voltam a controlá-la conforme os ideais cooperativos de uma direção tão horizontal quanto permita o processo de trabalho, e a essa tentativa de reorganização do trabalho (provocada não como busca de autonomia, mas como reação às crises econômicas que os donos não enfrentaram) soma-se a ideia de uma aliança entre o cultural e o produtivo que faz parte da imaginação socialista ou libertária. Não se transforma a fábrica em centro cultural porque a base de edificação industrial oferece uma cenografia atraente para as atividades artísticas (como o caso da Ciudad Cultural Konex), mas porque o trabalho intelectual e o manual, separados pelas formas capitalistas de produção, podem encontrar numa ilha urbana novas modalidades de combinação. Como se fosse possível revitalizar uma figura de operário que estreita a mão do artista, que várias vezes pareceu se romper no século XX, começando pelos infelizes avatares da revolução na Rússia.

No entanto, o que acontece nesse movimento de confluência de cultura e trabalho (que também conflui à maneira pós-vanguardista *cool* na Eloísa Cartonera) é também a crise do trabalho e a crise da política. Os que permanecem nas fábricas ocupadas são, segundo testemunhos e informações, os operários mais velhos, que não estão em condições de voltar ao mercado de trabalho e se recolocar; até se aumentasse a oferta, por vários motivos eles seriam rechaçados. São acompanhados pelos militantes dos pequenos partidos de esquerda, pelos jovens, pelos turistas estrangeiros, pelos artistas: a lista é tão variada quanto a realidade que pretende captar. Nesse clima ocorre a conversão dos espaços fabris ou seu uso duplo (produção / espetáculo; aprendizagem de técnicas artísticas e artesanais / aprendizagem na gestão de uma fábrica). A fábrica cultural é um instante reconciliado da relação entre operários e camadas médias, ocorrido numa época em que a "culturalização" é um estilo e uma onda.

Quando em 2004 começaram os trabalhos de reconversão de um velho prédio industrial na Ciudad Cultural Konex (todo edifício quer se chamar "cidade", seja Konex ou IMPA), enquanto Clorindo Testa realizava o projeto, Diana Saiegh era curadora de outro que tinha o inevitável nome de "Transabasto": "A ideia adotada por Saiegh é a de que cada artista participante se aproprie de um território na velha fábrica e de que, com os elementos existentes, transvase esse conceito industrial desaparecido, que deixou de funcionar há muito tempo, numa obra de arte."[19] Parece brincadeira, mas é assim: com os restos dos meios de produção, que eram justamente o símbolo da crise que levou a Argentina a um estado quase final, façamos cultura: a cultura repara. A cultura repara?

Sem se isentar totalmente de suas promessas, já durante a crise, a cultura deu outra oportunidade a Buenos Aires, apoiada pela inesperada ajuda do valor do dólar, pelo chamado *boom* imobiliário[20], pelo *revival* do tango e pela opção das vocações juvenis pelo *design* de imagem e som, sustentada pela universidade pública e centenas de centros privados, vocações que se fortalecem e se prolongam para além da adolescência porque a cultura é mercado de trabalho. Uma terceirização cultivada corre paralelamente com os dizimados dos anos 1990. Tendências nacionais e internacionais se cruzam na virada do século.

Buenos Aires é hoje uma cidade cultural-turística. Um destino que no início do século XX ela acreditou que lhe pertencia por uma arrogância de superioridade alardeada diante do resto do país e da América Latina, hoje se revela como saída "vocacional" e econômica. O que foi equivocado destino manifesto (que sempre é equivocado) passou a ser opção de mercado apoiada pelo jornalismo e pela política, como se um florescimento cultural devolvesse à cidade não o que ela foi mas o que devia ter sido, justamente no momento em que o país deixava de ser o que tinha sido.

Será preciso falar do Faena District como o lugar em que o mercado se expressa em termos que para qualquer outro seriam utópicos? E, por outro lado, se em Londres os trabalhistas descobriram há poucos anos que um terço dos trabalhadores pertencia aos serviços culturais, por que não em Buenos Aires?

A cidade como fábrica cultural, uma vez que baixou a cortina sobre a política moderna. O novo da cidade provoca a "amnésia territorial e nos obriga a viver em lugares indiferentes, cujo papel se limita a servir de suporte às funções de uma sociedade instantânea... O desenraizamento da arquitetura e dos diferentes estabelecimentos humanos, separados de seu solo, de seu clima, da luz que os banha e de sua história, parece o desenraizamento que rompe 'a harmonia das flores cortadas' evocada por Jung"[21]. O modelo não se estende apenas às cidades que pertencem a nações em que se viveu uma crise:

> Barcelona nos oferece um exemplo do poder simbólico que as políticas urbanas atribuem à noção fetiche de cultura. Em nível geral, a "cultura" está se transformando em uma mercadoria gerada em termos industriais que suscita à sua volta um negócio cada vez mais próspero, mas sobretudo é um valor-refúgio seguro para as políticas de promoção urbana, na medida em que é um dos elementos que aportam mais singularidade funcional nas dinâmicas de tematização e espetacularização que as cidades adotam em face de sua própria desindustrialização. Todas as grandes iniciativas político-imobiliárias que ocorreram em regiões da cidade têm como eixo articulador, nas últimas décadas, a proliferação de grandes instalações destinadas à Arte e ao Saber, sempre confiadas a arquitetos de prestígio internacional. Pois bem, nas intenções apa-

rentemente benfeitoras de seus promotores políticos é fácil descobrir o objetivo último tão pouco artístico-cultural como é o de investir em prestígio em face da própria cidadania e dissimular pela via ornamental grandes operações urbanísticas de reconversão de velhas zonas industriais ou de reabilitação – e, portanto, de revalorização – de centros históricos deteriorados. A crescente museificação dos velhos centros e a incorporação de macroinstalações culturais não podem ser desvinculadas do papel que o turismo chamado "cultural" exerce cada vez mais nas economias urbanas. Esses processos consistem paradoxalmente em expulsar a história da vida das cidades historizadas, pois são mostradas como terminadas, encerradas num pretérito perfeito em que são paradigma imóvel e inamovível, sempre a serviço de uma refuncionalização do espaço urbano a partir de critérios de puro mercado.[22]

Bairros culturais. Em Buenos Aires, Palermo é um "bairro cultural"[23]. Reúne condições suficientes e não foi necessária uma *gentrificação* traumática, mas uma operação imobiliária, com características de certa espontaneidade, que se desenvolveu durante mais de duas décadas.

As velhas casas proporcionam uma boa base para uma reciclagem cujo objetivo são as atmosferas originais, que se diferenciem dos lugares-comuns do mercado; casas *chorizo**, cujas paredes internas foram derrubadas, cujas coberturas de tijolos foram deixadas à vista, cujas molduras e vigas foram conservadas, cujos muros branqueados permitem que se destaque o desenho de objetos e roupas. A tendência é um ambiente *cool*, que segue as mesmas linhas da reciclagem das casas, em que os traços de seu passado não são todos apagados, mas reacomodados como citações e reminiscências sem fixidez, móveis, como se fossem partes cenográficas que se abrem para a rua através de vitrais que lembram, em alguma característica preservada, que antes foram janelas altas e estreitas. As casas recicladas como negócios ou como novas residências perderam os traços mais definidos do que foram, porém essas qualidades pretéritas tam-

---

* Casas comuns em certos bairros de Buenos Aires, em geral resultantes da divisão de uma casa maior pela metade, no início do século XX. Compõem-se de ambientes enfileirados que se comunicam internamente um com o outro, cada um deles tendo uma porta que dá para um pátio ou alpendre lateral. (N. da T.)

bém não se haviam mantido intactas mas, ao longo de cinquenta anos, haviam sido cobertas por revestimentos alheios, modificações nas aberturas para a rua, divisões e reparos.

Palermo recicla sobre modificações anteriores, e a novidade é o fato de reciclar com uma ideia programada do que o bairro é atualmente. A ideia é, além do mais, bem-sucedida: todo o mundo gosta do Palermo que adapta às camadas médias profissionais, aos visitantes de fim de semana e aos turistas a utopia de estar no meio de tudo e, além disso, num bairro "amável", "sensível", como o definiram os moradores que desde os anos 1980 se moveram na atmosfera do tempo futuro e não, como julgavam, na da conservação.

A experiência de rua produz também uma sensação de familiaridade que não se deveria qualificar como falsa: os bares de Palermo reatualizam a velha ideia do bar em que se conhecem os clientes e em que há frequentadores notáveis (escritores, diretores de cinema, *designers*, artistas). Palermo permite sentir-se parte de um espaço urbano, algo que se tornou impossível para as camadas médias no centro decadente da cidade. Em Palermo integra-se um "agito" urbano bem-sucedido. A palavra "agito"* é a mais adequada para designar o ímpeto do bairro que está literalmente em sua fase *big bang*. Palermo se move para fora de Palermo, cruza a avenida Juan B. Justo, chega à *calle* Córdoba, passa pela Villa Crespo e Dorrego, atinge Las Cañitas por um lado e Chacarita pelo outro: uma exorbitância só unificada pelo nome e seus diferentes aditamentos.

Palermo é o paraíso urbano das camadas médias, e elas sempre deram o tom a Buenos Aires. Os consumos de camadas médias dão a Palermo seu estilo de "bairro cultural", que não depende só da presença, num extremo, do Malba e, no outro, do museu Xul Solar, nem de alguns teatros do *off*, mas de uma forma do ócio e da circulação. Palermo não se parece com SOHO nem com East Village; no entanto, nessas comparações irrelevantes há algo que poderia aproximá-los: bairros em que circulam não só os que moram neles, mas também (como acontecia

---

* No original, *movida*. (N. da T.)

antes com o velho centro da cidade) os que vão passear lá. Conseguir isso implica um mínimo de condições, e a primeira é a de que haja "verdadeiros" moradores e não só estabelecimentos comerciais. Ou seja, que se mantenha a condição de bairro, ao passo que o velho centro da cidade não foi pensado como bairro mas como puro espaço público (administrativo, de diversões, gastronômico), embora tivesse efetivamente moradores radicados, cortiços e pensões. E, se os moradores têm que viver em torres que contradizem a imagem do bairro, são as novas torres, no entanto, que dão a Palermo seus moradores necessários quando os donos das casas antigas consideram, acertadamente, que lhes convêm vendê-las para que lá funcionem lojas e restaurantes.

Palermo, para ser Palermo, necessita dos Vecinos Sensibles de Palermo* (a quem se deveria reconhecer a primeira patente do invento que depois se aperfeiçoa). Os Sensibles defendiam o bairro como "moradores", e realmente o eram. Seu triunfo implica, entre outras coisas, que os "moradores" hoje sejam uma minoria indispensável. Um "bairro cultural" também precisa dos "habituais".

Entre os "habituais" incluem-se os donos "reconhecíveis" dos estabelecimentos comerciais (*designers*, livreiros, *chefs*), a gama variada de gente das artes e das letras, e naturalmente os moradores. Esse elenco não tem de se mostrar necessariamente o tempo todo, mas (como as celebridades) os "outros" devem saber que estão lá, porque um "bairro cultural" é um lugar "da moda". Diferentemente do público de fim de semana na *plaza* Francia e na Recoleta, para o "bairro cultural" conflui um público que aspira a se parecer com os "moradores" e "habituais", e provavelmente se parece com eles em sua definição sociológica. Por outro lado, ninguém que chegue no ônibus 92 à Recoleta pode achar que se parece com os moradores das *calles* Posadas ou Schiaffino que, unanimemente, desaparecem de lá no fim de semana. Embora muitos "moradores" e "habituais" de Palermo declarem que não passeiam por seu bairro a partir de sexta--feira à noite, não importa a verdade empírica, mas o que de

---

* Moradores Sensíveis de Palermo. (N. da T.)

verdadeiro essa afirmação transmite: a incessante necessidade de se diferenciar. De todo modo, chegam suas réplicas, já que a maioria dos visitantes compra, come e passeia nos mesmos lugares que os locais. Os turistas são um círculo mais exterior, mas também necessário: o olhar a partir de fora reafirma o que o bairro é para os de dentro.

"Habituais", visitantes e turistas reforçam a nova "identidade" do bairro, mesmo no desenvolvimento de seus conflitos, como quando os moradores quiseram expulsar os artesãos da *plaza* Cortázar, em cujas esquinas ficam os bares pioneiros e emblemáticos, "Malas Artes" e "El taller". Esses artesãos já não eram necessários para a produção do efeito "cultural" de Palermo, mas pareciam uma sobrevivência do passado ou um enxerto mais apropriado a outros lugares menos *cool*, porque os artesãos deixaram de sê-lo. Houve conflitos não só com as autoridades da cidade, mas também com os que se identificaram como moradores do bairro[24].

A lógica de Palermo é *gentil*: mais lenta que no resto da cidade, com um uso do tempo mais distendido (exceto para quem trabalha nos estabelecimentos comerciais), uma forma atual da boemia, que exclui a deterioração e as carências e que se define pelo êxito, e não, como as velhas boemias do século XX, pela resistência ou pelo fracasso. *Gentil* é *cool*, o que supõe a abertura, a ausência de contradições fortes e de dureza, a disposição hedonista não menosprezada, mas subscrita como estilo da vida cotidiana. Palermo é, usarei adjetivos bem contemporâneos, *vivível* e *pra cima*.

Diferencia-se de outros *clusters* culturais, que não chegam a definir um bairro, mas que lá subsistem. Como as bancas do Parque Rivadavia, no próprio âmago das camadas médias no ambiente *cool* de Buenos Aires. Juan Terranova escreve:

> No Parque Rivadavia ainda se conserva uma lógica *punk*. Não há tantos vinis como antes nem tantos caixotes com livros velhos para remexer, e os fanzines agora estão na internet. Mas a era digital encheu as bancas de piratas que copiam músicas e programas, que vendem filmes em DVD antes que eles cheguem aos cinemas e trocam jogos para PlayStation. A autonomia, a livre circulação de informações, a ilegalidade, toda essa trama mantém o parque vivo.[25]

A "lógica *punk*" seria destrutiva em Palermo, do mesmo modo como o East Side nova-iorquino teve que expulsar os *junkies* para que se estabelecessem os restaurantes étnicos e as casas de *design*. A "lógica *punk*" é um excesso que desordena. E os "bairros culturais" se atêm a um ordenamento inclusive de seus excessos (salvo em termos de mercado imobiliário, naturalmente). A "lógica *punk*" tem um elemento plebeu (socialmente, culturalmente) que não cabe em Palermo. Cerca de 3.500 estabelecimentos comerciais não propiciam uma transformação dessa lógica[26].

IV. A CIBERCIDADE

Academias de ginástica. Foucault disse que a heterotopia "tem o poder de justapor, em um só lugar real, múltiplos espaços, múltiplos locais que são em si mesmos incompatíveis"[27]. Para Foucault, os jardins, e certamente os mais antigos, são espaços heterotópicos; na cidade atual, as academias de ginástica hipertecnológicas são a última construção heterotópica. Nelas, como nos jardins sagrados, acredita-se que o corpo possa alcançar uma ascese já não transcendente, mas um salto a um lugar "outro", o do bem-estar no meio de uma cidade contaminada; o da abolição dos grandes espaços para que homens e mulheres possam concentrar-se em espaços íntimos (embora não exista uma intimidade mais desconhecida do que a do corpo), em meio a dezenas de outros homens e mulheres que correm atrás dessa mesma ilusão.

As igrejas têm essa qualidade heterotópica para seus fiéis, na medida em que, durante alguns instantes, e só para aqueles capazes de crer intensamente, dois mundos se intersectam: o humano e o divino tornam-se, fugazmente, um. A academia de ginástica também oferece uma promessa heterotópica, porque lá o espaço é (cito Foucault) "tão perfeito, tão meticuloso, tão bem ordenado quanto o nosso é desordenado, mal administrado e embolado". Na academia de ginástica hipertecnológica, o corpo e o desejo do corpo tornam-se, fugazmente, um, por intermediação de uma mística física e discursiva. A academia de ginástica hipertecnológica modifica radicalmente as condições espaciais que rodeiam o corpo e dentro das quais este se desloca. Complemento exterior da interioridade de ossos e músculos, a academia de ginástica exterioriza uma parte do sistema físico de movimento do corpo, desliza os limites entre o corpo biológico e a máquina. Como os arreios interiores de uma balsa interplanetária, o espaço da academia de ginástica é radicalmente uma invenção que, entre outras características, mostra sua extrema descontinuidade com respeito aos espaços exteriores a ele.

A compacidade que resulta da tecnologia produz circuitos também compactos e encerrados em suas próprias funções; essa intensificação do espaço é em si mesma heterotópica: planos de movimento e planos de tempo acelerados que se separam por cortes abruptos onde se impõe a distensão. Na esteira de correr ou nas bicicletas ergométricas, homens e mulheres simulam (como num simulador espacial) as condições de fadiga real que, antes, só podiam ser conseguidas em espaços reais. Diante das esteiras e das bicicletas, as televisões potencializam a sobreposição de espaços e tempos. Não é por acaso que, nessa heterotopia, se tenha construído uma sociedade cujos limites coincidem com os da academia de ginástica.

Como espaço completamente dominado por uma tecnologia eficiente, a academia de ginástica se separa de uma cidade em que o técnico (o transporte, por exemplo) tende à precariedade. A cidade fica fora, temporariamente abolida; seu mal-estar se dissolveu, também por algum tempo, no bem-estar de uma ordem que produzirá como resultado o completo controle do próprio corpo, algo que na cidade está sempre ameaçado pelo descontrole. Nisso, as academias de ginástica hipertecnológicas respondem a uma lógica maior, que é também a do *shopping*.

Dissolução do território? A cidade (o *tópos*, o lugar) se desterritorializa em suas representações (mapas, pinturas, relatos e teorias) que, de todo modo, julgavam possível uma relação entre a cidade real e a cidade representada. As imagens de cidade não buscavam sua abolição, mas seu conhecimento (mapas e cartas), sua crítica (teorias, relatos), sua melhoria (programas reformistas ou utopias). As imagens de cidade propuseram-se representações de diversas ordens: alegórica, simbólica, realista, de costumes, irônica. Mas a cidade construída estava por baixo dessas representações, mesmo das imaginárias "cidades perfeitas".

Hoje paira sobre o território outra "cidade", não uma *SimCity* de brinquedo, mas a otimistamente chamada "praça pública telemática", desespacializada, última forma não de representação mas de relevo do que a cidade foi: rede, trama, espaço público, semipúblico, privado, do mercado, das instituições, dos indivíduos. Não vou me referir aos temas que fascinam (ou melhor, fascinaram há alguns anos) a futurologia cultural, como o do teletrabalho cujo bom acolhimento esteve a cargo de centenas de artigos acadêmicos e jornalísticos, em todo o Ocidente, que celebraram as novas tecnologias libertadoras das constrições espaciais e temporais[28]. Nas cidades latino-americanas, a desurbanização dentro da cidade não responde ao padrão europeu de um campo-dormitório considerado um ideal de vida num momento de ideologias ecologistas romântico-tardias, mas ao problema, mais real, da insegurança que aconselharia o uso telemático da cibercidade sobre a presença na cidade real.

A cibercidade é uma heterotopia. Como os sonhos, põe em relação de contiguidade fragmentos espaçotemporais que em organizações sintáticas "normais" mostrariam suas incongruências, porque provêm de lugares radicalmente diferentes e desconhecidos entre si; como os sonhos, a heterotopia ciber justapõe ou faz suceder imagens cujo contato parecia, até então, difícil ou impossível. A cibercidade se sobreimprime à cidade cabeada (para a televisão e uma parte do serviço de telefonia) e à cidade de *clusters* celulares ou de ondas de satélite. Todo esse conjunto forma uma cidade virtual sobre a cidade real, mesmo que a virtualidade seja sustentada pela infraestrutura material.

A temporalidade lábil distingue a cibercidade da cidade real cujo tempo é (ainda) escandido por ritmos periódicos: o dia e a noite, a jornada de trabalho, as distâncias, o transporte, seus horários e suas frequências. A temporalidade da cidade real não é um fluxo ininterrupto, mas, ao contrário, uma série de barreiras e obstáculos apesar dos quais o tempo transcorre. Em uma temporalidade caracterizada pela detenção mais do que pelo fluir, pela espera mais do que pela sensação de imediatice, pela separação dos espaços que impõe lapsos geralmente ingovernáveis. Na cibercidade a temporalidade é, pelo menos teoricamente, veloz. Sabe-se, é claro, que as conexões digitais e materiais sofrem interrupções, mas, em termos teóricos, solicita-se, promete-se, exige-se o imediato e sente-se frustração quando não se consegue. A cibercidade é imediata porque pôde prescindir de grande parte da materialidade que havia definido a cidade desde suas origens. Ao se desterritorializar, a cibercidade promete uma liberdade e uma velocidade de deslocamento que são justamente opostas às que se conseguem na cidade localizada, onde tudo, o pensado e o não pensado, o planejado e o não planejável, ameaça transformar-se numa barreira.

Desmaterializada, a cibercidade se oferece como cena da realização do desejo, como na canção dos Sex Pistols, de um desejo que desconhece seu objeto, mas quer obtê-lo imediatamente (cair no lugar que não se sabe que se deseja, nas milhões de páginas de uma cibercidade, cair abruptamente, antes de ter tempo de desejá-lo ou de saber que existe). O desejo se torna independente de suas bases materiais, e é desejo puro de encontrar seu objeto desconhecido. Sabe-se, é claro, que essa cibercidade é a de quem pode acessá-la da maneira mais veloz[29]. Porém, como no caso da mercadoria no *shopping*, o fato de muitos ainda não poderem ter acesso a ela não implica que a alegoria da cibercidade não funcione para todo o mundo, exceto para quem vive muito abaixo e muito precariamente na cidade real. As imagens se generalizam antes dos fatos e operam como forças materiais que exercem pressão sobre a imaginação urbana.

A liberação dos limites espaçotemporais (uma qualidade heterotópica) é contrária à ideia de cidade localizada, em que os limites não são simplesmente obstáculos, mas organizadores de lugares e atividades; até mesmo a transgressão como prática de uso urbano é possível porque esses limites definem zonas da cidade. Na perspectiva clássica, por outro lado, o limite entre o privado e o público não é simplesmente uma produção ideológica, mas precisa de uma materialidade que o sustente. A fusão de privado e público no ciberespaço é uma novidade que, entre outras razões, se sustenta no desaparecimento de limites.

A discussão dos limites materiais no interior da cidade foi objeto de lutas de apropriação: desde apropriação de terrenos por especuladores imobiliários até ocupação de casas por desalojados de outros lugares; desde a legitimidade de estabelecer um obstáculo à circulação do transporte, cortar uma rua, por exemplo, até as reclamações para que esse corte "fora da lei" fosse desalojado; os velhos éditos policiais e as atuais contravenções têm como núcleo os usos de espaços públicos previamente delimitados (onde se pode vender, onde se pode exercer a prostituição etc.). A cibercidade tem como quase único limite a potência tecnológica dos instrumentos em posse do cibernavegante. Tudo desperta entusiasmo: até mesmo que haja adolescentes que correm pela cibercidade, mas nunca tomaram um metrô, dignos membros de uma primorosa cultura tecnológica neoprovinciana: da aldeia suburbana à aldeia global.

A cibercidade deslocaliza e relocaliza. Sua trama de comunicação, ao se sobreimprimir a uma trama territorial, embora não restrita ao lugar de residência, liberta das constrições que ainda operam nos espaços "reais". Não é necessário mover-se na *ciber city*; embora ainda não seja possível teletransportar-se, a imagem e o som são transferidos e, com isso, debilitam-se os obstáculos da mobilidade real.

Por outro lado, a *ciber city* parece protegida pela suspensão das regras que funcionam na cidade real. Baixam-se músicas e vídeos "grátis", por exemplo, e isso faz pensar na suspensão da lei mais forte da cidade real, que é a da propriedade privada no mercado. Se é possível suspendê-la provisoriamente, surge a ambição de que a propriedade, qualquer propriedade, não esteja igualmente protegida na *ciber city*. Embora não seja realmente significativo, o fato de se anunciarem assassinatos ou de alguns adolescentes tirarem fotos de si mesmos exibindo o fruto de roubos e consumindo-os para postá-los num *fotolog*[30] mostra não só a admirável onipotência atribuída a sua idade e um não menos surpreendente desconhecimento dos riscos de serem descobertos. Também prova a força da ilusão heterotópica da cibercidade, onde seria possível, ao mesmo tempo, roubar na cidade real, publicar na *Gemeinschaft* virtual e comer realmente os *alfajores* obtidos desse modo.

A comunicação viral que caracteriza esses espaços faz com que repetições mais ou menos banais se sucedam: moradores afirmam que um bando incendiaria automóveis para obter fotografias que despertassem o interesse enfastiado dos *fotologs*; mas muito antes dezenas de adolescentes mulheres tiram suas próprias fotografias em quartos decorados com cartazes ingênuos e ursinhos de pelúcia, imitando as poses da pornografia *light* e/ou lésbica, para postá-las em seus *fotologs*, em que a lei moral está provisoriamente suspensa, sobretudo contando-se com a ideia de que essas fotos, se foram tiradas por um adulto alheio à situação, poderiam ser consideradas pornografia exercida sobre menores. A ilusão é a de um espaço à mão, mas inatingível, em que a lei dos espaços reais ficaria em suspenso. Diante de uma cidade real cuja dureza é perceptível, a cibercidade é um cenário de simulações reais, se é que se admite o paradoxo.

A "lógica da celebridade" que governa, como vimos, a exibição da mercadoria no *shopping*, se impõe na cibercidade. Mas essa cibercidade autogerida é esquiva: milhares e milhares de páginas nos *fotologs* e nas redes sociais, onde é tão fácil entrar quanto passar despercebido, apesar da cândida insistência dos correios eletrônicos que distribuem o *spam* de "Fulaninho quer ser seu amigo etc.". A promessa é muito alta e é muito difícil vê-la realizada; seja como for, perde-se pouco, com exceção das expectativas, porque o investimento para que se cumpra é módico, irrelevante e consome um tempo curto. Às vezes, a sorte acompanha um *flogger**, que obtém seus quinze minutos de celebridade porque os meios de comunicação se aborrecem e temem aborrecer seu público se não ampliarem sua fauna.

Mas o mais comum é que essa promessa de "celebridade" não seja medida segundo as dimensões da celebridade midiática; assemelha-se mais a um reconhecimento dentro de um grupo pequeno, um bairro virtual, tão pequeno quanto as escassas

---

* *Flogger*: pessoa adepta de um estilo de comportamento surgido na Argentina em 2004, primeiro entre jovens que utilizavam *sites* com *fotolog* ou *photoblog*. (N. da T.)

centenas que se juntam em alguns *shoppings*, como o Abasto, em que bandos adolescentes de *floggers* se fotografam para enviar as fotos imediatamente aos amigos que estão na outra extremidade do *hall*, e vice-versa. Se lá explode a violência é porque a cibercidade, apesar de tudo, não paira simplesmente sobre a cidade real, mas a intersecta; a lógica de pura coexistência da *web* (em que o *hacker* seria um aventureiro simmeliano com grande personalidade) quebra-se diante do cara a cara no espaço público, em que a competição passa à ação física não como prolongamento do efeito ciber, mas como manifestação do peso das condições reais[31]. Essa interseção rompe a ilusão de liberdade heterotópica, como se de repente, enquanto um filme é projetado, fosse cortada a energia elétrica: queda no real e emergência de um tipo de "aventura" mais clássico. Rompe-se a continuidade de um espaço e entra-se em outro, governado por regulações diferentes. Lá, na ruptura da autonomia da cibercidade, pode realmente emergir a aventura.

A forma da aventura, escreve Georg Simmel, "consiste em rebaixar e romper a conexão da vida". A aventura é "um ilhéu vital, soberano, que desenha seu próprio perfil"; "é fora de série"[32]. Poder-se-ia pensar, com ingênuo otimismo, que esse ilhéu é a cibercidade, único lugar em que a aventura é possível quando os espaços reais terminaram de se normalizar segundo os requisitos do mercado e são sentidas as ameaças da insegurança. No entanto, é o oposto: não há ilhéu descontínuo na cibercidade, porque nela tudo é descontinuidade, o salto de um lugar para outro é a norma. E o que é a norma não pode ser aventura. Isso é evidente. Nos espaços reais está a possibilidade de romper a norma, até mesmo nos momentos pouco estimulantes em que os *floggers* em busca de originalidade brigam com alguma outra nação da cultura adolescente. A cibercidade, com sua dotação de terminais nas residências e nos locais públicos, com seus telefones e seus cabos, dá a impressão de oferecer um espaço "soberano" e "fora de série" em face dos espaços regulados pela propriedade e pelas imposições da série construtiva e do trânsito. No entanto, essa promessa de sair da série tem como contrapartida uma aventura simples demais. O aventureiro ao qual Simmel se refere é um temerário e não apenas um simulador. Como a cidade moderna, a cibercidade é um espaço apto à simulação de identidades: onde não me conhecem, posso ser o que não sou. O nome falso com que se entra no *chat* consuma essa fantasia de mudança de personalidade, executada com a liberdade restringida pela tentação de conhecer, em algum momento, o nome e o corpo verdadeiros. No entanto, a proliferação de "personalidades" mutantes é o prêmio de um espaço ao mesmo tempo visível e invisível, no qual parece possível mostrar-se sem se mostrar totalmente, ou mostrar-se mais do que se mostraria no espaço "real".

A simulação é a forma elementar da invenção de um relato, um momento de imaginação exercido com os materiais que se têm à mão, restos e dejetos, valores e preconceitos do mundo das mercadorias que se aloja na cidade real. Ela, ainda, determina os ritmos das cidades imaginadas e define os estilos mesmo daqueles que imaginam uma independência original. Nela, ainda, estão arraigados os ricos e os pobres.

NOTAS

INTRODUÇÃO

1. Christine Buci-Glucksmann, *L'oeil cartographique de l'art*, Paris, Débats--Galilée, 1996.

1. A CIDADE DAS MERCADORIAS

1. "A Conversation between Rem Koolhaas and Sarah Whiting", *Assemblage*, n. 40, dez. 1999, p. 42. As traduções para o espanhol de todas as citações são da autora. [Nesta edição brasileira, foram traduzidas diretamente do espanhol. (N. da T.)]
2. David Harvey, *Paris, Capital of Modernity*, Nova York e Londres, Routledge, 2006, pp. 209-22. [Ed. cast.: *París, capital de la modernidad*, Madri, Akal, 2008.]
3. Roberto Arlt, "Pasaje Güemes" (7 set. 1928), *Aguafuertes porteñas. Buenos Aires, vida cotidiana*, intr. e sel. Sylvia Saítta, Buenos Aires, Alianza, 1993, pp. 6-7.
4. Sobre a biografia "intelectual" de Jerde, Ann Bergren escreve: "Voltou [da Itália] para Los Angeles com a firme convicção de que o único lugar que a cidade ainda tem para criar comunidade é o *shopping mall*. Desse modo, através de diversas vicissitudes pessoais e profissionais, durante anos empenhou-se para que os empreendedores compreendessem sua visão e que esta superasse os obstáculos dos banqueiros e dos políticos. Sua luta culminou numa coincidência aparentemente cósmica: o grande salto do projeto Horton Plaza em San Diego, que o colocou no mapa nacional, ao mesmo tempo que Jerde atravessava uma espécie de epifania mística em cujo transcurso definiu as linhas que orientaram sua prática desde então. Esta é uma versão rascunhada do mito de Jerde sobre sua

missão arquitetônica. No entanto, para mim essa busca de comunidade não é o final mas o começo de sua história. Uma vez que a comunidade é um efeito, não uma causa. É o resultado, a manifestação, de gente que compartilha o mesmo espaço, seja real ou virtual. O termo, assim como o fenômeno, não informa os motivos pelos quais as pessoas se reúnem. A comunidade em si não explica por que os projetos de Jerde – seus *shopping centers* e seus *theme parks* – têm tanto êxito em juntar gente, a ponto de receberem 1 bilhão de visitantes por ano. A resposta simples seria: trata--se do prazer. Os projetos de Jerde conseguem reunir tanta gente porque oferecem prazer." (Ann Bergren, "Jon Jerde and the Architecture of Pleasure", *Assemblage*, n. 37, dez. 1998, p. 10.)
5. Louis Marin, "Dégénérescence utopique: Disneyland", *Utopique: jeu d'espaces*, Paris, Minuit, 1973.
6. "Ao rearranjar a cidade em uma forma limpa, segura e controlada, o *mall* adquiriu importância como centro social e comunitário." A citação refere-se à função dos *malls* nos *suburbia* norte-americanos, mas os mesmos adjetivos e a mesma função podem ser atribuídos aos *shoppings* em cidades em que as camadas médias consideram o espaço das ruas perigoso, sujo e deteriorado. Na América do Norte, há dez anos havia quase 30 mil *malls*, alguns deles realmente extravagantes, como o de Edmonton (Alberta, Canadá), cuja superfície é maior do que cem campos de futebol, o dobro do Del Arno Mall em Los Angeles. Dentro do *mall* de Edmonton há uma réplica, em escala natural, de uma das caravelas de Colombo. Em Scottsdale, Arizona, o *mall* ao ar livre tem o nome de "Borgata" e imita San Gimignano, com suas praças e torres construídas em tijolo italiano. "O nexo entre cenários inesperados e mercadorias cotidianas fortalece a experiência do *shopping*" (Margaret Crawford, "The World in a Shopping Mall", *The City Cultures Reader*, Londres, Routledge, pp. 125-40).
7. Walter Benjamin, "Experiencia y pobreza", *Discursos interrumpidos*, I, Madri, Taurus, 1973, pp. 172-3.
8. Ann Bergren, *art. cit.*, p. 14.
9. Richard Sennett observa que essa estandardização formal e funcional se diferencia das formas mais "erráticas" do consumo na cidade moderna do início do século XX descrita por Simmel. O consumo se moderniza e, consequentemente, "a memória coletiva diminui nos espaços públicos neutros". É difícil, acrescenta Sennett, estabelecer laços pessoais com uma loja Gap ou Banana Republic em especial: "a estandardização engendra indiferença" (Richard Sennett, *The Art of Making Cities*, Londres, Cities Programme-London School of Economics, 2000, pp. 12 ss.)
10. Juan José Saer, *La grande*, Buenos Aires, Planeta, 2005, p. 130.
11. *La Nación*, 11 out. 2007.
12. O relato chegou, como outros igualmente precisos, à caixa de correio de um jornal. Consultei V. L. sobre sua publicação e ela autorizou.

13. Heinrich von Kleist, *Über das Marionettentheater*, Kleist-Archiv Sembder, Internet-Editionen. [Ed. cast.: *Sobre el teatro de marionetas y otros ensayos de arte y filosofía*, Madri, Hiperión, 2005.] [Ed. bras.: *A propósito do teatro de marionetes*, Trad. de Chistine Röhrig, São Paulo, N-1 Edições, 2011.]
14. Daniel Samoilovich, *El carrito de Eneas*, Buenos Aires, Bajo la Luna, 2003, pp. 29-31.
15. Roland Barthes, *Mythologies*, Paris, Seuil, p. 144. [Ed. cast. *Mitologías*, Buenos Aires, Siglo XXI, 2008.]
16. Juan Terranova, "Diario de un joven escritor argentino", *La joven guardia*, sel. e pról. Maximiliano Tomas, Buenos Aires, Norma, 2005, p. 142.

2. A CIDADE DOS POBRES

1. Jorge F. Liernur, "La ciudad efímera", em J. F. Liernur e Graciela Silvestri, *El umbral de la metrópolis. Transformaciones técnicas y cultura en la modernización de Buenos Aires (1870-1930)*, Buenos Aires, Sudamericana, 1993, p. 194.
2. As descrições que se seguem (pp. 54-63) provêm de um trabalho de observação, realizado durante mais de quatro anos para algumas das notas publicadas semanalmente em *Viva*, revista dominical do jornal *Clarín*, que retomo e reescrevo aqui.
3. Foto de Gustavo Seiguer publicada em "El parque Tres de Febrero sucumbe a las usurpaciones y el descuido", *La Nación*, 2 ago. 2008.
4. Mensagem pessoal de Violeta Collado.
5. Sergio Chejfec, *El aire*, Buenos Aires, Alfaguara, 1992, pp. 60-1.
6. Ezequiel Martínez Estrada, *Radiografía de la pampa*, ed. Leo Pollmann, Colección Archivos, 1991, p. 150.
7. Sobre as substâncias urbanas, ver: Alain Gunst, "Un art de ville?", *Art et philosophie, ville et architecture*, Paris, La Découverte, 2003, pp. 129-37.
8. Ricardo Romero, "Habitación 22", *Buenos Aires/Escala 1:1. Los barrios por sus escritores*, compil. Juan Terranova, Buenos Aires, Entropía, 2007, pp. 219-21.
9. Poesia inédita até a morte de Pasolini, hoje incorporada a *Bestemmia--Tutte le poesie*, Milão, Garzanti, 1993. Trad. para o port. livre, em nota, de Carlo Dastoli.
10. Fabián Casas, *El salmón*, Buenos Aires, Libros de Tierra Firme, 1996, p. 30.
11. Sobre Riachuelo e as sucessivas etapas de sua industrialização, ver: Graciela Silvestri, *El color del río. Historia cultural del paisaje del Riachuelo*, Buenos Aires, Universidad Nacional de Quilmes-Prometeo, col. "Las ciudades y las ideas", 2003, especialmente a segunda parte: "Redes y objetos del paisaje industrial".
12. Daniel García Helder, "(Tomas para un documental)", *Punto de vista*, n. 57, abr. 1997, p. 3.
13. Adrián Gorelik, *La grilla y el parque. Espacio público y cultura urbana en Buenos Aires, 1887-1936*, Buenos Aires, Universidad Nacional de Quilmes, 1998, p. 297.

14. Osvaldo Aguirre, "Algo bien grande", *Rocanrol*, Rosario, Beatriz Viterbo, 2006, pp. 8-9 e 20-1.
15. "Matan a un niño en un robo a un cibercafé", *La Nación*, 23 set. 2007.
16. Citado por Loïc Wacquant, *Los condenados de la ciudad. Gueto, periferias y Estado*, Buenos Aires, Siglo XXI, 2007, p. 203.
17. O artigo foi publicado em *Pour une anthropologie de l'espace*, Paris, Seuil, 2006. A citação seguinte é da p. 121.
18. Ver um livro excelente: Cristian Alarcón, *Cuando muera quiero que me toquen cumbia*, Buenos Aires, Norma, 2003. E os relatos de Juan Diego Incardona: *Villa Celina*, Buenos Aires, Norma, 2008.
19. Retomo ideias de um trabalho muito mais extenso, que não circulou na Argentina: B. S., "Violencia en las ciudades. Una reflexión sobre el caso argentino", em Mabel Moraña (ed.), *Espacio urbano, comunicación y violencia en América Latina*, Pittsburgh, Instituto Internacional de Literatura Iberoamericana, 2002.
20. Michel Maffesoli, *Les temps des tribus. Le déclin de l'individualisme dans les sociétés de masse*, Paris, Méridiens Klincksieck-Folio, 1988, pp. 112 ss. [Ed. cast.: *El tiempo de las tribus. El ocaso del individualismo en las sociedades posmodernas*, México, Siglo XXI, 2004.]
21. Néstor García Canclini, *Consumidores y ciudadanos; Conflictos multiculturales de la globalización*, México, Grijalbo, 1996.
22. Título: "Los flamantes jinetes de la cocaína; a partir de los 20 asesinatos en torno a la villa 1-11-14, el Estado investiga a los nuevos narcos" (*El Argentino*, 25 ago. 2008). Multiplicam-se as notas jornalísticas sobre o tema a partir de alguns crimes atribuídos às grandes máfias da droga, que ocorreram em 2008.
23. Lila Caimari, "La ciudad y el miedo", *Punto de Vista*, n. 89, dez. 2007, p. 10.
24. Jesús Martín Barbero, *Pre-Textos. Conversaciones sobre la comunicación y sus contextos*, Cali, Editorial Universidad del Valli, 1996, p. 80.

3. ESTRANHOS NA CIDADE

1. Roberto Arlt, "Sirio libaneses en el centro", *Aguafuertes porteñas*, op. cit., pp. 88-91.
2. Hilda Sabato, *La política en las calles. Entre el voto y la movilización, Buenos Aires 1862-1880*, Buenos Aires, Sudamericana, 1998.
3. Em torno desses temas ideológicos desenvolveu-se a obra de Oscar Terán, desde *En busca de la ideología argentina*, de 1986, até seu livro póstumo, *Historia de las ideas en la Argentina. Diez lecciones iniciales, 1810-1980*, Buenos Aires, Siglo XXI, 2008. Uma perspectiva que retoma e discute o problema, no campo literário, encontra-se em Fernando Degiovanni, *Los textos de la patria. Nacionalismo, políticas culturales y canon en Argentina*, Rosario, Beatriz Viterbo, 2007. No que diz respeito à cidade, vista por Rojas y Lugones, ver: Adrián Gorelik, "La pedagogía de las estatuas", *La grilla y el parque*, op. cit., pp. 206 ss.

4. Ricardo Rojas, *La restauración nacionalista*, Buenos Aires, Librería La Facultad, 1922 (1. ed. 1909); as citações são das pp. 323; 318-9; 215 e 181, respectivamente.
5. Esse exercício apoia-se, no entanto, em alguns dados quantitativos. "Quanto à participação dos imigrantes limítrofes na população argentina, esta quase não registrou variações ao longo do século XX. A relação populacional entre nativos e migrantes limítrofes se mantém (até dados do censo de 1991) nos termos históricos de cerca de 2,6% [...] Contudo, registram-se mudanças significativas na composição das correntes internacionais que chegam à Argentina. No primeiro censo nacional da população, em 1869, os imigrantes limítrofes no conjunto dos estrangeiros representavam cerca de 20% do total de estrangeiros. Depois observa-se um descenso paulatino até 1914 (8% aproximadamente) e, a partir de então, uma ascensão constante até o censo de 1991 (50,2%). Como podemos ver, a presença dos limítrofes no conjunto dos estrangeiros tendeu a elevar-se chegando, em 1991, a ser mais do que a metade daqueles." (Sergio Caggiano, *Lo que no entra en el crisol. Inmigración boliviana, comunicación intercultural y procesos identitarios*, Buenos Aires, Prometeo, 2005, p. 50.) Quanto aos bolivianos especificamente: "a presença sistemática data da década de 1960. Suas inserções de trabalho são fundamentalmente de baixa qualificação. Na cidade, os homens na construção e no comércio, e as mulheres principalmente no comércio" (*ibid.*, p. 55).
6. Martín Gambarotta, *Seudo*, Bahía Blanca, Vox, 2000, p. 49.
7. Leonardo Oyola, "Animetal", *Buenos Aires / Escala 1:1, op. cit.*, 2007, p. 31.
8. Washington Cucurto, *La máquina de hacer paraguayitos*, 2. ed., Buenos Aires, Mansalva, 2005, pp. 52-3.
9. Daniel García Helder, "(Tomas para un documental)", *op. cit*, p. 1.
10. "Seu lugar de residência é a 'villa 21' ou 'villa Bonorino', o 'bairro Illia' e o 'bairro Rivadavia' – este último, contíguo ao *bairro coreano*, aparece em outras versões como 'villa Bairro Rivadavia' –" (Corina Curtis, Lisandro de la Fuente e Ma. Irupé Domínguez, "Espacio, discurso y etnicidad: el caso del barrio coreano", comunicação apresentada no Sexto Encontro de Geógrafos da América Latina, Buenos Aires, mar. 1997.)
11. "A partir de 1965 pode-se falar de uma imigração coreana na Argentina. A população proveniente da Coreia do Sul na Argentina alcançou seu ponto máximo no ano 1990, quando chegaram a residir cerca de 42 mil pessoas dessa origem. A metade dessa população chegou entre 1984 e 1989, instalando-se principalmente na Província e na Cidade de Buenos Aires. Nos anos 2000/2001 o número era de 25 mil pessoas, ao passo que atualmente não deve superar 15 mil pessoas." Ver: Carolina Mera, "La inmigración coreana en Buenos Aires. Historia y actualidad", XI Congresso Internacional da Aladaa [Asociación Latinoamericana de Estudios Africanos y Asiáticos].

12. "Poderíamos afirmar que os centros de culto são o cenário da sociabilidade comunitária por excelência. As igrejas evangélicas e a igreja católica coreana são as instituições mais importantes, social e culturalmente. São igrejas que têm ramificações na Coreia ou nos Estados Unidos, onde se tende a enfatizar o nacionalismo e a reforçar as virtudes dos valores tradicionais coreanos. Em geral o culto é em coreano e os ministros, pastores e sacerdotes são treinados na Coreia ou nos Estados Unidos. A afiliação às igrejas não só responde a necessidades espirituais como, também, tem um número importante de funções seculares. São o ponto focal da interação da maioria dos imigrantes e o centro da vida comunitária. Através dos encontros da igreja, fazem-se amigos, trocam-se informações sobre trabalhos, negócios, serviços e benefícios sociais, escola para crianças etc." (Carolina Mera, *op. cit.*)
13. Paolo Cottino, *La ciudad imprevista*, Barcelona, Ediciones Bellaterra, 2005, pp. 44-5.
14. David Howes, "L'architecture des sens", em Mirko Zardini (ed.), *Sensations urbaines. Une approche différente à l'urbanisme*, Montreal, Centre Canadien d'Architecture-Lars Müller Publishers, 2005, p. 326.
15. Sobre essa dobradiça e as relações de trabalho entre coreanos e migrantes, ver Alejandro Grimson, "La esquina de la (des)ocupación", *Relatos de la diferencia y la igualdad. Los bolivianos en Buenos Aires*, Buenos Aires, Eudeba, 1999, pp. 51 ss.
16. Sobre a área, as atividades e os bairros que utilizam o parque, ver Alicia Carmona, Natalia Gavazzo e Consuelo Tapia Morales: "Fútbol, coca y chicharrón: un paseo hacia 'lo boliviano'; usos del espacio y diversidad cultural en el Parque Avellaneda", *Voces recobradas. Revista de historia oral*, Instituto Histórico de la Ciudad de Buenos Aires, n. 19.
17. "A bolivianidade migrante, então, longe de constituir uma reprodução de práticas ancestrais e de levar uma cultura essencial aos lugares de destino, é o modo de construção de uma nova coletividade. Os novos usos das 'tradições nacionais', em acontecimentos especiais e na vida cotidiana, instituem um novo sentido étnico da bolivianidade construindo propostas *a partir de baixo* para a interação e a integração" (Alejandro Grimspon, "Relatos de la diferencia y la igualdad. Los bolivianos en Buenos Aires", *Nueva Sociedad*, Comunicación, culturas y identidades en el fin de siglo, n. 147, jan./fev., 1997; também em www.cholonautas.edu.pe/Biblioteca Virtual de Ciencias Sociales). Numa reportagem realizada por Mariana Carvajal para *Página 12*, Alejandro Grimson afirma: "As zonas em que vivem mais bolivianos são as *villas miseria* e os bairros populares. No trabalho de campo que fiz me chamou a atenção o grau de discriminação impressionante que há na vida cotidiana nos bairros populares com relação aos bolivianos. Se você vai a qualquer *villa* da capital ou da Grande Buenos Aires, dizem: 'Os bolivianos são muito fechados, baixam as persianas, ficam em suas casas, só vão trabalhar e voltam mas não querem se

relacionar.' Mas o que se vê é que os piores estigmas nesses bairros são dirigidos aos bolivianos. Os moradores mais assaltados pelos jovens dos bairros são os bolivianos: porque têm dinheiro, não se defendem da mesma maneira, não enfrentam a situação coletivamente. Os jovens filhos de bolivianos (que são argentinos e que acabam sendo socialmente considerados bolivianos, e que muitas vezes consideram a si mesmos bolivianos, embora sejam legalmente argentinos), quando tentam romper a barreira da endogamia, a grande maioria das vezes não conseguem. Há casos de filhos de bolivianos, socialmente considerados bolivianos, que frequentam a universidade, que se socializam, que se tornam amigos de muitíssimos argentinos e argentinas, mas não se casam com argentinos. São situações muito fortes porque estamos falando de um espaço universitário, em que supostamente há menos discriminação, menos preconceito" (Elizabeth Jelin, Sergio Caggiano e Alejandro Grimson, "La mentira de la invasión silenciosa", em Choloblog, 18 set. 2006).
18. *Clarín*, 24 jul. 2008.
19. *Clarín*, 5 abr. 2006. "– O trabalho de bolivianos em oficinas de costura é um fenômeno recente? Elizabeth Jelin: – Nos últimos trinta anos foram se dedicando à costura. O que acontece é que agora é mais visível por causa da reativação econômica e do fato de no setor têxtil não haver tanta importação. É um negócio baseado na exploração dos trabalhadores em oficinas não registradas, cuja mercadoria acaba chegando às grandes marcas. Muitas das oficinas são de propriedade de coreanos. Essa simbiose estranha entre coreanos e bolivianos que se vê na zona do Bajo Flores vem da Bolívia" (ver Elizabeth Jelin, Sergio Caggiano e Alejandro Grimson, art. cit.).
20. "Um bairro portenho habitado em 80% por bolivianos e filhos de bolivianos é o mais conhecido e se transformou, no decorrer dos anos, num ponto de referência territorial da coletividade boliviana na Capital Federal e na Grande Buenos Aires [...] Os primeiros assentamentos de imigrantes nessa zona datam do final dos anos 1950 e início dos 1960. O bairro sobreviveu à erradicação de *villas* [...] no final dos anos 1970 a partir de uma resistência organizada. Transformado através do tempo de *villa* em 'bairro operário', passando de construções de madeira e chapa a casas de alvenaria, os habitantes do bairro Charrúa já assinaram compromisso de compra sobre as terras em que moram e pagam uma quota mensal à Municipalidade" (Alejandro Grimson, *Relatos...*, *op. cit.*, p. 42).
21. "De maneira silenciosa, perseverante, uma nova etapa começou no Charrúa. Os primeiros povoadores do bairro, primeiro pais com filhos nascidos aqui e outros na Bolívia, hoje passaram a ser avós." Assim o jornalista Jorge Vargas, de *Renacer. La voz de nuestra América morena en Argentina*, abre uma reportagem com José Flores, um dos novos dirigentes da Sociedad de Fomento, realizada em junho de 2006. Flores diz: "Bem, são várias as nossas atividades e vários os problemas que foram crescendo

e que esperamos fazer o possível para resolver. Primeiro, há mais de três anos havia um setor do bairro, na quadra adiante, que estava abandonado, era quase um depósito de lixo, e alguns jovens o utilizavam como refúgio para beber e às vezes se drogar. Na verdade, foi uma iniciativa deles mesmos. Um dia decidiram limpar o terreno, respeitar o lugar e começar a juntar alguns fundos para fazer uma pequena quadra e uma pracinha [...] Conseguimos alguns fundos que chegaram do aluguel desse lugar, na festa da virgem, para a banca da dona Aleja. Mas não queríamos que continuasse porque à noite gerava muita bebedeira, brigas, confusão e lixo. Então já não é alugado e há dois anos aquele lugar começou a mudar. Além disso, fizemos vendas de *choripán*, rifas e conseguimos um acordo com um setor da Secretaria de Cultura do Governo da Cidade para pintar alguns murais que fazem parte de um projeto de muralismo que temos para o bairro, o qual já deu seus primeiros frutos [...] Outra atividade que nos ocupa tem a ver com a moradia. Diz respeito a nós, que crescemos no bairro, e também dos que chegaram nestes últimos anos alugando. A maioria de nós tem família numerosa, muitos filhos, e quem conhece o bairro pode ver que os ambientes são muito pequenos. Então nos informamos sobre o PAV (Programa de Autogestión de la Vivienda) do governo portenho. Organizamos até 10 cooperativas de moradia, mas há muita burocracia e desde o início, há dois anos, duas cooperativas já compraram terrenos, La Colmena e La Nueva Familia, e uma terceira, Charrúa, estamos tocando, mas é difícil fazer coisas com a burocracia." O jornalista pergunta a Flores sobre os cursos na Sociedad de Fomento: "No ano passado falamos com o Padre Alfredo e na parte da capela demos algumas oficinas para crianças, pois o Padre apoiava nosso projeto de muralismo. Houve oficinas de cerâmica, de apoio escolar, de fantoches, máscaras e outra de tapeçaria. Este ano estamos fazendo na Casa Social Sanlorencista, onde também temos reuniões das cooperativas, transferimos para lá o apoio escolar num trabalho conjunto com os docentes da Faculdade de Filosofia e Letras, também educação para adultos. Além disso, há ensaios de um grupo de *caporales* em formação. E já temos um forno elétrico para começar a produzir trabalhos em cerâmica" (www.renacerbol.com.ar).
22. "Os *cholos*, que em Buenos Aires dançam *caporal*, quando vêm à Bolívia querem dançar *caporal* mas têm uma grande desilusão. Lá [em Buenos Aires], não importa que sejam baixinhos, com cabelo preto e grosso. Mas aqui [na Bolívia] sentem-se inferiores quando veem crianças altas e brancas. E a sociedade aqui [na Bolívia] os rechaça, independentemente de serem argentinos, portenhos." Citado por Alejandro Grimson em *Relatos...*, *op. cit.*, p. 82.
23. *Charrúa '99*, folheto inteiramente dedicado à festa da Virgem de Copacabana.
24. Jorge Vargas, "El tinku de la participación", *Renacer*, n. 164, primeira quinzena, out. 2008.

25. Ver o documentário preciso, respeitoso e inteligente de Martín Rejtman, *Copacabana* (2007).
26. Tamara Montenegro, "Una colectividad que crece a sombras de la discriminación. Liniers es el lugar de encuentro de los Bolivianos que residen en Buenos Aires", em www.comunidadboliviana.com.

4. VERSÕES DA CIDADE

1. Borges escreveu a história desse conceito-figura em "A esfera de Pascal" (*Otras inquisiciones*, 1952).
2. Os relatos citados foram publicados em *Ficciones* (1944) e *El Aleph* (1949).
3. Ivan Almeida afirma: "Um labirinto é um lugar determinado e circunscrito (e, portanto, finito), cujo trajeto interno é potencialmente infinito. O 'sujeito' do labirinto borgesiano não está fora, perguntando-se pelo caminho que leva a seu centro, mas dentro, desde sempre, resignado a não poder sair: o labirinto é 'a casa' de Asterion" (Borges, o los laberintos de la inmanencia", em www.borges.pitt.edu/bsol/pdf/laberinto.pdf). Franco Rella escreve: "Em relação à cidade, a metáfora alcançou seu ponto de inflexão. Que figura contém as imagens fragmentárias que rastreamos pouco a pouco: o bosque inextrincável, o movimento ondulante e sem fim, o arabesco indescritível das trajetórias existenciais e a sombra que encaminha essas imagens para outro signo, o de uma descoberta? Arrisquemos uma hipótese. Essa figura é a do labirinto" (Franco Rella, "Eros and Polemos. The Poetics of the Labyrinth", *Assemblage*, n. 3, jun. 1987, p. 34).
4. Hubert Damisch também se ocupa nesse sentido do conto de Borges (*Skyline. La ville Narcisse*, Paris, Seuil, 1996, pp. 71 ss.).
5. Roland Barthes, *Sistema de la moda*, Barcelona, Gili, 1978 [1967]. [Ed. bras.: *Sistema da moda*, São Paulo, WMF Martins Fontes, 2009.]
6. Ver a tese original de Alberto Sato: "Demolición y clausura", *Punto de Vista*, n. 81, abr. 2005.
7. Jorge Luis Borges, "La fundación mitológica de Buenos Aires", *Cuaderno San Martín* (1929), *Poemas; 1922-1943*, Buenos Aires, Losada, 1943, p. 121.
8. Gilles Deleuze, "Lo que dicen los niños", *Crítica y clínica*, Barcelona, Anagrama, 1996, p. 94.
9. Desenvolvi esse argumento em *Borges, un escritor en las orillas*, Buenos Aires, Seix Barral, 1995. [Ed. bras.: *Jorge Luis Borges, um escritor na periferia*, São Paulo, Iluminuras, 2008.]
10. Jorge Luis Borges, "Villa Urquiza", *Fervor de Buenos Aires* [1923], *Poemas, op. cit.*, p. 27.
11. Camillo Sitte, *L'art de bâtir les villes. L'urbanisme selon ses fondements artistiques*, Paris, Seuil, 1996, p. 136. [Ed. bras.: *A construção da cidade segundo seus princípios artísticos*, São Paulo, Ática, 1992.] Como se sabe, o tratado de Sitte foi publicado em 1889 e, na opinião de Françoise Choay, continua sendo um clássico indispensável ao conhecimento da história das ideias do urbanismo.

12. Adrián Gorelik definiu a grade de ruas que se cruzam perpendicularmente como a matriz espacial de Buenos Aires, que impeliu a cidade em direções que poderiam ser consideradas contraditórias. Sobre a grade, afirma: "É óbvio que se trata de uma matriz abstrata e homogênea, manifestação extrema da vontade moderna capitalista de racionalização e controle, mas não cabe analisar, junto com suas implicações de domínio, seus efeitos de igualização? Junto com seu estímulo à especulação, sua imposição de um marco – formal, jurídico, político – com frequência demasiado rígido para os especuladores?" E ele continua: "Talvez sirva como ilustração uma comparação com o que foi mais comum para a época nas cidades latino-americanas: nelas, diante de um estado omisso, ou sócio direto dos investidores imobiliários, os loteamentos novos não tinham nenhuma regulamentação, nenhum contato entre si e nenhum pertencimento a uma imagem global da cidade futura que estavam constituindo, o que deu origem à divisão latino-americana típica entre cidade *legal* e cidade *ilegal* [...] A existência em Buenos Aires de um tabuleiro público estendido não só a toda a cidade existente, mas prevendo um crescimento que só se daria em décadas, foi uma das bases materiais urbanas que geraram a possibilidade de um espaço público e que assentaram na estrutura urbana um dos fatores-chave da futura integração social e cultural" (*La grilla y el parque, op. cit.*, pp. 27-8). A grade, afirma Gorelik, em lugar de transformar Buenos Aires numa cidade à europeia, foi percebida pelos visitantes europeus do início do século XX como a característica diferencial que atenuava os atrativos de uma cidade que, por outras razões sociais e culturais, impressionava-os por estar arraigada no *éthos* cultural da "Europa latina" (*op. cit.*, p. 89).
13. Adrián Gorelik, "Mapas de identidad", *Miradas sobre Buenos Aires. Historia cultural y crítica urbana*, Buenos Aires, Siglo XXI, 2004, p. 44.
14. Wolfgang Tichy me advertiu sobre a existência desse romance e me forneceu um exemplar fotocopiado da edição tardia de 1985 (Frankfurt-am-Main, Röderberg-Verlag). As citações são das pp. 53, 60 e 110.
15. Citado por Peter Madsen e Richard Plunz: *The Urban Lifeworld*, Londres-Nova York, Routledge, 2002, p. 27. Os *WPA Guides* foram produzidos pelo Federal Writing Projects – Works Progress Administration, entre 1935 e 1942.
16. Rem Koolhaas, *Delirio de Nueva York. Un manifiesto retroactivo para Manhattan*, Barcelona, Gili, 2004. [Ed. bras.: *Nova York delirante*, São Paulo, Cosac Naify, 2008.] As citações são das pp. 196 e 204, respectivamente.
17. Roberto Arlt, "El rascacielo y la plazuela" (maio 1937), *Aguafuertes porteñas, op. cit.*, pp. 112-3.
18. Roberto Arlt, "Corrientes por la noche" (mar. 1929), *ibid.*
19. Adrián Gorelik e Graciela Silvestri, "El pasado como futuro. Una utopía reactiva en Buenos Aires", *Punto de Vista*, n. 42, abr. 1942.
20. Reproduzida na antologia compilada por Madsen e Plunz, *The Urban Lifeworld, op. cit.*

21. Peter Madsen e Richard Plunz, *ibid.*, p. 72.
22. Jorge Liernur escreve: "No concurso para o plano piloto dos terrenos de Puerto Madero [realizado durante a administração de Carlos Grosso] e nas obras realizadas seguindo sua orientação confluíram da maneira mais intensa os diferentes tipos e modelos de ações deduzidas das novas atitudes diante do fenômeno urbano. Cidade por partes, construção de guetos de ricos, 'gentrificação', criação de uma zona privilegiada com renda máxima, de posição histórica e paisagística e com o máximo valor absoluto dos prédios, por sua localização junto dos terrenos centrais da *city*. Puerto Madero permitiu imaginar uma verdadeira ilha, uma imagem urbana perfeita para os poderosos dos anos noventa. A circulação do público pelos passeios durante os fins de semana não pode ser confundida com o uso público do lugar, uma vez que os programas edilícios são majoritariamente destinados a cobrir expectativas de minorias de consumidores e na medida em que esse 'público' se limita a olhar nas vitrines a boa vida dos outros." (*Arquitectura en la Argentina del siglo XX. La construcción de la modernidad*, Buenos Aires, Fondo Nacional de las Artes, 2001, p. 378.)
23. Roland Barthes, *La torre Eiffel. Textos sobre la imagen*, Buenos Aires, Paidós, 2001, p. 361.
24. Ver: Adrián Gorelik e Graciela Silvestri, "El pasado como futuro", *art. cit.*
25. Carlos Gamerro, *Las islas*, Buenos Aires, Simurg, 1998, p. 13.
26. Rodolfo Fogwill, *En otro orden de cosas*, Barcelona, Mondadori, 2001.
27. Emily Thompson, "Les bruits de la ville", em Mirko Zardinni (ed.), *Sensations urbaines, op. cit.*, p. 168.
28. Cecilia Pavón, "Congreso/1994", em Juan Terranova (ed.), *Buenos Aires. Escala 1:1, op. cit.*, pp. 108-9.
29. "Diante da decadência da mimese (nem a escultura nem a pintura têm intenção de traduzir o real ou copiar a natureza) [...] leva-se em conta o lugar de exibição como nova figura da obra [...] A instalação *in situ*, a arte ambiental testemunham que a arquitetura possui a capacidade de albergar outros domínios artísticos e às vezes é difícil, quase impossível, distinguir onde começa o espaço da obra e onde se situam os limites de seu continente" (Martine Bouchier, "L'art n'est pas l'architecture", em Chris Younès (ed.), *Art et philosophie, ville et architecture, op. cit.*, pp. 108-9 e 102, respectivamente).
30. Referi-me pela primeira vez à intervenção no mural em uma nota publicada na revista dominical do jornal *Clarín*, em abr. 2005.
31. Ver o ensaio esclarecedor de Jorge Belinsky, *Lo imaginario: un estudio*, Buenos Aires, Nueva Visión, 2007. Ele afirma: "[...] O avanço paulatino da ciência que vai ligando território e mapa, sabendo, e esse é seu drama, que não pode ir, em sua demanda 'cartográfica', além do que a 'territorialidade' lhe oferece. Nesse avanço [...] a ciência tropeça no que constitui o principal obstáculo para sua tarefa e, ao mesmo tempo, a qualidade de um modo diferente de conhecer, um modo que já não é o seu mas o da arte e

do mito. Em outros termos: a ciência defronta o significante flutuante; o pensamento científico vê-se diante da ordem simbólica" (pp. 42-3).
32. Rómulo Macció, *Río de la Plata*, óleo sobre tela, 90 X 340 cm, 1997, reproduzido no *Catálogo* da exposição "Rómulo Macció. Retratos y lugares", Museo Nacional de Bellas Artes, Buenos Aires, 2007.
33. Ivo Mesquita, "Pablo Siquier: vivir la ciudad", em *Catálogo* da Exposição no Centro de Arte Reina Sofía-Palacio de Velázquez, jun./set. 2005, p. 23.
34. "Quando Judd publicou o manifesto minimalista, Rueda já estava bastante concentrado em sua busca de realidade das projeções tridimensionais [...] Logo, as telas e as colagens em relevo deram lugar a montagens tridimensionais emolduradas em largas estruturas ou caixas que incorporavam elementos arquitetônicos como molduras ou que faziam referência à arquitetura" (Barbara Rose, "Gerardo Rueda, escultor", *Letra Internacional*, 95, 2007, p. 7). Em 1983, Rueda afirmava: "A pura simplicidade que embarga todos os objetos tem que ser a fonte de inspiração para uma realização impecável que faça a mão tremer. Uma construção que parece ter sido realizada por uma máquina, mas por uma máquina que pensa e raciocina e que é dotada de enorme sensibilidade" (*ibid.*). Sobre Gerardo Rueda, ver: Juan Manuel Bonet, *Rueda*, Barcelona, Ediciones Polígrafa, 1994.
35. Nora Dobarro, *Proyecto Arte Concreto en la calle* (livro e CD), Buenos Aires, Libro Disociado, 2007. As fotografias foram expostas na galeria Ruth Benzacar em 2006 e no Centro Cultural Recoleta em 2007.
36. Graciela Silvestri, *El color del río, op. cit.*, p. 305.
37. Ver obra do artista em www.felixrodriguez.ar

5. A CIDADE IMAGINADA

1. Diego Bigongiari, *BUE. Buenos Aires y alrededores*, Buenos Aires, Rumbo Austral, 2008, 2 v.
2. É o caso dos Eternautas (Ricardo Watson, Lucas Rentero, Gabriel di Meglio), informados e academicamente responsáveis pelos passeios que sugerem em seu *Buenos Aires tiene historia. Once itinerarios guiados por la ciudad*, Buenos Aires, Aguilar, 2008.
3. *Guía total Buenos Aires. Todo lo que hay para no sentirse como un turista*, ed. por Gonzalo Álvarez Guerrero, Marcelo Panozzo, Pablo Curti, Juan Frenkel e Denise Stasi, Buenos Aires, Emecé, 2007.
4. "Sob a denominação 'paisagem industrial', o urbanismo contemporâneo incluiu portos, represas, pedreiras; preservaram-se guindastes, pontes, gruas, armazéns e fábricas, adornados com luzinhas coloridas como um parque de diversões. Desde o vale do Ruhr até o porto de Londres, a reabilitação desses enclaves tornou-se um dos temas prediletos da arquitetura recente. Em Buenos Aires, a reabilitação de Puerto Madero constituiu o caso líder de revalorização de um passado produtivo idealizado, e mais tarde se estendeu ao Riachuelo, também porto. Frequentemente a reabilitação dessas formas se inscreve num programa cultural com infle-

xões turísticas e de marketing urbano." (Graciela Silvestri, *El color del río*, *op. cit.*, p. 31.)
5. Mario Sabugo, *Buenos Aires. Excursiones mínimas*, Buenos Aires, H. Kliczkowski, 2006 (ilustrações de Edgardo Minond).
6. É excepcional a acidez com que Diego Bigongiari adjetiva as menções a edifícios, lugares e estabelecimentos comerciais. As manifestações ideológicas explícitas sobre a classe alta argentina e seu mau gosto *pompier*, a retórica com que ele se refere à ditadura militar como "Nacht und Nebel" [noite e neblina], fazem dele um guia particularmente apropriado para portenhos cépticos e visitantes de esquerda.
7. Gabriela Kogan propõe, nessa linha de cidade caminhável, seu *Buenos Aires 16 recorridos a pie*, Buenos Aires, De Bolsillo, 2008 (ed. bilíngue inglês-espanhol).
8. Exemplos recentes de olhares descentrados e sensíveis: Jorge Carrión, *La piel de La Boca*, Buenos Aires, Libros del Zorzal, 2008; Antoni Martí Monteverde, *L'erosió. Un viatge literari a Buenos Aires*, Barcelona, Ediciones 62, 2001. E sobre Barcelona e outras cidades europeias e americanas ver o ensaio-ficção de Mauricio Tenorio Trillo, *El urbanista*, México, Fondo de Cultura Económica, 2004.
9. Rem Koolhaas, *Assemblage*, art. cit., p. 43.
10. Françoise Choay, "Patrimoine", *Pour une anthropologie de l'espace, op. cit.*, pp. 265-6.
11. "Todas as cidades sempre se espelharam em outras cidades, buscando modelos que encarnassem virtudes ou vícios, Jerusalém ou Babilônia, ou, menos metaforicamente, a dignidade do progresso ou da história, Paris ou Nova York, Veneza ou Barcelona." (Adrián Gorelik, *Miradas sobre Buenos Aires. Historia cultural y crítica urbana*, op. cit., p. 73.)
12. Ascención Hernández Martínez, *La clonación arquitectónica*, Madri, Siruela, 2007, p. 35.
13. Título do livro de Raphael Samuels: *Theatres of Memory. Past and Present in Contemporary Culture*, Londres, Verso, 1994.
14. Oliverio Coelho, *Ida*, Buenos Aires, Norma, 2008, p. 89.
15. O subsolo (sem visitantes quando o bar estava lotado) mostra outras modalidades da evocação: por um lado, os suvenires do *coffee shop* (que incluem, para oferecer aos estrangeiros, caixas de Rutini e de Catena e coleções completas de CDs, inevitáveis livros de Aldo Sessa e várias porcelaninhas); por outro, uma coleção de interessantes fotografias históricas e de reproduções em miniatura de ônibus portenhos.
16. Otilia Arantes, *Urbanismo em fim de linha e outros estudos sobre o colapso da modernização arquitetônica*, São Paulo, USP, 1998, p. 152.
17. Uma linha de especialistas em estudos urbanos afirma: "implicava-se a cultura nos processos de desenvolvimentos desiguais em cidades em que funcionavam como uma espécie de 'máscara carnavalesca'". (Tim Hall, "Opening up Public Spaces: Art, Regeneration and Audience", *The*

City Cultures Reader, Londres, Routledge, 2000, p. 111.) Em sua análise da arte em espaços públicos, publicada em *Artforum* em 1989, Patricia Phillips pergunta-se o que é "o público" na arte, produzido especialmente por programas urbanos. E responde: "O espaço público, tal como é definido hoje, é, na verdade, um eufemismo socialmente aceitável utilizado para designar uma área deixada de lado pelos empreendedores privados" ("Out of Order: the Public Art Machine", *op. cit.*, p. 192). Aponta por outro lado o paradoxo de que as formas de arte e espetáculo "públicos" são consumidas majoritariamente, através de sua difusão na mídia, no espaço mais privado. Só uma minoria utiliza efetivamente esse espaço público de arte; para a maioria, é uma informação acessível apenas através da mídia.
18. "La ideología de la fábrica como centro cultural. Buenos Aires: una fábrica recuperada por sus trabajadores es a la vez un estimulante centro cultural", em www.cafedelasciudades.com.ar.
19. "Os artistas ocuparão uma velha fábrica para enchê-la de cultura", *La Nación*, 25 nov. 2003.
20. "O aumento da construção de moradias não foi igual em todos os bairros de Buenos Aires durante 2003. Os investimentos dos empreendedores imobiliários e das construtoras concentraram-se nas regiões mais valorizadas, e Palermo foi a favorita, a julgar pela quantidade de metros quadrados registrada. Com quase 112 mil m² em construção, representa cerca de 15% do total da nova superfície residencial coberta da Cidade e lidera o *ranking*, segundo informe da ICI Consultoría y Servicios. [...] Em geral, mais de 50% dos novos empreendimentos residenciais localizam-se em apenas cinco bairros. A Palermo seguem-se Puerto Madero, com 92.093 m² (12,3% do total), Caballito (12%), Belgrano (9,7%) e Villa Urquiza (7,3%) [...] As licenças para realizar obras também são um bom termômetro para medir o aumento da atividade. Na Capital, a superfície autorizada aumentou em mais de 400% entre janeiro e novembro de 2003, em relação a 2002, segundo a Dirección General de Estadísticas y Censos portenha, em face de um crescimento de menos de 40% da construção no país. Durante os primeiros onze meses do ano passado, foram aprovados com fins de ampliação e obra nova 1.400 prontuários por 1.199.292 m², contra 690 por 297.867 metros de todo o ano de 2002. 'Em dezembro somaram-se outros 50 mil m², tendo-se encerrado o ano com 1,25 milhão de m², uma cifra superior ao milhão de 2001', afirma Rozados. Sendo autorizações, esses dados não refletem as obras em execução mas também as que poderiam começar este ano." (Fonte: Giselle Rumeau, *El Cronista Comercial*, 12 jan. 2004; ReporteInmobiliario.com, jan. 2004.) Daniel Silberfaden, presidente da Sociedad Central de Arquitectos, relativiza a importância do chamado *boom*: "Buenos Aires alcançou um crescimento importante na construção privada entre 2003 e início de 2008, quando começa a se refletir uma queda da atividade. No entanto, só se recuperou o que se deixou de construir em dez anos anteriores de crise da construção. Tecnicamente foi

reposto o parque de residências que Buenos Aires perdeu por estragos, amortização ou crescimento a cada ano. Longe da euforia imobiliária, simplesmente se substituiu a dotação do que já havia, mas reservado a um segmento populacional que financiou a atividade. Muito longe daquela imagem do horizonte cheio de gruas, característico dos anos 1990 em cidades como Barcelona, Lisboa, Madri e Miami, ou início de 2000 em São Paulo, Dubai ou Panamá. Investiu-se nos últimos cinco anos em regiões consagradas como 'seguras'. A grande escala e qualidade de tecnologia de ponta verificam-se apenas em alguns focos relativamente pequenos, como Puerto Madero ou a zona norte. O resto da cidade erigiu edifícios de porte menor e qualidade inferior. O investimento é, nesse caso, de grupos médios e pequenos que tiveram acesso a solo mais econômico, especialmente nos chamados subcentros bairristas." (*La Nación*, 29 jul. 2008.)
21. Alberto Magnaghi, *Le projet local*, Sprimont (Bélgica), 2003, p. 16 [trad. para o francês do original italiano publicado em 2000 por Bollati Bolinghieri].
22. Manuel Delgado, *Elogi del vianant. Del "model Barcelona" a la Barcelona real*, Barcelona, Edicions de 1984, 2005, pp. 61-2.
23. Ver uma sistematização das características dos "bairros culturais" em John Montgomery, "Cultural Quarters as Mechanisms for Urban Regeneration. Part 1: Conceptualising Cultural Quarters", *Planning, Practice & Research*, v. 18, n. 4, nov. 2003.
24. "Vecinos de Plaza Cortázar se quejan de los vendedores", *Clarín*, 18 jul. 2005. Hoje acontece o mesmo na *calle* Honduras.
25. Juan Terranova, *Mi nombre es Rufus*, Buenos Aires, Interzona, 2008, p. 126.
26. Dado de uma grande imobiliária, citado por Carmelo Ricot em seu ácido artigo sobre Palermo, "La preocupante boludización de Palermo Viejo. De la recuperación barrial al snobismo gastronómico", www.elcafe delasciudades.com.ar.
27. "De los espacios otros." ["Des espaces autres", conferência de 1967 publicada em *Architecture, Mouvement, Continuité*, n. 5, out. 1984.] O original, em espanhol, cita a tradução de: www.bazaramericano.com/arquitectura.
28. Para que o exemplo não seja atribuído apenas aos especialistas em comunicação locais, ou latino-americanos, cito uma nota, no mesmo sentido, publicada pelo jornal francês *Le Monde* em 10 mar. 2000. "As novas tecnologias seriam conscientemente usadas pelos cidadãos, em primeiro lugar, para adquirir maior domínio sobre os espaços-tempos individuais [...]. Os cidadãos serão cada vez mais autônomos em cidades com redes técnicas cada vez mais complexas. E as desigualdades sociais se expressarão amplamente pelas desigualdades diante da autonomia urbana." Manuel Castells foi o profeta e o teórico dessas redes. Uma síntese acadêmica pode ser lida em Stephen Graham e Simon Marvin, *Telecommunications and the City: Electronic Spaces, Urban Places*, Londres, Routledge, 1995. Com maior inteligência, Rem Koolhaas oferece, pelo contrário, uma hipótese futurista de cidade "sedada" mas inerte: "A Cidade Genérica é o que

resta depois de grandes setores da vida urbana terem passado ao ciberespaço. É um lugar de sensações tênues e distendidas, de emoções contadíssimas, discreto e misterioso como um grande espaço iluminado por uma lâmpada de cabeceira. Comparada com a cidade clássica, a Cidade Genérica está *sedada*, e habitualmente é percebida a partir de uma posição sedentária" (*La ciudad genérica*, Barcelona, Gustavo Gili, 2007, p. 15, col. "Mínima").

29. De todo modo, tomando-se a cidade de Buenos Aires, segundo dados do Indec de 2006, o acesso à banda larga havia aumentado, de setembro de 2005 a setembro de 2006, mais de 76%. Quase 50% da banda larga serve a usuários da cidade de Buenos Aires. Fontes: Indec, "Acceso a Internet", set. 2006; e Asociación Argentina de Televisión por Cable.

30. "Foram presos por mostrar na Web o que roubavam; os butins eram um televisor e *alfajores*", La Nación, 12 set. 2008. A outra notícia comentada é "*Floggers* incendeiam veículos, tiram fotos deles e as postam na Web. Há seis detidos, três deles são menores", La Nación, 11 set. 2008.

31. "Vinte detidos depois de uma briga entre adolescentes; *Emos*, *Floggers* e *Rappers* se enfrentaram nas escadarias do centro comercial e foram mantidos na 9ª delegacia", La Nación, 8 set. 2008.

32. Georg Simmel, "El aventurero", *Sobre la individualidad y las formas sociales. Escritos escogidos*, Buenos Aires, Universidad Nacional de Quilmes, 2002, pp. 256-7.